언약과 복음

Covenant and Gospel

언약과 복음
Covenant and Gospel

초판 1쇄 발행 2022년 11월 8일
펴낸이 유하늘
펴낸곳 마루
신고 2020.01.28. 제2020-000020호
주소 서울 동작구 등용로 123 예본빌딩
전화 070-8285-7163
메일 maru.publisher@gmail.com
지은이 문덕수
디자인 백민아
인쇄 우은문화

ISBN 979-11-91070-42-2

언약과 복음

Covenant and Gospel

머리말

복음은 신자들의 삶에서 쉽게 통용되는 친숙한 단어이지만, 그 말이 담고 있는 의미는 우리의 생각보다 훨씬 깊고 심오합니다. 그 안에는 예수 그리스도의 때까지 수천 년 동안 사람들에게 비밀스럽게 감추어져 왔던 구원 약속인 그분의 신비가 담겨 있기 때문입니다. 그래서 '복음이 무엇인가'라는 질문에 대한 답이 하나의 정의로 간단하게 모여지지 않는 이유입니다.

필자가 『언약과 삼위일체』라는 책을 출간하면서 깨달은 점이 하나 있었습니다. 그것은 인간의 원죄를 해결하기 위해 펼치신 삼위 하나님의 구속 사역이 바로 복음과 연결된다는 것이었습니다. 좀 더 구체적으로 말한다면, 구약에서 유일신으로 자신을 계시하셨던 여호와 하나님이 온 세상의 구원과 새 창조를 위해 신약에서 자신을 삼위일체 하나님으로 드러내셨다는 사실이 복음과 연결된다는 점이었습니다.

복음이라는 말이 신약의 용어이며 구약에서는 전혀 찾아볼 수 없는 단어인 이유입니다. 그렇지만 하나님은 구약의 언약을 통해 복음을 성취하실 예수 그리스도에 대한 약속을 지속적으로 주셨습니다. 사도 바울은 복음이 이미 수천 년 전에 아브라함에게 전해졌다고 갈라디아서에서 선언하고 있습니다. 하나님은 그리스도가 오시기 오래전부터 그가 성취하실 복음을 계획하시고 준비하셨던 것입니다,

이 깨달음이 『언약과 복음』이라는 책을 쓰게 된 동기입니다. 기독교에서

말하는 복음의 기원과 그 성취 과정을 성경의 언약을 토대로 정립해 가는 것이 교회와 모두에게 유익이 될 것입니다. 복음을 성취하고 완성해 가시는 삼위일체 하나님의 구원 사역에 대한 정확한 이해는 교회 내의 문제와 신자들을 현혹하는 이단의 교리를 척결할 수 있는 최선의 방법이라 확신합니다.

사실 복음을 언약과 연결하는 일은 아직까지 시도되지 않았던 신학적 논리라고 생각합니다. 그렇기 때문에 이 책을 써 내려간다는 것이 결코 쉽지 않았습니다. 물론 이 책의 내용이 제가 쓴『언약과 삼위일체』와 서로 겹치는 부분이 많지만, 복음을 언약의 관점에서 논증하기 위해서는 어쩔 수 없는 과정이라 믿습니다.

누구든지 복음을 말하고 전파하는 것은 신자들에게 주신 사명이 확실합니다. 하지만 그 이전에 복음이 무엇인지에 대해 근원과 과정을 이해하는 일은 무엇보다도 중요할 것입니다. 이 일이 우선되어 실행될 때, 복음은 기쁜 소식이 되어 세상을 향해 더욱 힘차게 뻗어 나갈 것입니다.

이 책을 쓰는 동안 혹시라도 복음에 대한 제 주장이 성경의 의도에서 벗어나지 않을까 노심초사하며 하나님께 지혜를 구한 적이 많았습니다. 그러나 힘들었던 이 작업을 계속할 수 있었던 힘은, 늦었지만 신학을 공부하게 하신 하나님이 주신 저의 소명이라는 생각에서 비롯되었습니다. 저 자신도 이 책을 쓰기 전까지는 복음에 대한 정확한 이해를 남에게 전달할 수 없었던 것이 사실입니다. 아마도 이 문제는 저뿐만이 아니라 모든 기독교인들이 가진 문제일 것입니다.

복음에 관한 책들이 시중에 많이 나와 있지만, 그 내용은 저자의 관점에 따라 강조하는 부분이 각기 다릅니다. 이 책도 복음에 대한 또 다른 하나의 주장이 되어 독자들에게 혼란을 주지 않을까 염려가 되지만, 하나님이 인도해 주셨다는 나름의 신념을 가져 봅니다. 복음에 대한 기쁨이 점차 사라져 가는 시대에 부족하지만 하나님께서 제게 주신 소명을 감당했다는 자부심입니다.

특히 복음의 중심적 교리인 칭의를 언약과 연계하여 이 책에서 다룬 것은 의미 있는 일이었다고 생각됩니다. 선포된 구원의 복음은 '이신칭의'라는 과정을 거침으로써 우리에게 기쁜 소식으로 다가옵니다. 이 과정은 예수 그리스도가 세상에 오시기 전까지 하나님 백성을 규정했던 할례와 율법의 방식을 대치합니다. 새로운 하나님의 백성을 창조하는 방식이 오직 그리스도에 대한 믿음으로 완전히 바뀌었다는 세상을 향한 선포입니다.

하지만 아쉽게도 현재 기독교의 '이신칭의'는 원래 의도와는 달리 개인의 구원에 집중된 소극적 교리가 되고 말았습니다. 믿음으로 새로운 하나님 백성을 창조하심으로써 신앙 공동체인 교회를 온 세상에 넓히시려는 복음이 점차 빛을 잃게 되었습니다. 하나님의 뜻을 이 땅에서 이루어 갈 교회가 소극적 교리로 인해 점점 쇠퇴해 가는 현상을 빚은 것이다.

오직 믿음으로 구원을 얻는다는 '이신칭의'의 교리는 기독교가 표방하는 완벽한 복음의 진리입니다. 그러나 동전의 양면과 같은 믿음과 행함의 문제를 행함 없이 믿음만으로도 충분히 개인의 구원을 이룰 수 있다는 것이 현재 교회의 가르침입니다. 우리는 하나님이 계획하신 복음과 그 안에 담긴 그분의 의도를 좀 더 넓은 성경적 관점으로 이해하고 해석할 필요가 있다고 봅니다.

따라서 이 책이 독자들에게 언약 사상을 바탕으로 복음을 이해하고, 그 복음을 선포하는 데에 조금이나마 도움이 되리라는 희망을 가져봅니다. 부족한 저에게 이 책을 쓰도록 마음에 동기를 불어넣어 주시고, 또한 보이지 않는 손으로 끝까지 인도해 주신 성령님께 먼저 깊은 감사를 드립니다. 그리고 아울러 이 책이 나오기까지 도와주신 모든 분께 깊은 감사를 전합니다.

문덕수 목사

목차 Contents

들어가는 글

복음은 하나님 나라에 속한 언어다. 우리는 그 의미를 명확히 정의해 낼 수 없지만, 그것이 표현되었을 때 그 의미는 서로 간에 막힘없이 전달될 수 있는 신앙적 언어로 통용된다. 복음은 믿음의 공동체 안에서 누구나 편리하게 사용할 수 있는 함축적 의미를 지닌 신앙적 단어이다.

복음은 실체적 형상을 갖추지 않은 형이상학적 개념이지만 기독교 신앙 전체를 떠받치는 주춧돌 역할을 감당해 왔다. 조그만 모퉁이 돌이 건물 전체를 지탱하듯이, 복음은 초대교회 이래 기독교 신앙을 바로 세우는 변함없는 버팀돌이었다. 그 복음은 예수 그리스도를 믿는 모든 자에게 구원을 주시는 하나님의 능력에서 비롯된다. 만약 복음이 없었다면 십자가 중심의 기독교는 지상에 존재하지 않았을 것이고, 그 대신 유일신 사상의 유대교가 그 자리를 차지하고 있었을 것이다.

하나님은 세상의 구원을 위해 그의 아들 예수 그리스도를 세상에 보내셨고, 그를 믿는 믿음으로 자신의 새로운 백성을 만들어 가시는 복음을 세상에 선포하셨다. 복음 안에서 유대인과 이방인들 사이의 벽이 허물어지고 인종과 성별 등, 모든 조건과 관계없이 그리스도에 대한 믿음으로 새로운 한 하나님의 백성이 탄생하게 되었다. 복음의 기초 위에 세워진 새로운 믿음의 공동체가 바로 신약의 교회다. 하나님의 통치가 유대 땅에서 온 세상의 교회로 퍼져나간 계기가 그리스도께서 십자가로 성취하신 복음을 통해서 이루어진 것이다.

복음에는 일차적으로 하나님의 구원 약속의 계시와 그 아들이신 예수 그리스도께서 성취하신 십자가의 죽음이 드러난다. 복음에 내재 된 그리스도의 십자가 사건은 하나님께서 이미 오래전에 계획하셨던 희생적 사랑의 사건이었다. 죄를 범한 인간의 구원을 위해 하나님은 아담에게 '여인의 후손'을 약속하셨고, 그 후손은 점차 이스라엘의 조상인 아브라함과 다윗의 자손으로 그 모습이 계시 되었다.

예수 그리스도는 비록 인간의 몸으로 세상에 오셨지만, 그의 성육신의 목적은 하나님의 구원 약속을 성취하는 것이었다. 그리스도는 십자가에서 육신의 피를 흘리고 돌아가셨지만, 그의 피로 성취된 사역은 인간의 죄를 사하고 새 언약을 세우는 하나님의 사역이었다. 인간의 죄를 사하고, 언약을 세우는 일은 하나님만의 고유한 신적(神的) 사역에 속하기 때문이다.

전체적인 구원 역사의 맥락에서 그리스도의 십자가 사건은 성부와 성자 하나님 사이에 연출된 사건이었다. 예수 그리스도는 새 언약의 중보자로서 본질상 불가능하였던 하나님의 희생적인 죽음의 계시를 육신의 몸을 가진 하나님의 아들로서 성취하신 것이다. 그 결과 하나님이 아브라함에게 죽음의 계시를 통해 약속하셨던 가나안 땅의 약속이 영적 유업으로 승화되어 믿음으로 새롭게 탄생한 하나님의 백성들에게 구원의 선물로 주어지게 되었다.

하나님의 구원 약속을 성취하신 그리스도에 대한 믿음에는 성령의 사역이 개입된다. 이 믿음은 예수 그리스도가 아버지 하나님의 구원 약속을 성취하기 위해 아들로 세상에 오신 주(主) 하나님임을 확신하는 믿음이다. 이 믿음은 우리의 의지나 노력으로는 결코 얻을 수 없는 자신만의 확신이다. 사도 바울이 성령의 역사가 없이는 누구든지 예수를 주(主)시라 고백할 수 없다고 선언하는 이유다.

성령은 성부와 성자 하나님 사이에 성취된 구원 약속을 믿는 사람들에게 끊임없이 적용하심으로써 우리의 구원을 완성해 가시는 분이시다. 성령은 먼저 믿음으로 그리스도와 연합한 새로운 하나님의 백성을 창조하신다. 그리고 믿음으로 그리스도와 연합한 새로운 하나님 백성의 삶을 인도, 견인(堅忍;perseverance)해 가시 분 또한 성령님이시다. 신자들은 십자가에서 돌아가신 성자의 희생적인 헌신과 성령의 인도를 통해 성부 하나님을 경험함으로써 믿음의 공동체가 복음 안에서 형성되고 유지되는 것이다. 따라서 믿음의 공동체에 속한 신자들은 호흡하듯이 자연스럽게 복음을 말하고 이를 전파하는 일이 그들의 사명이 되었다.

그러나 이러한 중요성에도 불구하고, 복음의 실체를 명확히 밝혀내거나 그 내용을 설명하는 일은 그리 쉽지가 않다. 그동안 복음에 관한 많은 책이 발간되고 이를 심도 있게 설명하거나 이해하려는 시도들이 지속적으로 이어져 왔다. 하지만 아쉽게도 복음에 대한 정의는 아직까지 교회 내에서도 통일되지 않은 채로 남겨져 있는 것이 사실이다. 이것은 복음을 인식하는 각자의 접근 방식이 자신의 주관에 따라 달라진다는 증거다.

그렇지만 그 차이는 복음에 대한 잘못된 인식에서 비롯되는 것이 결코 아니다. 복음에 대한 각자의 생각이 오랫동안 그것이 형성된 거대한 역사의 흐름을 단숨에 통찰하지 못하기 때문이다. 복음을 구성하는 각 요소들이 우리의 생각만큼 그리 간단하지 않은데 기인한다.

구약에는 복음이라는 말이 전혀 나타나지 않는다. 하지만 하나님은 인간을 죄로부터 구원하시겠다는 복음의 약속을 아담 이후로 구약을 통해 지속적으로 계시하셨다. 그 약속의 계시가 점차 하나님께서 인간과 맺으신 언약으로 구체화 되었다. 그 언약의 중심에는 장차 하나님의 구원 약속을 성취하실 여인의 후손, 혹은 아브라함이나 다윗의 후손으로 오실 예수 그리스도가 계시 되어있었다.

최초의 인간인 아담이 뱀의 유혹으로 불순종의 죄를 범하였을 때, 하나님은 사탄의 머리를 상하게 할 '여인의 후손'을 약속하셨다. 그 후, 아브라함에게는 천하 만민에게 구원의 복을 가져다줄 그의 후손에 대한 약속을 언약으로 주셨다. 그리고 왕정 시대의 다윗에게는 나단 선지자를 통해 그의 영원한 나라를 견고하게 지속시킬 그의 자손을 약속하셨다.

구약에 기록된 그리스도에 관한 이 점진적인 약속들은 모두 복음의 기원이 된다. 특히 하나님께서는 아브라함에게 언약을 통해 두 가지 약속을 주셨다. 하나는 후손에 관한 약속이었으며, 다른 하나는 가나안 땅에 대한 약속이었다. 그 약속들은 일차적으로 이스라엘 백성의 삶과 생존을 위한 문자적 의미의 가시적인 약속이었다.

그러나 하나님의 약속이 세상의 구원을 위한 복음으로 모든 민족에게 적용될 때, 그 약속은 문자적 의미 외에 이면적 영적 의미를 함께 내포하게 된다. 하나님이 자신의 구원 약속에 담아 놓으신 계시의 법칙이다. 이 영적 의미는 약속이 주어진 그 당시에는 드러나지 않지만, 신약의 저자들은 그리스도의 구원 성취에 비추어 감추어졌던 이 복음의 비밀들을 해석하고 사람들의 눈을 밝게 한다.

아브라함에게 주신 후손의 약속에는 그의 육신적인 자손들과 함께 장차 오실 그리스도에 관한 영적 약속이 동시에 내포되어 있었다. 그리고 가나안 땅의 약속도 일차적으로는 그의 육신적 자손들이 그들의 삶을 이어갈 지상의 가나안 땅이었다. 그러나 그 땅의 이면적 영적 의미는 아브라함의 후손으로 오실 그리스도를 믿는 자들이 믿음으로 곧 그의 자손이 되어 유업으로 잇게 될 영원한 하늘나라의 성(城)에 대한 약속을 의미하기도 하였다.

하나님이 아브라함의 후손에 대한 약속 이면에 그리스도에 대한 영적 의미를 담아 놓으셨듯이, 가나안 땅의 약속에도 구속사에 대한 영적 의미를 함께 담아 놓으셨다. 하나님은 영적 후손인 그리스도에 대한 약속이 믿는 자들에게 영원한 하늘나라의 유업으로 이어지도록 언약의 약속 안에 설계해 놓으신 것이다. 아브라함은 가나안 땅의 약속을 하나님께 받았을 때 "내가 이 땅을 소유로 받을 것을 무엇으로 알리이까?"라고 반문하였다. 이때 하나님은 그 땅에 담겨 있는 영적 의미의 중대성에 비추어, 아브라함에게 자신의 죽음을 계시하는 의식을 행하심으로써 그 땅에 대한 약속을 언약으로 확증하셨다.

하나님은 자신에게 전혀 불가능해 보였던 죽음에 대한 계시를 성취하시기 위해 그의 아들, 예수 그리스도를 인간의 몸으로 세상에 보내셨다. 하나님의 약속을 따라 세상에 오신 예수 그리스도는 십자가를 지심으로 그분의 약속을 성취하셨다. 하나님은 수천 년 전에 아브라함 언약을 통해 자신의 죽음으로 계시하신 가나안 땅의 약속을 아들의 십자가 죽음을 통해 성취하신 것이다. 하나님은 자신의 약속을 아들의 희생적인 죽음을 통해 끝까지 신실하게 이행하신 것이다. 이것이 복음의 기원이며 그 성취의 역사다.

따라서 복음에는 그리스도께서 행하신 십자가 사역이 그 중심에 자리 잡고 있다. 태초에 하나님과 함께 계셨던 말씀이 인간의 몸으로 세상에 오신 성육신의 궁극적인 목적이 여기에 있었다. 그분은 하나님의 구원 계시를 실행하시기 위해 세상에 오셨고 십자가 죽음을 통해 그 약속의 계시를 자신의 희생으로 끝내 성취하셨다. 그동안 구약에 기록되었던 복음의 구원 계시가 그리스도에 의해 성취되어 마침내 그 결실이 복음으로 열매를 맺게 된 것이다.

그러므로 하나님의 구원 약속에 관한 모든 계시를 성취하신 예수 그리스도를 주(主)로 믿는 것은 복음으로 하나님의 구원 능력 안에 들어감을 의미한다. 그리스도를 믿는 믿음은 그가 하나님께서 설계하신 모든 구원 계획을 십자가로 성취하신 그분의 아들임을 믿는 신앙이다. 우리는 성령께서 주시는 이 믿음으로 그리스도와 연합하여 그의 지체가 되어 하나님의 백성이 된다.

하나님은 자신의 구원 약속을 성취한 그리스도의 십자가 사건을 통해 모든 사람에게 구원의 문을 활짝 열어 놓으셨다. 그 문은 오직 예수 그리스도에 대한 믿음을 통해서만 들어설 수 있는 진리이며, 생명의 길이다. 그 믿음은 구원 약속의 계시자인 성부 하나님과 그 약속의 성취자인 예수 그리스도가 동일하신 하나님이심을 고백하는 신앙에 근거한다. 우리는 그리스도의 죽으심으로 인하여 하나님 앞으로 담대하게 나아갈 수 있게 된 것이다.

그런데 만약 십자가에 달리신 그리스도가 많은 사람의 생각과 같이 하나님이 아니라 단지 인간이었다고 가정해 보자. 그가 인간으로서 하나님의 모든 구원 약속에 대한 계시를 성취한 분이라고 말할 수 없게 될 것이다. 하나님과 인간은 구원 계시 안에서 한 분이신 하나님일 수 없기 때문이다.

결과적으로 성부 하나님의 구원 약속과 성자 하나님의 십자가 희생으로 인한 성취가 세상에 구원을 가져다주는 복음이 되었다. 이 기쁜 소식은 하나님께서 이방인을 포함한 모든 사람을 위해 구약을 통해 지속적으로 약속하셨던 은혜의 선물이었다. 하나님은 사람들에게 값없이 주시는 이 구원의 선물을 위해 자기의 아들을 십자가에 내어주는 고통스런 희생의 대가를 기꺼이 지불하셨다.

그렇지만 하나님의 희생은 세상을 이처럼 사랑하신 그분의 자발적인 행동이셨다. 하나님은 이미 아브라함에게 가나안 땅에 대한 약속을 위해 자신의 죽음을 스스로 계시하심으로써 그분의 희생을 예고하셨다. 시간이 흐른 후에 하나님은 자신의 약속을 실행하시기 위해 마침내 자신의 독생자를 세상에 보내셨다.

언약의 관점에서 하나님은 아들이신 예수 그리스도를 단순히 세상에 보내신 것이 아니었다. 오히려 그를 십자가의 희생양이 되도록 세상에 내어 주신 것이다. 세상이 자기의 아들을 짓밟도록 버리셨다는 표현이 더 적절할지도 모른다. 그러나 그리스도는 아버지의 뜻에 순종하며 그분이 세상에 보낸 자신의 사명을 십자가의 죽음으로 모두 성취하셨다. 이를 통해 하나님의 구원 약속이 그분 안에서 사람들의 구원을 위한 복음으로 완성된 것이다.

성취자이신 예수 그리스도는 부활하신 후에 제자들에게 이 복음을 땅끝까지 전하라고 명하셨다. 복음의 기쁜 소식을 세상에 퍼뜨리라는 명령이다. 아브라함의 후손으로 인하여 모든 민족이 복을 받을 것이라는 하나님의 약속이 자신의 십자가로 모두 성취되었음을 제자들에게 선포하시는 것이다.

현재를 사는 많은 성도는 복음의 의미에 대해 그리 심각하게 생각하지 않는다. 복음이라는 단어가 그들에게 너무 익숙하게 들리기 때문에 굳이 그 의미를 되새겨 볼 필요를 느끼지 않는 것이다. 하지만 성도들은 그것이 구원의 기쁜 소식이라는 사실을 아는 것만으로는 충분치 않다. 복음이 구원의 기쁜 소식이 되는 근거를 성경을 통해 깨달아야만 한다. 복음에 대한 성경적 근거를 이해하는 것은 자신의 신앙적 도움뿐만 아니라 이를 전파하는 일에도 커다란 유익이 되기 때문이다.

복음에 관련된 그리스어는 '유앙겔리온'(euangelion, 복음)과 유앙겔리제스따이(euangelizesthai, 복음을 선포하다)이다. 하나는 히브리 성경의 용법이고 다른 하나는 그리스와 로마의 용법이다. 그리스 세계에서 유앙겔리온(euangelion)은 통상 위대한 승리 혹은 황제의 탄생이나 왕위 계승을 선포하는 전문 용어였다.[1)]

그러나 바울이 선포한 복음을 유대적 배경에서 살펴본다면, 그 복음은 황제 숭배의 요구나 그 밖의 모든 이교주의에 정면으로 맞선다

1) N. T. Wright, 『바울의 복음을 말하다』, 최현만 역 (경기: 에클레시아북스, 2007), 61-62.

2) N. T. Wright, 『바울의 복음을 말하다』, 65.

는 사실이다.[2)] 유대적 사상에서 볼 때, 세상을 다스리시는 분은 유일하신 하나님이시기 때문이다. 그리스도의 십자가 사건은 이방인들을 믿음으로 의롭게 하여 죄 사함을 받은 하나님의 백성으로 탄생시켰다. 이 과정에서 하나님은 이스라엘뿐만 아니라 여전히 이방을 다스리시는 유일신이라는 선포가 복음에 담겨 있는 것이다.

복음은 구약에서 신약에 이르기까지 오랫동안 성경에 계시 된 하나님의 구원 약속에 따른 성취의 결과였다. 비록 복음이라는 말이 신약으로부터 기원 되지만, 하나님은 그 근원인 구원에 관한 약속을 이스라엘의 조상들과 선지자들에게 끊임없이 계시하셨다. 사도 바울이 복음의 의미를 알지 못했던 구약 시대에 이미 아브라함에게 복음이 전해졌다고 선언하는 이유다.

복음은 자신의 구원 약속을 끝까지 이행하시는 신실하신 '하나님의 의'에 대한 결과다. 하나님은 그 약속을 끊임없이 구약을 통해 계시하셨고, 마침내 약속된 예수 그리스도를 세상에 보내셔서 자신의 약속을 남김없이 성취하셨다. 우리는 믿음으로 그리스도의 오심과 그의 십자가 사건이 언약에 계시 되었던 구원 약속을 성취하신 하나님 사역의 결과임을 확신한다.

만약 그분이 지신 십자가의 죽음이 구약에 기록된 하나님의 약속과 전혀 상관이 없다고 가정해 보자. 2000년 전 팔레스타인 땅에서 일어난 그리스도의 십자가 사건은 유대인뿐만 아니라 이방인이었던 우리의 구원과도 전혀 무관하였을 것이다. 그 사건은 단지 팔레스타인 지방에서 일어났던 한 민족의 정치적이며 역사적 사건에 그쳤을 것이다.

그러나 그리스도의 오심, 그의 죽으심과 부활 승천은 구약을 통해 하나님이 계시하셨던 세상의 구원 약속에 대한 완전한 성취였다. 그렇기 때문에, 우리는 그분을 주(主), 하나님으로 고백하는 믿음을 통해 구원의 기쁜 소식인 복음의 직접적인 수혜자가 된 것이다. 사도 바울은 이 복음의 기원을 창세기에 기록된 아브라함 언약에 두고 있다.

바울은 "이방을 믿음으로 말미암아 의로 정하실 것을 성경이 미리 알고 먼저 아브라함에게 복음을 전했다"(갈 3:6-8)고 기록한다. 이 메시지는 하나님이 다스리시는 통치가 장차 유대 땅에서 이방의 온 땅으로 퍼져 나갈 것이라는 선포를 담고 있다. 복음으로 인하여 하나님 나라가 특정한 지역에 머무르지 않고 온 세상으로 확장될 것이라는 내용이었다.

바울은 갈라디아서에서 아브라함에게 전해진 복음을 처음 언급함으로써 그 기원이 구약에서 비롯되었음을 사람들에게 알린다. 그의 복음에 대한 주장은 그 당시 사람들에게는 아마 상당히 충격적이었을 것이다. 예수 그리스도의 믿음을 통해 세상을 구원하시겠다는 하나님의 구원 경륜이 아직 세상 사람들에게 알려지지 않은 신비였기 때문이다.

예수의 제자들도 복음의 핵심이 되는 하나님의 구원 경륜인 그리스도의 비밀을 그분이 부활하신 후에도 완전히 깨닫지 못하고 있었다. 예수께서 승천하시기 바로 전에 제자들은 "주께서 이스라엘 나라를 회복하심이 이때니이까?"(행 1:6)라고 예수께 물었다. 그들은 이방인들이 예수 그리스도를 믿음으로 의롭게 되어 새로운 하나님의 백성이 된다는 복음을 그때까지도 이해하지 못한 것이다.

바울도 다메섹 도상에서 빛 가운데 나타나신 예수를 직접 만나 회심하기 전까지 조상의 전통(traditions)과 율법에 충실한 바리새인이었다. 그는 바리새인으로 구약에 정통한 유대인이었지만, 다른 유대인들과 마찬가지로 옛 언약에 이면적으로 계시 되어있었던 구원의 영적 의미를 깨닫지 못하고 있었다. 그는 그 의미를 회심한 후에서야 비로소 계시를 통해 깨닫게 되었다.

이방인과 유대인 사이에 막혀 있던 담을 예수께서 자신의 육체로 허무시고 한 새 사람을 지어 화평하게 하실 것이라는 사실이 아브라함 언약에 계시된 복음의 내용이었다. 이 사실은 바울이 계시로 그리스도의 비밀을 깨닫기 전까지 세상에 알려지지 않은 복음의 신비에 속했다. 그 신비가 바울의 깨달음과 전도를 통해 유대뿐만이 아니라 이방 세계에 널리 퍼지게 되었다. 하나님께서 그리스도를 통해 믿음으로 그의 새로운 백성을 창조하시는 복음의 방식이 사람들에게 널리 알려지게 된 것이다.

바울은 갈라디아서에서 그리스도의 복음에 율법과 할례를 추가한 다른 복음을 외치는 유대인 그리스도인들을 강하게 비난했다. 바울이 그들에게 저주를 퍼부을 정도로 강하게 비난을 할 수 있었던 것은 그가 어느 사도들보다도 복음의 내용을 계시를 통해 확실히 깨닫고 있었기 때문이었다.

그는 하나님께서 아브라함에게 약속하신 후손이 그의 육신적인 자손들이 아니라 영적 후손인 예수 그리스도를 가리킨다고 확실하게 선언했다(갈 3:16). 그리고 참 아브라함의 자손은 혈통적인 유대인들이 아니라 그리스도 안에서 믿음으로 마음에 할례를 받은 이면적 유대인들이라고 선언한다(롬 2:28-29). 그는 하나님께서 약속하신 유업이 그리스도를 믿음으로 참 아브라함의 자손이 된 이면적 유대인들에게 주어진다는 사실을 강력히 주장하는 근거가 된 것이다.

그 과정에서 바울은 믿음에 의한 칭의가 복음의 주요 근거가 됨을 제시한다. 바울은 아브라함의 믿음에 의한 칭의가 이방인을 포함하여 예수 그리스도를 믿는 자들에게 복음으로 동일하게 적용됨을 주장한다. 아브라함이 하나님을 믿어 의롭게 여김을 받았듯이 그리스도를 믿는 자들은 아브라함과 같이 의롭다 함을 받아 그의 자손이 된다(갈 3:6-7). 바울의 이러한 칭의에 대한 언급은 그리스도 안에서 믿음으로 의롭게 된 자들을 아브라함의 자손과 연결시키는 고리가 되었다.

바울이 갈라디아서에서 언급한 '아브라함에게 전해진 복음'의 내용은 그의 후손으로 오실 예수 그리스도를 믿는 믿음으로 이방인들도 의로운 하나님의 백성에 속하게 된다는 말이다. 이방인들을 믿음으로 참 아브라함의 자손으로 삼으셔서 구원의 축복을 믿는 그들에게 베푸시겠다는 하나님의 의도였다. 바울은 복음과 칭의의 문제를 서로 긴밀하게 연결시키고 있다.

아브라함에게 전해진 복음에 대한 바울의 언급은 우리가 복음의 근원을 하나님의 구원 약속이 계시 된 옛 언약에서 찾아야 한다는 점을 일깨운다. 바울은 그의 서신서에서 복음과 율법에 대한 대조를 분명하게 부각시킨다. 그는 논쟁의 중심에서 복음의 논리를 구약의 아브라함 언약과 새 언약을 연결시키며 자신의 주장을 펼쳐나갔다. 그는 시내 산 언약의 율법을 아브라함 언약에 영적으로 내재 된 복음과 대조하며 그리스도의 믿음으로 얻게 될 새로운 구원 방식을 차별화해 나간 것이다.

제2장 아브라함 언약에서 좀 더 자세히 다루겠지만, 하나님께서는 아브라함에게 두 가지 약속을 언약으로 주셨다. 하나는 후손에 대한 약속이며 다른 하나는 가나안 땅에 대한 약속이었다. 이 두 약속 안에는 그리스도의 복음에 대한 영적 계시가 이면에 담겨 있었다. 후손은 바울의 해석과 같이 예수 그리스도에 대한 영적 약속이었고, 가나안 땅은 그리스도에 대한 믿음으로 얻게 될 영적 유업인 하늘나라에

대한 약속을 담고 있었다.

여기에서 특별한 점은 가나안 땅의 약속을 아브라함에게 주실 때, 하나님은 자신의 죽음을 상징하는 '언약의 퍼포먼스(창 15:17)'를 직접 실행하여 보여주심으로써 그 약속에 대한 확증을 아브라함에게 보증하셨다. 하나님께서 행하신 중대한 이 의식으로 미루어 볼 때, 가나안 땅은 문자적인 의미 외에 구속사적으로 중요한 영적 의미를 담고 있음을 짐작할 수 있다.

히브리서 11장의 기록과 같이 그 땅은 믿는 하나님의 백성들이 차지할 영원한 안식처인 '하늘의 성'이다. 구약은 가나안이 아브라함과 그의 후손들인 이스라엘 백성들이 그들의 삶을 영위해 나갈 땅이었음을 지속적으로 언급한다. 그러나 신약에서 그 땅의 약속에 담긴 영적 의미는 그리스도를 믿음으로 그분 안에서 참 아브라함의 자손이 된 자들이 이어갈 유업의 땅이었다.

유업은 약속한 사람이 자신의 죽음을 통해서만 물려주는 약속된 자산이다. 그런 면에서 창세기 15장 17절의 계시는 '하나님의 죽음'이라는 신학적 사고가 불가능한 문제점을 가지고 있다. 그래서 많은 신학자는 창세기 15장 17절의 하나님의 행위를 단지 언약의 약속을 보증하시는 그분의 의례적인 행위로 간주한다.

그러나 최초로 언약에 대한 논문『데 테스타멘토』(De Testmento)를 쓴 취리히 종교개혁자 불링거(Heinrich Bullinger)는 이 계시적 사건을 다음과 같이 기술한다.

고대 언약을 보면 언약 맺은 자의 적극적 의지 표현의 징표로 짐승을 죽이는 관습이 있었다. 이것은 그들이 언약을 위반한다면 그 짐승처럼 자신을 죽이라는 것이다. 하나님은 창세기 15장에 바로 이 행동으로 나타나신다. 하나님은 언약을 만든 분일 뿐만 아니라 마지막 유서의 유언자이기 때문에 이 징표는 하나님께서 언젠가 죽으실 것을 가르친 것이다. 그러나 하나님은 불변하시고 불멸하시기 때문에 육신의 아브라함의 후손으로 가장하고 오셔서 고난을 당하시고 피를 흘리심으로 유언을 집행하신 것이다. 곧, 아브라함의 진정한 후손인 주(Lord)이신 그리스도의 죽음과 피로 그 언약을 확증하신 것이다.[3)]

하나님께서 죽음으로 확증하신 가나안 땅에 대한 그분의 약속을 예수 그리스도께서 세상에 오셔서 자신의 죽음으로 성취하셨다는 주장이다. 이 주장에는 언약의 계시자인 하나님과 성취자이신 예수 그

3) Charles S. McCoy and J. Wayne Baker, Fountainhead of Federalism: Heinrich Bullingner and the Covenantal Tradition, with a translation of De Testamento seu foedere, Dei unico et aeterno (1953) by Heinrich Bullinger(Louiville: Westminster/John Knox Press, 1991), 101.

리스도가 동일하신 하나님이심이 전제되어 있다. 필자도 바울이 계시로 깨닫게 된 복음에 내재 되어있는 그리스도의 신비와 하나님의 구원 경륜의 비밀이 삼위일체 하나님의 관계적인 구원 사역에서 비롯된 신적(神的) 사역임을 확신한다.

하나님께서 그리스도 안에서 행하신 일은 아브라함에게 주신 언약의 약속에 이면적으로 담아 놓으신 영적 구원 사역을 성취하심으로써, 세상의 죄 문제를 해결하고 구원의 축복을 주시기로 하나님의 온 백성들에게 약속하신 것이다. 언약은 언제나 전 세계적인 새로운 하나님의 공동체를 내다보고 있었다. 하지만 이스라엘은 그 조상들에게 주신 언약의 이면에 담긴 이 영적 메시지를 깨닫지 못하고 단지 문자적인 의미에 집착하고 있었던 것이다.

예수께서 부활하신 후 승천하시기 전까지 제자들은 그분이 이스라엘을 회복하실 것을 믿었다. 언약의 상대자였던 이스라엘 백성들뿐만 아니라 예수님의 제자들조차도 그 언약이 지향하는 궁극적인 목적을 깨닫지 못한 것이다. 제자들은 그때까지도 하나님의 약속이 이스라엘에게 한정되어 있다는 특별한 의식을 가진 유대인들과 별반 다르지 않았다.

바울이 이방에 복음을 전하는 사도로 세우심을 받은 데에는 특별한 이유가 있었다. 그는 가말리엘 문하에서 율법 교육을 받은 구약에 정통한 바리새인이었다. 그는 신앙 교육을 받은 유대인으로 구약의 율법과 언약 사상에 능통하였음이 분명하다.

하나님께서는 구약에 대한 그의 지식 위에 그동안 사람들에게 드러나지 않았던 그리스도의 비밀을 계시로 깨닫게 하셨다. 아브라함 언약에 영적으로 계시 되었던 그리스도를 통한 하나님의 구원 경륜의 비밀을 깨닫게 하신 것이다. 이는 아브라함의 후손으로 오실 예수 그리스도 안에서 모든 사람이 믿음으로 구원의 축복을 받게 될 것이라는 복음의 메시지였다.

그러므로 바울이 이방에 전한 복음의 기원과 실체를 규명하기 위해서는, 구약의 언약에 계시 된 하나님의 구원 계획과 그분이 행하신 구원 사역을 먼저 알아야 한다. 이 일은 2000여 년 전에 바울이 계시로 깨닫고 이방에 전했던 그리스도의 비밀, 즉 복음의 신비를 우리도 함께 깨달을 것을 요구한다. 필자는 이 깨달음의 시작이 바울과 같이 아브라함 언약에 이면적으로 계시 된 영적 의미를 마음속으로 받아들이는 데서 시작된다고 확신한다.

중세 최고의 성경주석가로 꼽히는 라이라의 니콜라우스(Nicholas of Lyra, 1270-1349)는 성경을 이해하는 가장 기본적인 원칙을 주장했다. 그 원칙은 성경의 많은 구절이 양면적 의미를 지니고 있음을 인정하는 것이라고 말했다. 하나는 지상의 일들에 관련된 문자적 의미이며, 다른 하나는 영적이며 영원한 상급을 내포하는 의미이다. 그는 하나님께서 아브라함에게 주신 땅에 대한 약속이 협의의 의미로는 실제적인 가나안 땅의 소유에 관한 약속이었지만, 광의의 의미로는 영적이며 영원한 생명에 관한 약속이었다고 주장했다.[4)]

그런데 만약 우리가 언약의 약속에 포함된 영적 의미를 인정하지 않고 문자적 의미만을 주장한다면 언약의 상대자였던 이스라엘 백성들과 별반 다를 바가 없을 것이다. 그들은 언약을 문자적으로만 해석하여 하나님께서 계시하신 구원의 약속을 자신들에게만 한정시켜 적용하였다. 그들은 아브라함에게 그의 '씨'를 통해 세상의 모든 민족에게 복을 주시겠다는 하나님의 구원 약속이 세상을 향한 복음의 약속이었음을 제대로 인지할 수 없었다.

그들은 약속의 후손으로 오신 예수 그리스도를 인정하지 못하고 십자가에 못 박는 잘못을 범하였다. 그들의 잘못된 행동은 하나님이 그들에게 혼미한 심령과 보지 못할 눈과 듣지 못할 귀를 주셨기 때문이었다. 이 모든 일이 하나님의 예정 가운데 일어났다는 의미다.

결국 이스라엘이 넘어짐으로 인하여 구원이 이방인에게 이르게 되었다. 그들이 예수 그리스도를 십자가에 못 박음으로써 하나님의 구원 약속이 그리스도 안에서 모두 성취되는 모순적인 사건이 발생하게 된 것이다. 그 결과 하나님의 구원 방식이 예수 그리스도 안에서

4) Martin Luther, Luther's Work's Volume 3, Lectures on Genesis Chapter 15-20. (American Edition) translated by George V. Schick (St. Louis: Concordia Publishing House, 1961), 27.

완전히 바뀌게 되었다. 할례와 율법으로 하나님의 백성을 규정하던 과거의 방식이 예수 그리스도의 언약 성취로 말미암아 믿음의 방식으로 완전히 새롭게 바뀌게 된 것이다.

바울 당시에 예수 그리스도를 믿는 유대인들조차도 그리스도 안에서 오직 믿음만으로 새로운 하나님의 백성이 된다는 사실을 깨닫지 못했다. 그들은 믿음에 더한 할례와 율법을 주장했던 것이다. 그들은 그리스도의 변질된 복음을 전함으로써 바울이 저주한 대상이 되었던 거짓 형제들이었다. 바울은 자신이 전한 복음이 직접적인 계시로 받은 진리임을 사람들에게 깨우치기 위해 믿음과 율법을 강력하게 대조하며 복음에 대한 논쟁을 이어 갔다.

바울은 이 논쟁 가운데서 성령과 연관된 믿음의 근거와 효력을 아브라함 언약으로부터 이끌어냈다. 그는 먼저 창세기 15장 6절의 '아브라함의 믿음에 의한 칭의'를 주요 근거 구절로 삼는다. 이를 근거로 그는 믿음에 의한 아브라함의 자손이 누구이며(갈 3:7), 아브라함에게 전해진 복음의 내용과 그 결과가 무엇인지를 상세히 기술한다. 그 복음의 내용은 하나님께서 이방을 믿음으로 말미암아 의로 정하실 것이라는 사실이며, 그 결과 모든 이방인이 아브라함과 그 후손으로 오신 그리스도로 말미암아 구원의 축복을 누리게 된다는 사실이었다.

아브라함의 믿음에 의한 칭의의 사건은 우리가 그리스도에 대한 믿음으로 아브라함의 자손이 되어 그에게 약속된 유업을 잇게 된다는 원형적 사건이었다. 아브라함의 믿음에 의한 칭의 사건이 그리스도에 대한 믿음의 칭의와 하나님의 구원 약속 안에서 그분의 백성을 창조하는 연결고리가 된다는 뜻이다.

하나님은 창세기 15장에서 이 믿음에 의한 칭의 사건 앞뒤에 후손과 가나안 땅에 대한 약속을 언약으로 기록해 놓으셨다. 그리고 후손으로 오실 그리스도의 언약 성취를 통해 이방을 믿음으로 의롭게 하여 땅의 유업을 잇게 하시겠다는 복음을 아브라함에게 계시하셨다. 그리스도 안에서 믿음으로 의롭게 된 자들이 하나님의 유업을 이어갈 구원 받은 백성임을 증명하는 구원사적 사건인 것이다.

그러므로 복음과 이를 성취하신 그리스도의 십자가 사건을 깊이 있게 고찰하기 위해서는 아브라함 언약에 대한 심도 있는 영적 이해와 통찰이 필요하다고 본다. 복음에 대한 이해는 인류의 조상인 아담이 타락한 후에 인간을 구원하시기 위해 세우셨던 하나님의 구원 약속과 직결되기 때문이다. 그분의 구원 계시는 점진적으로 발전되고 구체화 되어 아브라함 언약에서 그 정점을 이룬다.

복음은 기독교인에게 아주 친숙한 단어이지만, 이를 신학적으로 정의하거나 설명하는 일은 그리 쉽지 않다고 처음부터 언급하였다. 우리는 복음을 단지 개인적인 구원과 연결시켜 단순하게 생각하려는 경향이 있다. 하지만 복음은 하나님의 구원 역사 속에서 오랫동안 지속적으로 계시 되어 왔던 하나님의 구원 약속과 그리스도에 의해 성취된 구원 사역의 총체적 산물이다.

그 복음의 역사 속에는 구약을 통해 구원 계시를 지속적으로 주신 성부 하나님과 신약에서 그 약속의 계시를 십자가로 성취하신 예수 그리스도의 사역이 담겨 있다. 구원 약속의 계시자인 성부 하나님과 그 약속의 성취자인 예수 그리스도의 사역이 복음의 근간이 되어 세상에 널리 퍼지게 되었다. 그 복음을 성령 하나님은 예정된 성도들에게 믿음으로 적용하여 그들을 하나님의 백성으로 만들어 구원으로 인도하신다.

이스라엘 백성에게 성경을 읽는 것은 구약을 읽는 것을 의미했다(고후 3:14). 바울은 그들이 읽는 구약이 모세 오경이든, 구약 전체를 의미하든지 외연적인 의미에서 구약을 언약과 동일시 한다.[5] 예수 그리스도 이전의 성경을 '언약' 또는 '옛 언약'과 동일한 것으로 여기는 시각은 적절하다는 의미이다.[6]

그러므로 복음의 의미와 그 기원을 찾기 위해서는 먼저 구약의 언약을 살펴보는 일이 우선이다. 그리고 그 언약이 예수께서 세우신 신약의 새 언약과 어떤 관계를 맺고 있는지를 살펴보아야 한다. 구약의

---

5) Meredith Kline, 『언약과 성경』, 이용중 역(서울: 부흥과개혁사, 1998), 42.

6) Kline, 『언약과 성경』, 43.

옛 언약과 신약의 새 언약은 구원 약속과 성취라는 커다란 틀 안에서 서로 연결되어 있다.

인간의 구원을 약속하신 하나님은 구약에서 자신을 유일신으로 계시하신다. 그러나 신약에서의 하나님은 그 구원 약속을 성취하시기 위해 자기의 아들을 세상에 보내시는 아버지 하나님으로 계시 된다. 그리고 자기의 아들인 그리스도의 십자가 성취와 그가 말씀하신 모든 것을 사람들에게 생각나게 하시고 믿게 하시기 위해 아들의 이름으로 보혜사 성령을 세상에 보내시는 자비로운 하나님으로 계시 된다.

구약에 유일신으로 계시 되었던 하나님은 인간의 구원 약속을 위해 신약에 계시 된 성자와 성령 하나님과의 관계적 협력을 통해 그 약속을 성취하고 완성해 가신다. 복음은 삼위 하나님의 관계적이며 협력적인 사역의 결과에서 비롯되는 것이다. 결과적으로 복음과 삼위일체가 내적으로 연결되어 있다는 프레드 샌더스(Fred Sanders)의 주장이 타당성을 지니는 이유가 된다.[7]

인간을 구원하시겠다는 복음의 역사는 수천 년 동안 하나님의 구원 계획안에서 약속과 성취로 이어진 계시적 사건이었다. 사도 바울은 로마서 1장에서 복음의 단면을 다음과 같이 세 가지로 나누어 기술하고 있다.

---

7) Fred Sanders, 『삼위일체 하나님이 복음이다』, 임원주 역 (서울: 부흥과개혁사, 2016), 56.

1) 이 복음은 하나님이 선지자들을 통하여 그의 아들에 관하여 성경에 미리 약속하신 것이라(2절).
2) 이 복음은 모든 믿는 자들에게 구원을 주시는 하나님의 능력이 됨이라(16절).
3) 복음에는 하나님의 의가 나타나서 믿음에서 믿음에 이르게 하나니 기록된 바 오직 의인은 믿음으로 말미암아 살리라(17절).

복음은 먼저 하나님의 아들 예수 그리스도에 관한 약속이었으며, 그를 믿는 모든 자를 구원하시겠다는 하나님의 능력이었다. 그리고 하나님은 그 구원 약속의 성취를 위해 약속된 자기의 아들을 세상에 주셔서 십자가에서 죽게 하심으로써 그 모든 약속을 신실하게 이행하셨다. 바울은 복음의 첫 번째와 두 번째 설명에 대한 논증의 결과로 로마서 1장 17절을 기록한다.

복음의 신학적 본질과 기능적 필요를 함께 이해하기 위해서는 언약의 이면에 담겨 있는 기독론의 영적 의미와 함께 새 언약의 중보자 역할을 이해하는 것이 무엇보다 중요하다고 본다. 특히 구약의 아브라함 언약은 그 이면적 의미가 바울이 전한 그리스도의 복음을 통해 세상에 밝혀졌다. 바울은 유대인들의 전통적 할례와 율법의 행위가 그리스도의 복음 앞에서 더 이상 효력이 없음을 밝힐 때, 그는 로마서 4장에서 아브라함 언약을 인용하며 그의 믿음에 의한 의를 언급한다.

바울이 그의 서신서에서 아브라함 언약과 그의 믿음에 의한 의를 율법의 행위와 대조하여 언급하는 이유는 아브라함 언약에 감추어져 있던 이면적 의미가 그리스도의 복음과 밀접한 관계를 가지고 있기 때문이다. 하나님께서 아브라함 언약에 후손과 가나안 땅의 두 약속 사이에 아브라함의 믿음에 의한 칭의 사건을 의도적으로 삽입해 놓으신 이유라고 본다.

인간은 결코 독립적인 존재가 아니다. 우리는 스스로를 창조한 자도 아니며, 타인과 관계없이 자신의 행동에 대해서만 책임을 지는 존재도 아니다. 우리는 피조물로서 하나님 앞에서 우리 자신에 대한 책임이 있으며, 그의 심판을 피해갈 수 없는 존재들이다. 이러한 우리를 위하여 하나님은 예수 그리스도를 속죄를 위한 희생양으로 내어주시고 그를 믿는 자들을 의롭다고 선언하신다.

이 믿음에 의한 의는 하나님이 죄인이었던 자들을 의인으로 선포하시고 자신의 백성으로 삼으시는 그분의 자비로우신 구원 행위이다. 하나님의 백성에 속했다는 것은 구원받은 하늘나라의 시민권자가 되었다는 의미와 같다. 이 영광스러운 사역을 위해 예수 그리스도는 약속대로 아브라함의 후손으로 세상에 오셨다. 그리고 우리의 죄 사함을 위해 십자가에 돌아가셨다. 우리는 그를 믿는 믿음으로 참 아브라함의 자손이 되어 그에게 약속된 유업을 이을 자가 되는 것이다.

아브라함이 하나님의 말씀을 믿어 의롭다 함을 받은 '칭의'의 사건은 아브라함 언약에 주어진 두 약속의 영적 의미를 밖으로 드러낸다. 그뿐만 아니라 두 약속의 구원사적 영적 의미를 서로 이어주는 연결고리의 역할을 감당한다. 아브라함의 믿음에 의한 칭의는 예수 그리스도에 대한 믿음과 경건하지 아니한 자를 믿음으로 의롭다 선언하시는 하나님에 대한 믿음을 동일 선상에서 연결하는 복음의 열쇠이기 때문이다.

그렇기 때문에 신자들은 예수 그리스도에 대한 믿음을 통해 하나님 앞에 나아갈 수 있는 길이 열리게 되었다. 믿음에 의한 칭의는 그리스도 안에 계신 하나님께서 죄인이었던 우리를 자신과 화목하게 하시고, 우리들의 죄를 깨끗하다 하심으로 그 죄의 책임을 우리에게 돌리시지 않는 것이다.

그러므로 누구든지 그리스도의 믿음 안에 있으면 과거 죄인의 모습은 사라지고 새로운 피조물로 다시 태어나게 되는 것이다. 이러한 새 창조의 사역은 그리스도 안에서 믿는 자들에게 부여된 복음에서 비롯된 결과이다. 하나님께서 오래전에 계획하셨던 구원 사역의 신비가 그리스도로 인해 복음의 열매로서 세상에 드러나게 된 것이다. 언약의 약속에 감추어졌던 영적 의미가 믿음에 의한 칭의로 서로 연결되어 그리스도의 복음으로 성취되었다는 뜻이다.

언약과 복음은 서로 떨어질 수 없는 밀접한 관계를 가진다. 특히 아브라함 언약 중에 보여주신 그의 믿음에 의한 칭의는 복음의 핵심을 파악하는 중요한 열쇠가 된다. 우리는 언약을 통해 복음의 근원과 그 근거를 밝힘으로써 복음의 신학적 본질과 그 기능에 대한 답을 제공할 수 있다고 믿는다. 따라서 필자는 이 책이 언약을 바탕으로 하나님의 구원 사역의 핵심인 복음을 이해하는 데 조금이나마 도움이 되기를 간절한 바라는 마음이다.

1

언약이란 무엇인가?

1. 언약의 통일성
2. 언약의 다양성

제1장. 언약이란 무엇인가?

현대 기독교인들에게 언약이라는 단어는 다소 생소하게 들릴지 모른다. 어쩌면 그 단어가 구약의 율법과 연관되어 어떤 이들에게는 거북함을 주게 될지도 모른다. 그렇지만 신약의 신자들은 실제적으로 예수께서 십자가에서 흘리신 피로 세운 새 언약 아래에서 그 언약 백성으로서의 혜택을 누리며 살아가고 있음을 부인할 수 없다.

그럼에도 불구하고 우리는 성경에 기록된 언약이라는 단어를 애써 외면하려는 경향을 가진다. 어떤 이들은 하나님과 인간 사이의 약속인 언약(covenant)이라는 말 대신에 사람 간에 맺어지는 계약(contract)이라는 세상적인 단어를 사용하는 경우도 흔하다. "새 언약" 혹은 "언약" 대신에 "새 계약" 혹은 "계약"이라는 본질과 동떨어진 용어를 사용하는 것이다.

언약과 계약의 의미는 본질적으로 엄연히 다르다. 성경에 기록된 언약은 하나님께서 자신의 일방적인 은혜와 희생으로 인간과 맺으신 약정이다. 그 약정은 하나님의 일방적인 주권으로 행사되기 때문에 한 번 맺어진 언약은 중도에 변하거나 무효화 되지 않는 영원불변한 약속이다. 반면, 인간 사이에 맺어진 계약은 조건과 상황에 따라 언제든지 취소되거나 변할 수 있다. 그것은 본질적으로 가변적인 서로 간의 약속인 것이다.

성경의 언약은 하나님께서 인간을 죄로부터 구원하시기 위해 일방적인 자신의 은혜로 주신 상호 간의 약정이었다. 원래 인간은 하나님과 교제하며 소통하도록 하나님의 형상으로 창조된 피조물이었다. 그러나 최초의 피조물인 아담의 범죄로 인해 하나님과의 관계가 단절되었을 때, 그분은 인간과의 관계를 원상대로 회복시키기를 원하셨다. 이를 위해 하나님은 인간을 유혹하고 타락시킨 사탄의 세력을 꺾을 '여인의 후손'을 세상에 보낼 것을 약속하셨다. 이 약속은 인간에게 전해진 최초의 복음, 즉 원시(原始)복음이었다.

성경에 언약이라는 단어는 창세기 6장 18절에 처음 등장한다. 하나님께서 노아와 그의 가족들을 홍수로부터 지켜 생명을 보존하시겠다는 약속이었다. 비록 노아 이전에는 언약이라는 단어가 성경에 등장하지 않지만, 인간에 대한 하나님의 관계에서 언약은 최초의 인간인 아담의 때부터 이미 존재하였다고 볼 수 있다. 인간이 창조될 때 그 신분이 하나님의 절대적인 주권에 종속된 언약적 내용을 포함하기 때문이다.

호세아 선지자는 이스라엘 백성이 아담처럼 언약을 어기고 하나님께 패역을 행하였다고 기록했다(호 6:7). 이 구절은 아담이 창조에 의해 형성된 언약을 어긴 것처럼 이스라엘도 시내산에서 제정된 언약을 어겼다는 말이다.[8] 이 구절에서 언약은 최초의 창조 관계에서도 분명히 언급되고 있다는 사실을 보여준다. 만약 아담이 금지된 선악과를 먹지 않는다면 살게 되고, 그 열매를 먹게 되면 죽을 것이라는 주권적인 하나님과의 약속 관계가 설정된 것이다.

이 약속 관계를 자신의 의지로 깨뜨린 것은 아담이었다. 하나님과의 창조적인 관계가 인간의 의도적인 불순종으로 깨어진 것이다. 불순종으로 인한 죄가 하나님과 인간 사이에 놓이게 되었다. 하나님은 이 벽을 없애고 인간과의 창조 관계를 원상으로 회복시키시기 위해 '여인의 후손'에 관한 최초의 복음을 아담에게 약속하셨다.

이 복음의 약속은 구약의 언약을 통해 점진적으로 구체화 되었다. 성경에 나타난 주요 언약들을 보면 노아, 아브라함, 모세, 다윗, 그리고 최종적으로 새 언약이 있다. 비록 언약이라는 말이 직접적으로 사용되지는 않았지만 여러 가지 증거에 의하여 타락 후 하나님이 인간에게 주신 원시 복음인 '여인의 후손'에 관한 약속도 언약에 포함 시킬 수 있다.

하나님은 그의 백성과 언약 관계를 맺으실 때마다 그들에게 새로운 약속들을 주셨다. 시대에 따른 각 언약은 그들 자체의 특성을 지니고 있지만, 그 안에는 공통적으로 인간을 구원하시겠다는 그분의 의지가 항상 담겨 있었다. 하나님은 대홍수 후에 노아에게 다시는 인간을 물로 멸망하지 않겠다는 약속을 주셨다. 그리고 아브라함에게는 천하 만민에게 복을 가져다줄 후손과 가나안 땅을 약속하셨고, 다윗에게는 그의 나라를 영원히 이어갈 그의 자손을 약속하셨다.

---

8) O. Palmer Robertson, 『계약신학과 그리스도』, 김의원 역 (서울: CLC, 2004), 30-31.

그렇다면 성경 전체에 걸쳐있는 다양한 언약들을 서로 엮어주는 통일성은 무엇일까? 그리고 그 통일성을 가진 각 언약은 먼저 세워진 언약의 역할을 밀어내지 않고 서로 보충할 수 있는 어떤 요인을 가지고 있는 것일까? 이 질문들에 대한 답은 매우 중요하다. 각 언약이 하나님의 구원 계획안에서 연속된 하나의 영원한 언약임을 나타내는 증거가 되기 때문이다.

성경은 언약의 통일성을 확실히 나타낸다. 하나님의 언약들은 하나의 궁극적인 목적 아래 서로 연결되어 있기 때문이다. 그들이 가진 특성과 시대적인 환경이 다를지라도, 그 언약들이 지향하는 목표는 한곳으로 모여진다. 그것은 예수 그리스도를 통해 세상을 죄로부터 구원하겠다는 분명한 하나님의 구원 계획이었다.

노아 언약은 성경이 확인한 최초의 언약이었다. 그 당시 사람들이 저지른 죄악과 악함이 하나님의 심판을 초래한 것이다. 노아와 그의 가족을 제외하고 아담으로부터 태어난 모든 사람이 홍수로 멸망하였다.

그 후, 하나님은 다시는 사람과 생물들을 물로 멸하지 않겠다는 언약을 노아에게 주셨다. 또한, 하나님은 그가 만드신 세상의 창조 질서를 유지하시겠다는 약속을 유일하게 생존한 그의 가족을 대표하여 노아에게 주셨다. 그는 인간의 죄로 인한 심판 후에 유일한 생존자로서 하나님으로부터 보존의 약속을 받은 것이다.

노아 언약은 창조에서의 하나님의 목적과 구원에서의 그분의 목적을 연합시킨다. 노아와 그의 후손 그리고 모든 창조물은 이 관계에서 하나님의 은혜를 입고 있다.[9] "생육하고 번성하여 땅에 충만하라"(창

9:7)라고 노아와 그의 가족에게 주신 명령은 창조 후에 아담에게 주신 문화 명령(창 1:28)과 동일했다.

언약의 관점에서 이 창조적 명령이 반복되는 사실은 세상의 구원에 대한 전망을 확대시킨다. 노아 언약은 넓은 의미에서 구원과 연관된 하나님의 약속이었다. 호세아 선지자는 "하나님은 들짐승과 공중의 새와 땅의 곤충과 더불어 언약을 세울 것이다"(호 2:18)라고 기록한다. 그는 현재의 창조 질서가 노아에게 하신 언약의 말씀에 의거하고 있다는 사실을 강조한다. 이스라엘에 대한 미래의 구원 역사를 예언하면서 그는 노아 언약에 있는 우주의 범주를 사용하고 있다.

노아 언약이 우주적인 면을 강조하는 것은 인간 전체를 포함하여 하나님께서 창조하신 이 세상 전체가 이 언약의 은혜를 입고 있다는 사실을 강력하게 드러내는 증거다. 하나님의 언약이 성취될 때, 인간뿐만 아니라 전 우주가 함께 구원의 축복을 누리게 됨을 암시하는 것이다. 노아 언약의 이런 보편적인 특징은 현시대의 복음 선포가 전 세계를 향하고 있다는 점을 의미하기도 한다.

노아 언약 후에 세워진 아브라함과 모세, 그리고 다윗 언약은 하나님의 선택된 이스라엘과 그의 조상들에게 주어졌다. 하나님은 그들을 선택하시고 할례와 율법을 주어 자신의 백성으로 구별하심으로써 지상에서 하나님의 통치가 이루어지는 그분의 나라를 사람들에게 보여주셨다. 그 이유는 언약으로 주신 하나님의 구원 약속이 그들을 통

---

9) O. Palmer Robertson, 『계약신학과 그리스도』, 114.

해 성취되도록 하기 위함이었다.

하나님은 아담에게 주신 '여인의 후손'에 대한 약속을 아브라함과 다윗 언약을 통해 더욱 진전시켜 나가셨다. 아브라함에게는 천하 만민에게 복을 가져다줄 그의 후손을 약속하셨고, 다윗에게는 그의 왕조를 영원히 이어갈 자손을 약속하셨다. 이 후손들의 약속에는 죄 사함을 통해 인간을 구원하실 예수 그리스도에 대한 영적 의미가 공통적으로 포함되어 있었다.

하나님은 아브라함과 가나안 땅에 대한 약속을 언약으로 세우시기 전에 먼저 그에게 후손에 대한 약속을 주셨다. 언약의 약속을 주실 때 먼저 하나님은 그에게 자신이 어떤 분이신지를 계시하신다. 아브라함에게 약속하시는 하나님은 그에게 방패와 상급이 되시며, 또한, 그를 갈대아인의 우르에서 이끌어 내신 분임을 미리 알리셨다. 그에게 능력 되시는 전능하신 하나님이심을 먼저 아브라함에게 알리신 것이다.

언약은 주권자이신 하나님과 당사자인 인간 사이에 지상의 복에 대한 약속과 더불어 그들의 순종을 요구하는 협정으로 나타난다. 이러한 협정 혹은 합의에 대한 개념과 그 조건은 각 언약에서 다양한 형태를 취하고 있다. 아브라함에게는 언약을 주신 후에 할례에 대한 규례를 명하셨고, 모세에게는 시내산 언약을 통해 율법을 주셨다.

할례와 율법의 규례는 하나님이 선택하신 이스라엘이 그리스도가 오시기 전까지 하나님의 백성으로 보존되기 위한 언약의 조건이었다. 이스라엘은 아브라함과 다윗의 혈통으로 예수 그리스도가 오시기까지 언약의 성취를 위해 하나님의 백성으로 보존되어야 했기 때문이다. 약속의 때를 따라 그리스도는 이스라엘의 혈통을 따라 나셨고, 하나님의 계획대로 십자가를 지심으로써 언약의 모든 약속을 성취하셨다.

예수 그리스도께서 십자가의 피로 세우신 새 언약은 성경을 구약과 신약으로 나누는 분기점이 되었다. 말씀을 통해 언약에 계시 되었던 하나님의 구원 약속이 그리스도의 성취로 말미암아 그를 믿는 모든 사람이 구원의 축복을 받게 되었다. 하나님은 옛 언약을 통해 이스라엘을 자신의 백성으로 선택하셨듯이, 그분은 새 언약을 통해 믿음으로 새로운 자신의 백성을 창조하신다(렘 31:33).

그 백성은 그리스도의 믿음으로 죄 사함을 얻은 자들이며, 그리스도의 소유된 자들로서 아브라함의 자손이 되어 약속된 유업을 이을 자들이다(갈 3:29). 이제는 하나님의 백성을 구분 짓던 옛 할례의 관습이 더 이상 필요 없게 되었다. 오직 예수 그리스도에 대한 믿음으로 세례를 받고 성령의 인(印)치심을 입어 의로운 하나님의 새 언약 백성이 되는 것이다. 옛 언약에서 할례와 율법으로 하나님의 백성을 구분하던 방법이 새 언약 하에서는 예수 그리스도에 대한 믿음과 세례로 바뀌게 되었다.

언약은 하나님과 인간 사이에 상호 약정으로서의 의미를 지니고 있지만, 그 주도권은 언제나 하나님 손에 달려있었다. 인간은 단지 하나님께서 주시는 약속을 받아들이며, 그분께서 언약의 조건으로 주신 하나님의 법에 순종적으로 따르며 살도록 요구된다. 이런 의미에서 율법은 그것을 지켜 자신의 구원을 얻는 수단이 아니었다. 하나님의 언약 백성으로서의 삶을 통해 지속적으로 지켜나가야 할 언약의 조건이었을 뿐이다.

언약의 행사에서 하나님은 복(구원)에 관한 약속을 주시기 전에 먼저 자신의 전능하신 존재를 알리신다. 언약 당사자인 인간에게 자신의 존재가 어떠한 분이신지를 먼저 알리시는 것은 그들에게 자신의 약속이 확고하며, 결코 변하지 않을 것이라는 사실을 확신시켜주시기 위함이다. 하나님이 주시는 언약의 약속들은 그 언약의 당사자나 혹은 이스라엘 백성들이 지상에서 받을 수 있는 현세의 복으로 구체화 되어 주어지곤 했다.

그렇지만 그 약속들 안에는 대부분 하나님의 구원 의도를 드러내는 영적 메시지가 이면에 담겨 있었다. 그 약속들에 담긴 영적 메시지가 신약의 조명을 통해 밝혀지기 전까지는 그저 유대인에게 한정된 문자적 약속처럼 보였다. 그러나 신약의 저자들은 그 약속의 이면에 예수 그리스도를 믿는 사람은 구원받는다는 영적 의미가 담겨 있음을 예수 그리스도의 십자가 사건과 그 성취를 통해 밝혀내었다. 바울은 그동안 세상 사람들에게 감추어져 왔던 하나님의 구원 경륜과 그리스도의 비밀을 계시를 통해 알게 된 후에 그 복음의 메시지 세상에 강하게 전하였다.

하지만 애석하게도 언약의 당사자였던 유대인들은 그 약속 이면에 담겨 있는 영적 의미를 인정하지 않았다. 구약에 기록된 언약의 약속들을 단지 문자적으로 해석하여 그 수혜가 자신의 민족에게만 국한된다고 생각했다. 바울은 "기록된 바 하나님이 오늘까지 그들에게 혼미한 심령과 보지 못할 눈과 듣지 못할 귀를 주셨다 함과 같으니라."(롬 11:8)라고 자신의 백성을 향한 비탄한 심정을 쏟아내었다. 그 결과 그들은 아브라함의 유일한 영적 후손으로 오신 예수 그리스도를 메시아로 받아들이지 못하고 십자가에 못 박는 결과를 초래했다.

그들은 또한 하나님께서 아브라함에게 스스로의 '죽음의 제의 의식'(창 15:17)을 통해 약속하신 가나안 땅의 영적 의미도 깨달을 수 없었다. 유일신 사상에 젖어 있던 그들에게 하나님의 죽음은 결코 생각할 수 없는 불경스러운 주제였기 때문이다. 그러나 그들이 전혀 상상할 수 없었던 하나님의 죽음을 그의 아들 예수 그리스도가 세상에 오셔서 십자가에 죽으심으로써 하나님의 약속을 성취하신 것이다.

아브라함에게 약속된 가나안 땅이 그리스도의 십자가 죽음으로 인하여 믿음의 자손들에게 영적 유업으로 주어지게 된 것이다. 가나안 땅에 포함된 구속사적 영적 의미가 복음의 핵심적 결론을 지향하고 있기 때문에 하나님은 스스로 자신의 죽음을 계시하며 그 약속을 아브라함에게 확증하셨다.

그 땅에는 그리스도를 믿는 자들에게 주어질 영원한 안식처인 "하늘의 성" 곧, 믿는 자들의 본향이라는 의미가 영적으로 내포되어 있었다. 이 사실을 유대인들은 전혀 깨달을 수 없었다. 그들은 독생자이신 예수 그리스도가 십자가에 못 박음으로써 옛 언약에 예언된 하나님의 약속을 모두 부인한 셈이 되었다. 결과적으로 그들은 조상 아브라함과 그의 후손으로 말미암아 세상이 구원의 축복을 받을 것이라는 복음의 말씀을 외면한 것이다.

하나님은 아브라함에게 언약의 약속으로 얻은 그의 외아들 이삭을 번제로 바치라는 명령을 내리셨다. 아브라함의 믿음에 따른 순종을 시험하셨다. 말없이 하나님의 명령에 따랐던 그는 하나님으로부터 그의 씨로 말미암아 천하 만민이 복을 받을 것이라는 약속을 받았다(창 22:18). 아브라함의 순종으로 말미암아 복의 근원이 그 자신에게서 그의 후손으로 좀 더 구체화 되었던 것이다. 사도 바울은 이 후손이 바로 아브라함의 약속된 후손으로 오신 단 한 사람인 예수 그리스도였음을 선포했다(갈 3:16).

우리는 구약성경과 신약성경이 하나님의 구원 약속과 성취로 이어진 통일된 계시의 말씀임을 확신한다. 그 계시의 핵심은 아담의 불순종으로 인하여 타락한 인간을 그리스도의 십자가 희생을 통해 새로운 하나님의 백성으로 재창조해 내시겠다는 내용이었다. 성경은 그 내용을 언약의 약속으로 점차 구체화하였다. 구원을 위한 그리스도의 예언적 계시가 구약(舊約)의 핵심이며, 그가 세상에 오셔서 십자가의 피로 그 약속을 성취하신 복음의 내용이 신약(新約)이다.

성경은 비록 구약과 신약으로 구분되어 있지만, 그 내용은 예수 그리스도를 중심으로 세상을 구원하시겠다는 하나님의 약속과 성취로 이어져 있다. 구원 약속과 성취는 하나님의 구원 계시 안에서 동일한 한 하나님의 행위 역사(役事)로 간주 된다. 계시 안에서 말씀의 계시자와 성취자는 동일한 분이라는 말이다. 우리가 언약을 성취하신 예수 그리스도를 주(主), 하나님으로 고백할 수 있는 근거가 여기에 있다.

그러므로 구약의 옛 언약과 신약의 새 언약은 별도로 나누어진 언약이 아니다. 하나님의 구원 계시 안에서 두 언약은 하나님의 구원 약속과 성취로 연결된 영원한 하나의 언약이다. 그 근거를 언약의 약속을 계시하신 하나님과 그 약속을 성취하신 그리스도가 구원 계시 안에서 동일하신 한 하나님이라는 사실에서 찾을 수 있다.

만약 옛 언약과 새 언약이 동일한 한 하나님의 계시와 성취로 이루어진 하나의 언약임을 제대로 인지하지 못한다고 가정해 보자. 우리는 옛 유대인들과 같이 하나님의 신비스러운 구원 계획이자 그리스도의 비밀인 복음을 인정하기 힘들어진다. 인간의 죄 사함을 위해 십자가에서 죽으신 그리스도의 성취가 하나님의 과거 약속과는 전혀 무관한 사건이 된다. 그 결과 죄가 인간을 지배하며 창조주로서의 하나님의 권리에 대한 도전에 계획 없이 무방비였음을 스스로 인정하는 셈이 된다.

그리스도의 십자가 사건은 새 언약의 예언과 같이 하나님의 구원 방법에 획기적 변화를 가져왔다. 할례받은 유대인 중심의 선택된 구원에서 그 축복이 할례나 율법과 관계없이 그리스도를 믿는 이방 세계로 널리 퍼져나갔다. 유대인의 특권이었던 할례와 율법을 중심으로 하나님의 백성을 구분하던 방식이 그리스도 안에서 민족과 성별에 상관없이 모두를 포함하는 믿음의 방식으로 전환된 것이다.

예수 그리스도는 자신이 지신 십자가로 유대인과 이방인을 자기 안에서 한 새 사람으로 지어 화평하게 하시고, 원수 된 것을 소멸하시고 한 몸으로 하나님과 화목하게 하셨다(엡 2:15-16). 이제는 그리스도 안에서 하나님의 백성을 구별하던 인종적 구분이 없어지게 되었다.

누구나 그리스도에 대한 믿음으로 의롭게 되어 같은 하나님의 자녀가 된다는 사실이 아브라함에게 전해진 복음의 기원이었다(갈 3:18).

바울 당시에는 유대인으로 그리스도인이었던 사람들조차도 이 사실을 제대로 깨닫지 못했다. 그들은 이방인 신자들에게 믿음에 더하여 할례와 같은 율법을 강요한 사실이 이를 증명한다. 바울이 갈라디아서에서 이들과 격렬하게 율법과 믿음에 대한 논쟁을 벌였던 이유다. 그들은 바울이 전한 그리스도의 복음에 유대인 전통인 율법과 할례를 더함으로써 참 복음의 내용을 훼손했다.

바울은 복음에 나타난 이러한 사실을 가장 먼저 깨달은 사도였다. 예수님의 수제자였던 베드로조차도 이방인이 믿음으로 하나님의 백성 안에 들어온다는 사실을 미처 깨닫지 못하고 있었다. 그는 환상 중에 하늘이 열리며 내려온 보자기 안에 각종 네 발 가진 짐승들을 잡아서 먹으라고 하나님께서 명령하였을 때 이를 거부하였다. 그는 그때까지도 유대인의 전통적 신앙관에 사로잡혀 있었다, 베드로가 보자기에 담긴 속되고 깨끗지 아니한 것을 결코 먹을 수 없다고 항변하였을 때, 하나님은 내가 깨끗하게 한 것을 속되다 하지 말라고 그에게 말씀하셨다(행 10:15).

베드로는 이 사건을 예루살렘 교회에 보고하였다. 이방인들도 성령을 받고 생명을 얻는 회개를 하나님께서 그들에게 주셨다고 고백하였다. 바울과 바나바가 이방인의 할례에 관한 논쟁으로 예루살렘 교회에 올라갔을 때, 베드로는 이 경험을 토대로 그들에게 이방인의 전도에 대한 해결책을 마련해 주었다. 베드로는 하나님께서 유대인과 동일하게 이방인에게도 성령을 주어 증언하게 하시고, 그리스도에 대한 믿음으로 그들이 구원을 받는다고 선포하였다. 베드로는 바울이 이방인들에게 전한 예수 그리스도의 복음을 온전하게 인정한 셈이다.

바울은 이방인들이 그리스도에 대한 믿음으로 의롭다 함을 받고 하나님의 백성이 된다는 복음의 근거를 아브라함 언약에서 찾았다. 그 복음은 바울을 이방인의 사도로 세우신 하나님이 그에게 계시로 깨닫게 하신 그리스도의 비밀이었다. 그 내용은 이방인들이 그리스도 예수 안에서 함께 상속자가 되고 함께 지체가 되며 함께 약속에 참여하는 자가 되는 것이다(엡 3:6).

하나님은 바울에게 그 비밀을 계시를 통해 알게 하셨듯이, 그 당시 거룩한 사도들과 선지자들에게는 성령을 통해 알게 하셨다. 그렇지만 그 전 세대의 사람들에게는 이 비밀을 알리시지 않으셨다(엡 3:5). 바울은 복음의 내용인 이 비밀의 근거와 뿌리를 아브라함 언약에 계시 된 약속의 영적 의미에서 찾아낸 것이다.

바울은 갈라디아서 4장 21-31절에서 약속과 율법을 설명하기 위해 사라와 하갈을 들어 아브라함 언약과 시내 산 언약을 서로 대조한다. 사라는 아브라함 언약과 연관된 약속으로 인한 자유 있는 자이며, 하갈은 시내 산 언약과 관련된 율법 아래 육체를 따라 난 자라고 비유한다. 바울은 육체를 따라 난 자가 성령을 따라 난 자를 박해하지만, 결국에는 여종과 그의 아들이 내쫓김을 당하여 유업을 얻지 못하게 된다고 결론을 내린다.

이러한 사실로 미루어 보아 구약의 언약에 대한 깊은 이해는 바울이 전한 복음을 이해하는 데 큰 도움이 된다. 그는 정통 바리새인으로 구약에 능통하여 언약에 대한 깊은 지식을 갖고 있었음에 틀림이 없다. 하나님께서 그려놓으신 구원의 조감도인 언약에 대한 바울의 깊은 이해의 바탕 위에, 하나님은 그동안 사람들에게 감추어 놓으셨던 영적 그리스도의 비밀을 깨닫게 하셨다.

예수님의 열두 제자 외에 바울을 이방인의 사도로 세우신 특별한 이유를 짐작할 수 있는 대목이다. 어떤 사람들은 예수께서 세우신 기독교의 교리를 바울이 복잡하고 어렵게 만들었다고 불평하기도 한다. 또한, 어떤 이들은 기독교의 창시자가 예수 그리스도가 아닌 바울이라고 극단적으로 말하기도 한다.

하지만 이러한 주장들은 모두 성경을 제대로 이해하지 못하는 데서 비롯된다. 그리스도의 십자가 희생으로 세워진 새 언약과 구약의 옛 언약이 하나님의 구원 약속과 성취라는 사실로 연결된다는 사실을 잘 이해하지 못하기 때문이다. 예수 그리스도의 십자가 사건은 온 세상에 구원을 가져온 하나님의 예정된 사건이었다. 이 사건의 성취로 인하여 아브라함에게 약속하신 가나안 땅이 그리스도를 믿는 자들에게 주어지는 하늘나라의 영적인 유업으로 변화된 것이다.

그리스도의 십자가 사건이 우리 구원의 유효한 근거가 되는 이유는 이에 대한 하나님의 선행적 계시가 있었기 때문이다. 그 선행적 계시는 하나님께서 가나안 땅을 약속하시면서 아브라함에게 보여주셨던 자신의 죽음에 대한 예표였다(창 15:17). 그 약속의 계시를 말씀이 육신이 되어 세상에 오신 하나님의 아들이신 예수 그리스도가 자신의 십자가로 이행하신 것이다. 만약 하나님의 죽음에 대한 계시가 구약에 기록되지 않았다면, 2000년 전 팔레스타인 땅에서 십자가를 지신 예수 그리스도를 어떻게 우리의 구원과 연결시킬 수 있겠는가?

하나님께서 인간에게 주신 언약의 약속들은 일차적으로 평범한 인간의 문자로 성경에 기록되었다. 문자로 기록된 그 약속들은 특정한 사람이나 언약의 대상이었던 이스라엘에 한정되는 하나님의 약속처럼 보였다. 그러나 하나님은 그 약속의 이면에 온 세상을 향한 자신의 구원 계획을 영적으로 은밀하게 담아 놓으셨다.

사람들은 하나님의 비밀스러운 그 구원 계획을 그리스도가 세상에 오시기 전까지 알아차리지 못했다. 언약의 이면에 담긴 영적 의미는 예수 그리스도가 세상에 오시기 전까지 보통 사람들에게 드러나지 않았던 하나님의 구원 경륜의 비밀에 속했기 때문이다. 그리스도가 세상에 오셔서 십자가에 죽으시고 부활하신 후에야 사람들은 비로소 그동안 드러나지 않았던 하나님의 구원 계획을 깨닫기 시작했다.

하나님께서 그리스도 안에 담아 놓으셨던 그 신비의 내용은 아브라함에게 전해진 복음을 형성하는 핵심적 부분이었다. 하나님께서 그리스도를 통하여 이방을 믿음으로 구원하시겠다는 그분의 계획은 구약 시대에는 조금도 상상할 수 없고 유대인들에게는 전혀 받아들일 수 없었던 복음의 내용이었을 것이다. 하나님께서 그들에게 주신 전통적인 할례와 율법의 규례들은 이 복음의 내용에 전혀 들어맞지 않기 때문이다.

그리고 유대의 전통 신앙 속에 내려오던 메시아에 대한 개념은 그들을 주변의 정치적 억압에서 구원하고 다윗의 왕조를 영원히 이어갈 그들을 위한 왕이었다. 그들의 기대와는 달리 예수께서 무력하게 십자가에 달려 돌아가셨을 때, 메시아에 대한 그들의 바람은 모두 수포로 돌아가는 것 같았다. 삼 년 동안이나 그분을 따랐던 제자들조차 모두 그분 곁을 떠났다. 그 당시 십자가의 죽음은 세상에서 벌어지는 일 중에 사람이 당할 수 있는 가장 비참한 사건에 속했기 때문이다. 인간의 구원을 위해 자기의 아들을 십자가의 제물로 주신 이 사건은 이미 예정된 하나님의 계획이었지만, 하나님의 계획은 모두 실패로 끝나는 것같이 보였다.

그렇기에 과거 옛 언약에 후손으로 약속되었던 예수 그리스도를 통한 하나님의 구원 계획은 사람들이 알아차릴 수 없는 신비이자 비밀일 수밖에 없었다. 바울은 그리스도에 대한 믿음을 통해 이방인을 포함한 세상의 모든 사람을 자신의 백성으로 부르시겠다는 하나님의 구원 계획의 신비를 계시를 통해 비로소 깨달았다. 그것이 바로 바울이 그리스도에게서 직접 받은 복음의 본질이었다.

바울은 구약에서는 한 번도 언급되지 않았던 복음의 내용을 갈라디아서에서 아브라함 언약을 근거로 해석해내고 있다. 자신을 이방인의 사도로 삼으신 예수 그리스도가 아브라함에게 약속하신 한 사람을 가리킨 그의 후손임을 밝혔다(갈 3:16). 하나님은 이 후손에 대한 믿음으로 말미암아 이방을 의로 정하실 것을 성경이 미리 알고 그에게 먼저 복음을 전했다고 기록한다(갈 3:8). 그리고 우리가 그리스도의 것이면 곧 아브라함의 자손이 되어 약속대로 유업을 이을 자가 된다고 선포한다(갈 3:29).

구약의 모세 오경에서 유업이라는 말은 주로 하나님이 아브라함에게 약속하신 가나안 땅을 가리킨다(창 28:4; 레 20:24; 신 15:4; 신 19:3). 그 땅은 하나님께서 아브라함에게 자신의 '죽음에 상징하는 특별한 제의 의식'(창 15:17)을 통해 언약을 세우시며 약속을 확증하신 땅이다. 이 유업은 약속한 자가 죽은 후에야 상속자에게 돌아갈 몫이었다.

바울은 그리스도인들에게 돌아갈 약속된 유업을 아브라함에게 약속하신 가나안 땅의 유업과 연결시켰다. 그는 결과적으로 하나님께서 아브라함에게 주신 후손과 가나안 땅에 대한 두 약속을 '믿음에 의한 칭의'(창 15:6)로 묶어 아브라함에게 약속된 복을 영적 구원의 복음으로 풀어내고 있다. 바울은 아브라함 언약의 이면에 담긴 하나님의 구원 계획에 관한 영적 의미를 그리스도의 복음으로 정확하게 갈라디아 교인들에게 선포하는 것이다.

그는 자신의 이론으로 기독교 교리를 창시한 것도 아니었으며, 또한 그 교리를 자신의 생각으로 복잡하게 만든 것도 아니었다. 그는 단지 하나님께서 수천 년 전에 언약으로 계시하셨던 약속의 영적 의미를 계시로 깨닫고 지혜롭게 이를 해석하여 이방인의 사도로서 그의 사명을 실천했다. 그러므로 바울이 이방에 전한 복음에 따른 그의 율법관에 대한 혼동은 언약에 대한 이해만 바로 되어있다면 전혀 염려할 필요가 없어진다.

성경은 타락한 인간을 구속하시는 하나님의 구원 사역을 중심 주제로 삼는다. 하지만 이 중심 주제를 둘러싼 많은 소(小)주제가 그 곁가지를 이룬다. 성경에 기록된 하나님에 대한 교리와 인간의 창조, 타락, 구속 등과 같은 교리들은 하나님께서 의도하신 인간의 구원 계획에 그 초점을 맞추어야 한다. 성경의 이 모든 주제를 하나로 엮고 결합시키는 구조와 골격이 바로 언약이다.

그러나 아쉽게도 현재의 기독교는 하나님의 언약에 대한 깊은 이해를 추구하는 데에 그다지 열심을 내지 않는 것 같다. 언약을 율법과 연관시키거나, 혹은 언약이 복음에 대치되는 점에 서 있는 비 은혜적인 개념으로 생각하여 이를 거론하는 것을 꺼리는 실정이다. 또한, 앞서 언급한 바와 같이 하나님의 일방적인 은혜의 뜻이 담긴 성경의 언약이라는 단어 대신, 사람들 간에 임의로 맺고 취소할 수 있는 계약이란 말로 바꾸어 사용하는 경우도 종종 있다. 필자는 이러한 해석과 잘못된 단어의 사용이 하나님께서 자신의 희생을 통해 인간에게 베푸신 구원의 은혜를 폄하하는 잘못을 범할 위험이 있다고 생각한다.

필자가 천주교 장례 미사에 참석했다가 깜짝 놀란 일이 있다. 미사 도중에 신부님께서 관련 성경 구절을 읽으시는데, 새 언약이라는 말 대신에 새 계약으로 읽으시는 것이었다. 나중에 확인한 일이었지만 가톨릭 성경은 언약이라는 단어 대신에 계약이라는 단어를 사용하고 있다. 한국어뿐만 아니라 영어에도 언약과 계약이라는 단어는 엄연히 구별된 의미를 가지고 있음에도 불구하고 왜 굳이 언약이라는 바른 용어 대신에 계약이라는 단어를 사용하는지 이해할 수가 없다.

팔머 로벗슨은 The Christ of The Covenant 라는 언약에 관한 유명한 책을 저술하였다. 그런데 이 책을 번역한 역자는 책의 제목을『계약신학과 그리스도』라고 바꾸어 출간하였다. 물론 책 속에 나오는 covenant(언약)라는 단어도 모두 계약이라는 말로 바꾸어 번역하였다. 필자는 책을 읽을 때마다 이 단어가 눈에 거슬려 어렵더라도 원서를 구입해 대조하며 읽기로 마음먹었다. 미국에서 잠깐이나마 로스쿨을 다니면서 '계약(contract)'이라는 독립된 과목을 수강한 적이 있어 언약과는 판이하게 다른 그 의미가 마음속에 깊이 자리 잡고 머리에서 사라지지 않고 있었기 때문이었다.

1. 언약의 통일성

성경에 기록된 일련의 언약들은 그 구조와 주제 측면에서 통일된 성격을 나타낸다. 구약에 기록된 아브라함, 모세, 그리고 다윗 언약이 비록 시대적으로는 구분되지만, 별도로 독립된 개체로서의 언약을 나타내지 않는다. 그들은 역사 속에서 그 내용들이 이어지거나, 선행된 언약 관계에 기초를 두고 그다음 언약의 기본적 중심 내용을 이어간다. 역사가 진전됨에 따라 하나님과 이스라엘 간에 맺어진 언약적 약정의 통일성이 명백해지는 것이다.[10)]

하나님은 아브라함이라는 한 사람을 믿음의 조상으로 세우시고 그와 언약을 맺으셨다. 하나님의 의도는 그를 통해 세상의 모든 사람을 자신에게로 이끌기 위해 그에게 복의 근원이 될 것을 약속하셨다. 자연스럽게 그의 후손들은 선택된 백성의 범주 안에서 하나님과의 관계를 지속하며 모세와 다윗에게 주신 후속 언약을 받게 되었다. 이 언약들은 외형적으로 각기 다른 형태를 취하고 있지만, 그 중심에는 계획된 하나님의 구속 사역의 실현을 위한 구체화 된 약속의 진전을 볼 수 있다.

이스라엘 백성들은 애굽에서 노예 생활을 할 때 압제당한 노동으로 고통이 심해지자 그들은 하나님께 부르짖었다. 출애굽기 2장 24절은 "하나님이 그들의 고통 소리를 들으시고 아브라함과 이삭과 야곱에게 세운 그의 언약을 기억하사"라고 기록한다. 하나님이 그 고통 소리를 듣고 이스라엘 자손들을 돌보신 것은 그들의 조상들과 맺은 언약을 기억하셨기 때문이었다.

존 머레이(John Murray)는 "위 구절에 대한 유일한 해석은 애굽에서 이스라엘을 인도하여 약속의 땅으로 이끈 것이 가나안 땅의 소유에 관한 아브라함 언약에 대한 약속의 성취였다"라고 말한다.[11] 이스라엘의 출애굽 사건을 아브라함 언약에 연관시켜 아브라함과 모세 언약을 통합하고 있다. 결국 하나님은 아브라함과 맺은 언약에 근거하여 이스라엘을 애굽에서 이끌어 내어 가나안 땅으로 인도하는 일

10) O. Palmer Robertson, 『계약신학과 그리스도』, 36.

11) John Murray, The COVENANT of GRACE (Phillipsburg, NJ : P & R Publishing Co., 1987), 20.

을 하셨다.

언약에 근거한 출애굽 사건은 신정(神政)국가인 이스라엘의 존립과 연관된 십계명과 율법의 기초가 되었다. 하나님이 주신 계명을 기반으로 지상에서 그분이 직접 다스리시는 가시적 하나님의 나라가 탄생하였다. 하나님이 이스라엘을 선택하여 자신의 백성으로 삼으신 이유를 언약의 관점에서 다음과 같은 두 가지 면으로 생각해 볼 수 있다.

첫째는 하나님의 구원 약속이 그들에게 주어졌다는 사실이다. 처음 아담에게 주셨던 '여인의 후손'에 대한 약속이 아브라함의 후손으로 구체화 되었고, 다윗에게는 그의 왕조를 영원히 이어갈 다윗의 자손으로 약속되었다. 구체화 된 후손의 약속이 이스라엘의 조상들을 통해 주어졌다는 사실이다. 이는 언약의 대상인 이스라엘이 직접적인 언약의 파트너였음을 의미한다.

둘째는 약속대로 오실 그 후손은 그 조상들의 혈통을 따라오시기로 약속되었기 때문이었다. 하나님은 언약의 계시자로서 예수 그리스도가 세상에 오셔서 자신의 언약을 성취하기 전까지 그들의 혈통을 보전할 의무를 갖고 계셨다. 역사 속에서 이스라엘 백성은 언약에서 벗어나 하나님께 불순종함으로 여러 번 멸망할 위기들을 맞이했었다.

그러나 하나님은 위기의 순간마다 도우심의 손길로 그들을 보호하셨고 돌이켜 약속의 땅으로 되돌아오게 하셨다. 성전을 중심으로 그들을 다시 모으신 것이다. 만약 이스라엘이 다른 민족에게 멸망을 받거나 그 백성이 지상에서 흩어지게 된다면 그들에게 주신 언약의 약속은 무산된다. 아브라함에게 믿음으로 이방을 의로 정하실 것이라고 약속하신 복음도 함께 사라지게 되기 때문이다.

언약의 중심에는 언제나 그리스도를 통한 구속이라는 하나님의 구원 계획이 자리 잡고 있었다. 언약은 이스라엘 민족의 삶과 생존에 영향을 주는 당시의 문자적 약속으로 주어졌다. 외형적으로 하나님은 그들에게 세상의 필요와 복을 약속하시지만, 그 약속의 이면에는 장래에 새롭게 창조될 자신의 언약 백성에게 주어질 영적 소망을 함께 담아 놓으셨다.

그 소망의 메시지는 예수 그리스도가 세상에 오셔서 십자가로 모든 언약을 성취하시기 전까지 세상에 알려지지 않은 구원의 신비였다. 우리는 구약에 기록된 언약의 영적 메시지를 구약 자체만으로는 알아낼 수가 없다. 신약의 조명을 통해서만 그 뜻이 제대로 드러난다. 바울이 갈라디아 교인들에게 아브라함의 후손이 한 사람인 예수 그리스도를 가리킨다고 밝히기 전까지 그 약속의 이면에 담긴 영적 의미를 누가 깨달을 수 있었겠는가? 또한, 아브라함에게 약속된 가나안 땅이 그와 그의 후손들이 멀리서 보고 환영하였던 하늘에 있는 본향임을 히브리서 11장이 기록하지 않았더라면 가나안 땅의 영적 의미를 누가 알 수 있었겠는가?

성경은 창세기로부터 요한계시록에 이르기까지 언약적인 구조를 갖고 있기 때문에 언약에 대한 일관된 이해는 매우 중요하다. 우리가 언약적인 사고로 성경을 읽게 되면 그 안에 펼쳐져 있는 하나님의 구원 역사를 영적인 눈으로 자연스럽게 이해할 수 있는 안목이 생긴다. 언약 자체가 하나님의 일관된 구원 약속의 연속이기 때문이다.

그러므로 구약의 옛 언약과 신약의 새 언약은 약속과 성취로 이어진 하나의 영원한 하나님의 언약임을 다시 한번 언급한다. 구약성경과 신약성경은 하나님의 구원 역사 안에서 내적으로 일관되며 전혀 모순이 있을 수 없다. 예수 그리스도를 중심으로 구약성경과 신약성경을 볼 때 오실 그리스도에 대한 약속의 책인 구약과 그 약속의 성취로 오신 그분에 대한 기록인 신약으로 구분되어 있을 뿐이다. 따라서 성경의 언약 구조를 이해하게 되면 성경의 다양한 주제들이 그리스도에 대한 약속과 성취를 통해 통일성 있게 드러나게 된다.

하나님은 언약을 통해 세상의 모든 민족을 자신의 백성으로 초대하시고 받아들이신다. 비록 옛 언약이 하나님과 이스라엘 사이에 맺어진 단편적인 형태임에도 불구하고, 하나님은 그 언약 속에 이방을 믿음으로 의롭게 하시겠다는 복음을 담아 놓으셨다. "나는 그들의 하나님이 되고, 그들은 나의 백성이 되리라"(렘 31:33; 히 8:10)는 하나님의 선포는 믿음으로 의롭게 된 새로운 하나님의 백성 모두를 향한 말씀이다.

"그들의 하나님"이 되시겠다는 선포는 믿음으로 새롭게 창조된 하나님의 언약 백성들에게 위로와 함께 삶에 의미 있는 목표를 제공해 준다. 전능하신 하나님이 자신들의 삶에 개입하신다는 의미는 부족한 인간의 능력에 보탬이 되시겠다는 의미이며, 또한 알 수 없는 자신의 미래를 그의 방식대로 인도하시겠다는 그분의 의지가 드러난 표현이다. 그러므로 믿음으로 새로운 하나님의 백성이 된 우리는 새 언약의 약속과 같이 그분이 우리의 하나님 되심을 믿고 따르는 언약의 확신 속에 거할 수 있다.

비록 우리는 약속이 지켜지지 않고 서로를 불신하는 혼탁한 세상 속에 살고 있지만, 하나님의 약속은 결단코 변하지 않는다. 우리는 하나님의 약속에 대한 신뢰 때문에 절망 속에서도 소망을 잃지 않고 끝까지 인내할 수 있다. 이러한 소망은 하나님께서 성경을 통하여 우리에게 약속하신 그 언약에 근거하고 있다.

하나님께서 자신을 계시하며 인간에게 구원에 관한 언약의 약속을 주시는 것은 단지 우리에게 교훈이나 깨달음을 주시기 위함이 아니다. 구원 약속을 위해 하나님은 스스로 자신의 죽음을 계시하심으로써 그 약속을 믿는 자들에게 유업으로 주실 것을 확증하셨다. 그 약속의 계시가 그리스도의 십자가 희생을 통해 실제화 되었다. 하나님께서 죽음의 계시로 약속하신 땅을 그 아들이 십자가를 지심으로써 성취하신 것이다. 그 결과 가나안 땅의 약속은 그리스도 안에서 아브라함의 자손이 된 모든 사람에게 유업이 되었다.

성경이 아브라함에게 미리 전했던 그 복음이 그의 후손으로 오신 예수 그리스도의 십자가로 성취된 것이다. 아브라함에게 주신 언약의 약속이 수천 년 후에 그의 후손으로 오신 예수 그리스도에 의해 그 결실을 맺게 되었다. 그리스도에 의해 언약의 약속이 성취됨으로써 구약의 옛 언약은 낡아져 쇠하게 되었고, 그리스도께서 세우신 새 언약 시대가 온 세상에 열리게 되었다.

2. 언약의 다양성

성경의 언약은 구조적으로 인간의 구원을 다룬 통일된 하나님의 영원한 약속의 계시이지만, 역사를 통해 기록된 여러 언약은 각기 다양한 형태를 지닌다. 사람들은 이 언약의 형태를 창조 이전과 이후의 언약, 은혜 언약과 행위언약, 그리고 옛 언약과 새 언약 등으로 구분한다. 그렇지만 옛 언약과 새 언약을 제외한 다른 언약들은 성경에 언급되지 않는다.

어떤 신학자들은 삼위 하나님 간에 맺어진 구속 언약을 주장한다. 이는 삼위 하나님이 인간의 구속을 위해 창세 전에 세우신 언약이라는 주장이다. 17세기 언약 신학자들은 구속 언약이 은혜언약의 영원하고 확실한 기초이며 그 자체를 은혜의 원천으로 보았다.[12] 그러나 구속 언약에 대한 여러 가지 오해와 부정적인 시각도 존재한다. 칼 바르트는 구속 언약을 부정적인 시각으로 보았고, 그를 따르는 토랜스(James Torrance)는 17세기 언약 신학을 율법주의로 규정하기도 하였다.[13]

또한, 행위언약과 은혜 언약의 구분에 대한 격렬한 논쟁도 존재한다. 웨스터민스터 신학대학원의 동료 교수였던 클라인(Meredith Kline)과 머리(John Murray)는 행위언약과 은혜 언약의 구분에 대하여 첨예한 논쟁을 벌였다. 머리 교수는 언약에는 단지 하나의 은혜 언약만이 존재할 뿐이라고 주장한 반면, 클라인은 언약을 행위언약과 은혜 언약으로 구분하는 것이 옳다고 주장하였다. 이러한 논쟁들은 현재에도 지속 되고 있다.

행위언약을 옹호하는 신학자들 사이에서조차 논쟁이 존재한다. 17세기 청교도 신학자인 루더포드(S. Rutherford)와 후커(Thomas Hooker)는 행위언약을 인정하는 신학자들이었다. 그러나 그들은 행위언약의 조건으로 제시된 '행위의 원리'와 "순종'에 대한 보상으로 주어지는 영생을 서로 다르게 해석했었다.

실제로 언약에 관한 주제는 종교개혁 이후에 대두되기 시작했다. 취리히의 종교개혁자 불링거(Heinrich Bullinger)가 언약에 관한 최초의 논문인『데 테스타멘토(De Testamento)』를 출간하기 전까지 언약은 신학적으로 별로 주목받는 주제가 아니었다. 그는 이 논문에서 성령이 영감을 주신 예언자들과 그리스도께 사명을 받은 사도들이 기록한 성경을 통해 진술되는 언약은 하나님의 하나이며 영원한 언약이라고 주장했다.

오늘날 개혁주의 신학 안에는 언약을 바라보는 두 가지 전통이 존재한다. 하나는 칼빈이 대변하는 제네바 전통과 또 다른 하나는 불링거가 대표하는 취리히 전통이다. 전자는 하나님의 주권을 중요시하여 하나님의 일방적인 은혜를 강조하는 반면, 후자는 사람의 의무를 중요시하는 언약의 쌍방성을 강조한다.[14)]

언약에 대한 이들의 주장은 '예정론'에서 분명한 차이를 드러낸다.

---

12) 안상혁,『언약신학 쟁점으로 읽는다』(경기: 도서출판 영음사, 2016), 89.

13) 안상혁,『언약신학 쟁점으로 읽는다』, 24.

14) 안상혁,『언약신학 쟁점으로 읽는다』, 27.

칼빈은 하나님의 절대적인 주권을 강조하여 '이중예정론'을 주장한 반면, 불링거는 언약의 조건에 대한 사람의 의무를 강조한 '단일예정론'을 주장했다. 칼빈은 하나님의 절대적인 주권으로 인해 예정된 자로의 '선택'과 그 선택에서 탈락하는 '유기'가 모두 하나님의 예정 가운데 있다고 주장했다. 반면, 불링거는 비록 선택은 하나님의 예정 가운데 있지만, 타락으로 인한 '유기'는 전적으로 사람에게 그 책임이 있다는 '단일예정교리'를 주장한다.

개혁신학에 대한 비평가들은 일반적으로 언약 신학을 두 가지 형태로 구분한다. 하나는 사변적인 언약 신학이고, 다른 하나는 성경신학적인 언약 신학이다. 전자는 언제나 개혁주의 정통의 기간에 스콜라주의의 발흥과 관련되며, 행위언약과 같은 전문 용어를 사용한다.[15] 이는 자연과 은혜 사이에 중세적이고 스콜라주의적인 이원론에 의존하기 때문이다. 비평가들은 행위언약이라는 용어가 자연과 은총 사이에 사변적 이분법을 단순히 영속시킨다고 간주했다.[16]

필자는 말씀대로 행하면 살리라는 행위언약의 주장이 온전한 하나님의 은혜 언약의 본질 안에 한 부분으로 포함되어 있다고 생각한다. 비평가들이 바로 지적하였듯이 행위언약에 관한 주장은 언약에 대한 성경적 개념, 즉 모든 언약이 하나님의 절대적인 은혜로 수여되었다는 사실을 모호하게 만드는 주관적 주장이라 생각한다. 결과적으로 이러

---

15) Peter Golding, 『현대인을 위한 언약신학』, 박동근 역(경기: 그나라출판사, 2015), 192.

16) Golding, 『현대인을 위한 언약신학』, 192-3.

한 주장은 구원에 관한 하나님의 절대적인 은혜를 도외시하는 신앙에 무익한 논쟁거리만 만들어 낼뿐이라고 생각한다.

하나님은 사람들과 언약을 맺으실 때 먼저 자기 자신이 누구인지에 밝히신다. 원래 하나님의 존재에 대한 인식은 인간 이성의 자연적 한계를 넘어서기 때문에 하나님의 자기 계시는 사람이 이성적으로 하나님을 인식할 수 있게 하시는 수단이었다. 하나님에 대한 그러한 인식은 약속을 받는 인간에게 그 계시자에 대한 신뢰를 심어준다. 그 신뢰 속에는 하나님께서 주시는 약속의 말씀과 함께 그 약속의 실행을 위해 미래에 행하실 그분의 사역(事役)에 대한 확신이 동반되어 있다. 즉, 하나님은 인간에게 약속을 주실 뿐 아니라, 그 약속의 실행까지도 보증하시는 분이라는 사실이다.

그러므로 우리는 이제 언약에서 파생된 다양한 개념에 대한 소모적 논쟁에서 벗어나야 한다. 구속 언약의 존재 유무나 행위언약과 은혜언약의 구분, 그리고 행위언약 속에서도 '행위의 원리'나 '순종에 대한 보상' 등과 같은 논쟁은 신적(神的) 희생을 통해 값없이 주신 구원의 은혜를 깨닫는 데에 큰 도움이 되지 않을 것으로 생각된다.

2

아브라함 언약

제2장. 아브라함 언약

언약을 인간의 구원 문제와 연결하여 영적으로 이해하기 위해서는 아브라함 언약을 깊이 살펴볼 필요가 있다. 이 언약이 이스라엘의 탄생을 알리는 시발점이 되었기 때문이다. 하나님은 아브라함을 조상으로 이스라엘을 자신의 언약 백성으로 삼으셨다. 그리고 그 백성을 이방의 빛으로 삼아 자신의 구원을 땅끝까지 이르게 할 것을 계획하셨다(사 49:6).

성경은 이스라엘의 조상으로 아브라함이 선택된 특별한 이유를 언급하지 않는다. 다만 하나님의 말씀과 명령에 무조건 순종하는 그의 모습을 그림으로써 하나님에 대한 그의 믿음과 신뢰를 기록하고 있다. 성경은 하나님께서 그와 언약을 세우시기 전, 그의 이러한 모습을 그림으로써 그가 구속사적 언약에 합당한 인물이었음을 암시한다.

유대인들은 언약 성립에 아브라함의 행위와 태도가 어떻게 기여했는지를 살피는 경향을 보여 왔다. 그들은 하나님의 언약 백성으로서의 독특한 정체성 형성이 아브라함과 그가 하나님께 받은 언약으로부터 시작되었다고 생각한다. 하나님에 대한 그의 철저한 믿음과 순종이 그를 유대인들의 조상으로 우뚝 세우게 한 것이다. 그러므로 그가 하나님으로부터 받은 언약은 그들의 신앙적 사상에 결정적인 영향을 끼치고 있다.

그러나 아브라함 언약 이야기는 유대교 사상에서뿐만 아니라 바울이 전한 복음에서도 아주 중요한 영향력을 가진다. 바울은 복음을 전하면서 그 핵심적인 내용을 주로 아브라함 언약을 인용하며 설명했다. 이는 아브라함 언약을 해석하는 바울의 관점이 유대인들의 사상과는 결정적으로 달랐다는 것을 증명한다. 그 결정적인 차이는 바울이 유대인들과는 달리 아브라함 언약의 이면에 담긴 구속사적인 영적 메시지를 깨닫고 전했다는 사실이다.

바울은 아브라함 언약에 약속된 문자적 의미 이면에 담긴 하나님의 영적 구원 메시지를 읽었다. 유대인들은 하나님께서 아브라함에게 주신 언약의 약속이 자기 민족에 국한된 것이라고 굳게 믿고 있었다. 하나님이 아브라함과 그의 후손을 통해 천하 만민에게 구원의 축복을 주시겠다는 영적 메시지를 아브라함 언약에 함께 담아 놓으셨다는 사실을 그들은 깨닫는 것을 게을리하였다.

아브라함 언약은 문자적으로 이스라엘의 후손들과 그들이 정착할 가나안 땅에 대한 약속의 형태로 주어졌다. 그런데 만약 그 언약이 기록된 문자적 의미로 끝났다면 그것은 단지 이스라엘에 한정된 민족적 약속으로 끝났을 것이다. 그러나 하나님은 아브라함과 언약을 세우실 때, 이스라엘의 탄생뿐만 아니라 새로운 하나님의 백성을 통해 이루실 자신의 구원에 관한 청사진을 그 이면에 함께 새겨 놓으셨다.

이러한 사실은 바울이 이방에 복음을 전하면서, 믿음에 의한 복음의 기원과 근거를 아브라함 언약으로부터 유추해 내고 있다는 점에서 증명된다. 그는 그리스도께서 성취한 복음의 기원을 구약의 아브라함 언약에서 끌어냈다. 그는 아브라함 언약의 이면에 담긴 영적 의미를 끄집어내어 해석해냄으로써 그 언약에 담긴 하나님의 구원 계획을 사람들에게 명확히 제시하고 있다.

만약 우리도 성경을 읽으면서 아브라함 언약에 담긴 문자적 의미와 함께 영적 의미를 동시에 깨닫지 못한다면, 하나님께서 성경 전체를 통해 그려놓으신 구원의 청사진을 제대로 들여다보지 못할 것이다. 그 청사진 안에는 예수 그리스도의 오심과 그분의 죽음, 그리고 그분에 대한 믿음으로 얻게 될 하늘나라의 유업이 자세히 그려져 있다. 다만 영적인 눈을 가져야만 볼 수 있는 이중적 청사진인 것이다.

그러나 애석하게도 언약의 직접 수혜자인 유대인들은 그들의 조상들에게 주신 언약의 영적 의미를 전혀 깨닫지 못했다. 무지한 그 상태를 그들은 지금까지도 유지하고 있다. 바울은 그들에게 하나님은 오늘까지도 혼미한 심령과 보지 못할 눈과 듣지 못할 귀를 주셨다고 애통해한다(롬 11:8).

그들은 아브라함의 영적 후손으로 오신 예수 그리스도를 알아보지 못하고 십자가에 못 박아 죽였다. 그 결과 그들은 예수 그리스도께서 옛 언약을 성취하심으로써 하나님의 구원 방식이 옛 언약의 방식과 철저하게 달라졌음을 알아차릴 수 없었다. 그리스도를 받아들이지 않은 결과 할례와 율법으로 하나님 백성을 규정하던 그들의 전통적인 방식이 이제는 예수 그리스도에 대한 믿음으로 새롭게 바뀌었다는 사실을 깨닫지 못했다. 그 당시 유대인으로서 그리스도를 믿는 전도자들조차도 이 사실을 알지 못해 갈라디아 교인들에게 믿음에 더한 할례를 주장하는 잘못된 복음을 전했다.

하나님은 아브라함에게 두 가지 약속을 언약으로 주셨다. 첫 번째는 후손에 관한 약속이며, 두 번째는 가나안 땅에 대한 약속이었다. 그리고 특별한 점은 이 두 약속 사이에 아브라함의 믿음에 의한 칭의를 기록하고 있다는 사실이다(창 15:6). 그렇다면 성경은 왜 아브라함의 믿음에 의한 칭의를 언약의 두 약속 사이에 기록하고 있는 것일까?

여기에는 후손과 가나안 땅의 약속에 담긴 구속사적 의미를 연결하는 영적 고리의 의미가 담겨 있다. 아브라함의 믿음에 의한 칭의는 이스라엘의 탄생과 그 민족의 구속 역사에 한정되지 않는다. 예수께서 그의 후손으로 오셔서 자신의 죽음으로 구약의 모든 언약을 성취하셨을 때, 아브라함의 믿음에 의한 칭의는 곧 예수 그리스도에 대한 믿음의 칭의로 그 의미가 확대되어 연결되기 때문이다.

아브라함의 믿음에 의한 칭의는 그리스도의 믿음에 의한 칭의와 모형 혹은 원형적 사건으로 신약의 복음을 형성하는 연결점이 된다. 이는 예수 그리스도가 언약의 성취가 되기 때문이다. 앞으로 다가올 그리스도의 복음을 위해 하나님은 이미 아브라함 시대에 믿음으로 사람이 의롭게 된다는 사실을 증명하신 것이다.

하나님은 사람들에게 약속을 주실 때 먼저 자기 자신을 계시하신다. 하나님께서 아브라함에게 언약의 약속을 주실 때도 마찬가지였다. 환상 중에 여호와의 말씀이 아브라함에게 임하여 “아브라함아 두

려워하지 말라 나는 네 방패요 너의 지극히 큰 상급이니라."(창 15:1)라고 자신을 알리셨다.

환상 중에 아브라함에게 임한 그분의 말씀은 곧, 여호와의 임재 자체였다. 말씀으로 임하신 여호와 하나님은 인간이 직접 그 모습을 볼 수 없기 때문에 직접적인 임재 대신에 말씀으로 임하신 것이다. 아브라함은 여호와의 말씀을 듣고 "주 여호와여"라고 부르며 고백한다. 아브라함에게 임한 그분의 말씀과 존재가 구별되지 않는 동일한 하나님 자신이라고 믿었기 때문이다.

하나님께서 나단 선지자를 통하여 다윗에게 언약을 주실 때에도 마찬가지였다. 먼저 여호와의 말씀이 나단에게 임하여 다윗에게 전할 말을 이르셨다(삼하 7:4). "여호와가 너를 위하여 집을 짓고 네 수한이 차서 죽었을 때 내가 네 몸에서 날 네 씨를 네 뒤에 세워 그의 나라를 견고케 하리라"(삼하 7:11-12)라는 말씀이었다.

구약의 이러한 일련의 사건들은 신약의 기독교인들에게 의미 있는 신학적 메시지를 남긴다. 요한은 "말씀이 육신이 되어 우리 가운데 거하신다"고 증언한다(요 1:14). '말씀이 육신이 되어 우리 가운데 거하신 이'는 육신의 몸으로 세상에 오신 하나님의 아들 예수 그리스도를 가리킨다. 인간의 이성으로는 도저히 이해할 수 없는 영적인 말씀이다.

예수님도 세상에 계셨을 때, 아브라함의 자손임을 주장하며 자신을 대적하는 유대인들을 향해 다음과 같은 말씀을 하셨다.

너희 조상 아브라함은 나의 때 볼 것을 즐거워하다가 보고 기뻐하였노라 (요 8:56)

진실로 너희에게 이르노니 아브라함이 나기 전부터 내가 있느니라 (요 8:58)

예수께서는 "아브라함이 나기 전부터 내가 있었느니라"라고 하지 않으셨다. 그분은 "…내가 있느니라"라고 말씀하신다. "내가 있느니라(I Am)"라는 표현은 호렙산에서 모세에게 자신을 나타내실 때 하나님께서 사용하신 그분의 이름이었다. 예수께서는 그 이름을 스스로 자신에게 붙이고 계신다. 자신의 존재가 아브라함 이전부터 존재하신 하나님이심을 의도적으로 계시하시는 것이다.

만약 예수 그리스도의 자기 계시가 거짓이 아니라면, 아브라함이 자신에게 임한 여호와의 말씀이 육신이 된 하나님의 아들을 만나보고 즐거워하였다는 말이 결코 틀리지 않을 것이다. 오직 믿음으로만 받아들일 수 있는 예수의 자기 증언을 유대인들은 결코 받아들이려 하지 않았다. 그들은 스스로 신적(神的) 존재임을 드러내는 예수 그리스도를 신성모독 죄로 몰아 돌로 치려 하였다.

하나님이 아브라함을 모든 믿는 자의 조상으로 삼으신 데는 이유가 있었다. 그는 비록 이스라엘 민족의 조상이었지만, 예수 그리스도를 믿는 모든 자의 조상이기도 하였다. 과연 그 이유는 무엇일까?

언약의 목적은 창조자이신 하나님이 이스라엘을 통해 온 세상에 말을 거시고 그 세계를 구원하려는 것이었다.[17] 이를 위해 하나님은 아브라함이라는 한 사람을 갈대아 우르 지방에서 불러내시어, 그를 이스라엘의 조상으로 삼으시고 복음의 근원이 되는 언약의 약속을 주셨다. 이는 그 당시 이스라엘 민족의 탄생과 그 후손들의 삶과 관련된 약속이었지만, 그 이면에는 온 세상을 향한 하나님의 구원 계획인 복음이 담겨 있다.

그 복음의 근원을 밝혀내기 위해서는 먼저 아브라함 언약에 주신 후손과 가나안 땅의 두 약속에 담겨 있는 문자적 의미와 영적 의미를 함께 살펴보아야 한다. 그리고 이 두 약속 사이에 기록된 아브라함의 믿음에 의한 칭의가 어떻게 그 약속들을 연결하고 있는지를 살펴보는 것이 그리스도의 복음을 규명하는 중요한 역할이라고 생각한다.

1. 후손에 대한 약속

"누가 아브라함의 후손인가?"라는 질문은 아브라함 언약의 성격과 구속사적인 의미를 결정하는 매우 중요한 문제다. 이 질문은 하나님의 유업에 대한 약속이 누구에게 주어지는가를 판가름하는 결정적 요소를 담고 있기 때문이다.[18] 그렇지만 성경에 약속된 아브라함

---

17) Wright, 『바울의 복음을 말하다』, 47.

18) 문덕수, 『언약과 삼위일체』 (서울: 마루출판사, 2020), 80.

의 후손은 한 종류의 후손만을 의미하지 않는다. 레이징어(John G. Reisinger)는 이 후손을 다음과 같이 네 종류로 분류한다.[19)]

1. 자연적 후손: 이삭과 이스마엘, 야곱과 에서를 포함한 모든 육신의 후손들
2. 특별한 자연적 후손: 이삭과 야곱의 후손으로 형성된 언약의 이스라엘 국가와 자손들
3. 영적 후손: 유대인을 비롯하여 이방인을 포함한 전 세대에 걸친 믿는 자들
4. 유일무이한 후손: 메시아이신 예수 그리스도

첫 번째와 두 번째는 아브라함의 육신적 자손으로 아브라함 언약의 문자적 의미에 해당하는 후손이다. 이들은 모두 하나님의 약속 아래 있었던 혈통적 자손들이었다. 하지만 하나님의 언약 대상은 오직 두 번째 자손이었다(창 17:21). 이들은 약속된 가나안 땅의 혜택을 실제적으로 누릴 자손들이었다. 그들은 예수 그리스도가 세상에 오셔서 언약을 성취하시기까지 율법과 말씀을 맡았던 하나님의 백성들이었다.

육신적으로 유일무이한 영적 후손인 예수 그리스도가 그들에게서 나셨다. 바울은 그가 만물 위에 계셔서 세세의 찬양을 받으실 하나님이심을 선포한다(롬 9:5). 아브라함의 후손으로 세상에 오신 이 하나님은 땅에 대한 약속의 보증으로 스스로 '죽음의 제의 의식'(창

---

19) John G. Resinger, Abraham's Four Seeds (Frederick: New Covenant Media, 1998), 14.

15:17)을 아브라함에게 보여주셨던 하나님과 동일한 하나님이시다. 땅에 대한 약속의 보증으로 여호와 하나님께서 행하셨던 죽음의 계시를 십자가에서 성취하신 그분의 아들이시다.

자신의 죽음에 대한 약속의 계시자와 십자가의 죽음으로 그 약속의 계시를 성취하신 분은 구원 계시 안에서 동일한 한 하나님이시다. 계시자와 성취자가 서로 다른 분이라면 그 구원 약속이 진정으로 성취되었다고 볼 수 없다. 약속과 성취가 한 하나님에 의해 주어졌고 또한 실행되었기 때문에, 우리는 십자가에서 돌아가신 예수 그리스도를 믿음으로 하늘나라의 유업을 이을 자격을 가지게 된다.

언약의 약속과 성취에 대한 그리스도의 복음이 이스라엘로부터 비롯되었다는 사실은 구속사에서 그들이 가지는 특권이었다. 그럼에도 불구하고 그들은 그리스도에 의해 성취된 복음을 끝내 받아들이지 않았다. 그들의 거부로 인하여 복음의 약속은 선택된 그들의 혈통과 관계없이 그리스도를 믿는 모든 이방인에게 주어지게 되었다. 이러한 사실을 계시를 통해 깨닫게 된 사도 바울은 로마서 11장에서 자신의 백성에 대한 애끓는 심정을 토로한다.

아브라함의 혈통적 후손인 이스라엘 백성에게 언약을 통해 구원의 복음이 주어졌다는 사실은 부인할 수 없다. 그러나 언약의 약속이 선제적으로 주어졌다는 사실이 그 약속의 성취를 끝까지 받아들인다는 결과를 보증하지 않는다. 예수 그리스도가 자신의 백성 가운데 약속된 후손인 메시아로 오셨지만, 그들은 눈이 멀고 귀가 막혀 그분을 받아들이지 않았다. 이는 하나님께서 이방인의 충만한 수가 하나님의 백성으로 들어오기까지 더러는 그들을 우둔하게 하신 것이다(롬 11:25).

루터는 아브라함의 후손에 관한 약속이 단지 육신적 혹은 임시적 후손에 대한 약속으로만 해석되어서는 안 되며, 영적이며 영원한 유업의 후손으로 해석되어야 한다고 주장한다.[20] 이러한 영적 해석은 구속사적 관점에서 구약성경과 신약성경을 하나로 묶어주는 연결고리 역할을 한다. 구약에 약속된 아브라함의 후손이 신약의 장을 여신 예수 그리스도의 존재와 정체성, 그리고 십자가 사건의 근거와 원인을 제공하기 때문이다.

후손에 관한 약속은 바울이 로마서 9장 8절에서 언급한 바와 같이 '약속의 자녀'에 대한 영적 이해가 포함된다. 바울은 이 약속에 대한 최종적 결론을 예수 그리스도에게로 이끌어 갔다(갈 3:16). 루터는 하나님의 모든 약속에는 그리스도가 포함된다고 강조한다. 만약 하나님의 약속들이 중보자이신 예수 그리스도와 분리되어 있다면 하나님께서 우리를 전혀 상대하실 수 없으시기 때문이다. 따라서 아브라함의 믿음과 우리 믿음의 유일한 차이는 아브라함은 앞으로 오실 그리스도를 믿었던 것이고, 우리는 이미 명백하게 드러난 그리스도를 믿는다는 사실이다.[21]

---

20) Martin Luther, Luther's Works Volume 3, Lectures on Genesis Chapter 15-20, Edited by Jaroslav Pelikan (St. Louis: Concordia Publishing House, 1961), 18-19.

21) Blake A. White, What is the New Covenant Theology? (Frederick: New Covenant Media, 2015), 26.

칼빈도 아브라함 언약의 핵심이 그리스도임을 확신한다. 그는 하나님께서 그의 언약에 아브라함의 모든 자손을 포함시켰지만, 그럼에도 불구하고 바울은 지혜롭게 그리스도께서 모든 민족을 복 받게 하시는 그 씨였다고 추론하고 있다(갈 3:14).[22]

예수 그리스도는 세상에 예고 없이 갑자기 오신 것이 아니다. 그분의 오심은 철저하게 하나님의 약속에 따라 이루어졌으며, 구약에 계시된 구원 약속을 성취하시기 위해 오신 것이다. 마지막 유월절 만찬에서 예수께서는 제자들에게 잔을 주시며 "이것은 죄 사함을 얻게 하려고 많은 사람을 위하여 흘리는 바 나의 피 곧 언약의 피니라"(마 26:28)고 말씀하셨다.

십자가에서 흘리신 그분의 피로 인하여 새 언약이 세워졌고, 믿음으로 새로운 언약 백성이 된 모든 사람에게 죄 사함의 용서가 주어졌다. 아브라함의 후손으로 오신 예수 그리스도로 말미암아 믿음으로 모든 사람에게 구원의 축복이 주어진 것이다. 하나님께서 아브라함에게 하신 "네 씨로 말미암아 천하 만민이 복을 받으리니…"(창 22:18)라는 약속이 예수 그리스도 안에서 온전히 성취된 것이다.

이 모든 일이 가능하기 위해서 새 언약의 중보자이자 주인이신 예수 그리스도는 하나님이셔야 한다. 첫 번째 이유는 약속의 계시자인 하나님과 성취자이신 예수 그리스도가 계시 안에서 동일한 분이어야지만 그 계시가 유효하기 때문이다. 두 번째 이유는 언약을 세우는

---

22) John Calvin, 『기독교 강요(상, 중)』, 원광연 역 (고양, 크리스챤다이제스트, 2003), 420.

것과 인간의 죄를 사하는 일은 오직 하나님만이 하실 수 있는 그분의 고유한 사역이기 때문이다

2. 가나안 땅에 대한 약속

땅은 구약에서 하나님과 그의 백성 사이의 관계를 설정하는 가장 중요한 요소 중 하나였다. 하나님의 주권과 통치가 그의 백성에게 행사되는 영역이기 때문이다. 따라서 하나님과 그의 백성이 언급되는 곳에는 반드시 땅에 관한 이야기가 동반된다. 폰 라트(Gerhard von Rad)는 이러한 상황을 종합하여 다음과 같이 언급한다.

> *조상들에게 주신 하나님의 약속들 가운데 가장 현저하고 결정적인 약속은 땅에 대한 약속이었다.*[23]

실제적으로 이스라엘 민족에게 땅에 대한 약속만큼 중요한 문제는 없었다. '땅'이라는 명사는 히브리 성경에서 네 번째로 빈번하게 등장한다.[24] 이는 유대인들의 땅에 대한 생각이 남다르다는 것을 나타낸

---

23) H Wayne House, Isareal, the Land and the People: An Evangelical Affirmation of God's Promises (Grand Rapids: Kregel Publications, 1997), 209.

다. 땅은 그들의 마음과 영혼 속에 깊이 자리 잡은 생사에 관한 중요한 문제였기 때문이다.

유대인 랍비 헤스켈의 언급은 이를 잘 보여준다.

땅에 대한 사랑은 본능도 아니고 감정도 아닌 긴박함에 기인한다. 거기에는 언약과 땅에 대한 백성의 임무가 주어져 있다. 땅을 포기하는 것은 우리의 모든 소망과 기도와 책무를 조롱거리로 만드는 것이다.[25]

그렇다면 과연 땅이 구약의 중심 주제일까? 원래 가나안 땅은 하나님께서 아브라함과 그의 후손들에게 언약으로 약속하신 삶의 터전이었다. 따라서 땅에 대한 약속은 변할 수 없는 약속이었다. 하지만 이스라엘 백성들은 그들의 불순종으로 인하여 그 땅에서 쫓겨나는 위기를 여러 번 경험했다. 현재까지도 그들의 땅은 완전히 회복되지 않은 상태다.

하나님은 사람들에게 약속을 주실 때, 보통 자기 자신을 가리켜 맹세하신다. 세상에 그보다 더 크신 이가 없기 때문이다. 하지만 하나님께서 아브라함에게 땅을 약속하실 때는 달랐다. 성경 전체를 통하

---

24) Walter C. Kaiser Jr., The Land of Israel and the Future Return: An Evangelical Affirmation of God's Promises (Grand Rapids: Kregel Publications, 1997), 209.

25) Heschel, Israel, 41. Quoted in Walter C. Kaiser Jr., The Land of Israel and the Future Return: An Evangelical Affirmation of God's Promises (Grand Rapids: Kregel Publication, 1997), 210.

여 유일하게 스스로의 죽음을 암시하는 제의 의식을 행하심으로써 그 약속을 보증하셨다(창 15:17). 땅에 대한 약속이 실로 중대하며 하나님의 전적인 은혜로 주어진다는 사실을 암시하고 있다.

만약 우리가 이 약속을 문자적으로만 해석한다면 하나님의 약속은 조건적이며 가변적인 약속이 된다. 이스라엘 백성은 그들의 불순종으로 인하여 여러 번 가나안 땅에서 추방되었기 때문이다. 그렇지만 이 땅의 약속이 온 인류의 축복과 관계된 영적인 의미를 가질 때 이는 무조건적인 불변의 약속이 된다.

윌리스 비처(Willis J. Beecher)는 프린스턴대학의 기념 강좌에서 다음과 같이 말한다.

땅에 대한 약속의 이점들이 이스라엘 안에서 특정한 사람이나 특정한 세대에게 발생 되는 한, 그것은 그들의 순종을 조건으로 한다. 그러나 그 성격이 온 인류의 축복을 위한 하나님의 목적으로 표현될 때, 우리는 그것이 순종이나 불순종에 달려있다고 예견하지 말아야 한다.[26)]

그는 땅에 대한 약속이 두 가지 형태로 적용된다고 보았다. 하나는

---

26) Willis J. Beecher, The Prophets and the Promises (New York: Thomas Y. Corwell, 1905), Quoted in Walter C. Kaiser Jr., The Land of Israel and the Future Return: An Evangelical Affirmation of God's Promises (Grand Rapids: Kregel Publication, 1997), 212, n. 9.

문자적으로 이스라엘에 대한 적용이고, 다른 하나는 영적으로 온 인류의 축복과 관계된다고 보았다. 문자적으로 그 땅은 지상의 가나안 땅이었지만, 그 약속이 온 인류에게 적용될 때, 그 땅은 믿는 자들에게 유업으로 주어질 하늘나라를 가리킨다.

땅은 원래 창조에서 새로운 창조를 향해 나아가는 하나님의 도구로 사용된다. 원래 가나안 땅은 선택받은 이스라엘 백성들에게 주어진 생활의 터전이었다. 하나님이 그들을 직접 다스리시고 통치하신 지상의 장소이기도 하였다.

하지만 예수 그리스도가 세상에 오신 이후 땅에 대한 개념이 바뀌었다. 하나님이 다스리시는 백성이 이스라엘 민족에게 한정되지 않고 온 세상으로 퍼져나갔기 때문이다. 그리스도의 믿음 안에서 새롭게 창조된 새 언약 백성들에게도 하나님의 주권과 다스림이 존재하는 새로운 땅이 필요했다.

그 땅은 아브라함에게 약속된 지상의 땅을 초월하여 믿는 자들을 위해 예비하신 하나님께서 직접 지으신 하늘의 성(城)이다. 아브라함도 이 사실을 땅의 약속을 받았을 때 이미 깨달았다고 히브리서 저자는 증언한다

믿음으로 아브라함은 부르심을 받았을 때에 순종하여 장래의 유업으로 받 을 땅에 나아갈새 갈 바를 알지 못하고 나아갔으며 믿음으로 그가 이방의 땅에 있는 것같이 약속의 땅에 거류하여 동일한 약속을 유업으로 함께 받 은 이삭 및 야곱과 더불어 장막에 거하였

으니 이는 그가 하나님이 계획하시고 지으실 터가 있는 성을 바랐음이라(히 11:8-10).

아브라함은 하나님으로부터 가나안 땅의 약속을 받고 그곳에 거주하였지만, 그는 그곳을 이방 땅으로 간주하며 지냈다. 그는 지상의 가나안 땅보다 땅의 약속 이면에 담겨 있던 영원한 하늘나라를 바라보았다. 그는 후손의 약속에 담긴 그리스도에 대한 영적 의미를 내다보았듯이 땅의 약속에 이면적으로 담겨 있던 영적 하늘나라를 내다보고 살았다는 의미다.

아브라함에게 주신 땅의 약속에 관한 구속사적 의미가 실로 중대하기 때문에, 하나님은 그 약속을 예외적인 의식을 통해 확증하셨다. 불링거(H. Bullinger)는 그의 언약에 관한 논문인『데 테스타멘토』(De Testamento)에서 이 계시적 사건에 대해 다음과 같은 주장을 펼친다.

고대 언약을 보면 언약 맺은 자의 적극적 의지 표현의 징표로 짐승을 죽이 는 관습이 있었다. 이것은 그들이 언약을 위반한다면 그 짐승처럼 자신을 죽이라는 것이다. 하나님은 창세기 15장에서 바로 이 행동으로 나타나신다. 하나님은 언약을 만드신 분일 뿐만 아니라 마지막 유서의 유언자이시기 때문에 이 징표는 하나님께서 언젠가 죽으실 것을 가르친 것이다. 그러나 하나님께서는 불변하시고 불멸이시기 때문에 육신적 아브라함의 후손으로 가장하시고

오셔서 고난을 당하시고 피를 흘리심으로써 유언을 집행하신 것이다. 곧, 아브라함의 진정한 후손인 주(Lord)이신 그리스도의 죽음과 피로 그 언약을 확증하신 것이다.[27]

불링거는 예수 그리스도가 아브라함의 후손으로 가장하고 세상에 오신 하나님이심을 주장한다. 이 주장은 그리스도가 십자가에 죽으심으로 아브라함과 언약을 세우시며 자신의 죽음을 계시하신 하나님의 유업을 성취하셨음을 나타낸다. 하나님께서 아브라함에게 주신 후손과 가나안 땅의 약속이 구속사적으로 서로 연결되고 있음을 성경이 증언하고 있다.

아브라함 언약을 신약의 조명으로 비추어 볼 때, 약속을 받을 당시 아브라함은 이미 두 약속에 담긴 영적 의미를 깨닫고 있었다고 볼 수 있다. 후손에 담긴 영적 의미는 예수 그리스도였으며, 땅에 담긴 영적 의미는 후손으로 오실 예수 그리스도를 믿음으로 아브라함의 자손이 된 하나님의 백성들이 받을 약속된 유업이었다. 바울은 이 사실을 계시로 깨달은 후에 "하나님이 이방을 믿음으로 말미암아 의로 정하실 것을 미리 알고 아브라함에게 복음을 전했다"(갈 3:8)고 기록한다.

그는 이 구절에서 복음의 내용과 그 근원을 아브라함 언약에 근거하여 전파하고 있는 것이다. "하나님이 이방을 믿음으로 말미암아 의

---

27) McCoy and Baker, Fountainhead of Federalism/heinrich Bulling and the Covenantal Tradition, 130-131.

로 정하신다."라는 말은 이방인들이 그리스도를 믿는 믿음으로 의롭게 되어 하나님의 백성이 된다는 의미다. 그리스도께서 성취하신 구속사의 역사적인 사건을 위하여 창세기 15장 6절은 '아브라함의 믿음에 의한 칭의'를 후손과 땅의 두 약속 사이에 기록하고 있다.

이 칭의의 사건은 후손과 땅의 유업을 서로 긴밀하게 연결해주는 구속사적인 사건이다. 하나님은 의도적으로 아브라함의 믿음에 의한 칭의를 두 약속 사이에 연결고리로 사용하신 것이다. 아브라함의 믿음에 의한 칭의는 하나님의 구원 약속이 예수 그리스도에 의해 성취될 때 만인이 얻을 믿음에 의한 칭의를 위해 하나님께서 예비하신 원형 혹은 모형적 사건이었다.

3

복음의 기원

1. 아브라함에게 전해진 복음
2. 새 언약의 교회와 복음
3. 새 언약의 이중적 구조와 하나님 백성

제3장. 복음의 기원

복음은 기독교인들의 입에 가장 많이 오르내리는 말이라 생각한다. 기독교의 신앙과 많은 중심 교리들이 복음을 떠나서는 생각할 수 없을 정도다. 그만큼 복음은 그리스도인의 삶과 신앙에 영향을 미치는 기본적인 토대이다.

그러나 많은 기독교인이 복음의 실체를 제대로 이해하지 못하거나, 복음이 지향하는 목표나 결과를 왜곡한 채로 신앙생활을 이어가는 경우가 많다. 복음의 실체에 대한 생각과 정의가 하나로 모여지지 않고, 거기서 파생되는 결과적 단면들이 복음으로 오해되는 경우들이 생겨난다. 복음에 대한 이해가 각 사람마다 서로 다른 이유다.

복음이 어떤 경우에는 현실 사회에 대한 개선과 개혁으로 이야기되기도 하고, 또 어떤 경우에는 개인의 구원과 직결된 문제로 이해되기도 한다. 물론 복음 안에서 이루어지는 이러한 결과들에 대해 잘못되었다고 이야기할 수 없지만, 교회와 개인의 신앙이 바로 서기 위해서는 복음이 무엇인지를 먼저 정확히 알아야 한다. 그러기 위해서는 복음의 기원과 그 복음에 의도된 하나님의 뜻을 성경에서 찾는 것이 우선 되어야 할 것이다.

1. 아브라함에게 전해진 복음

구약성경에는 복음이라는 말이 전혀 등장하지 않는다. 기독교인들이 즐겨 쓰는 복음이라는 단어는 예수 그리스도가 세상에 오신 후에 기록된 신약에 와서야 비로소 사용된 말이다. 복음의 기원이 예수 그리스도로부터 시작되었기 때문이다.

유대인들은 구원과 하나님 나라의 통치가 오직 유일신이신 여호와 하나님으로부터 비롯된다는 사실을 믿어 의심치 않았다. 하나님께 선택받은 유일한 백성인 자신들만이 그 대상이라고 생각했다. 모든 사람의 죄 사함과 구원을 위해 세상에 오신 예수 그리스도는 그들이 간직해 왔던 유일신 사상을 흔들고 그들이 생각해 왔던 전통적 사상에서 벗어난 인물에 불과하였다. 그런 이유로 그들은 예수를 메시아로 인정하지 못하고 십자가에 매달았다.

비록 예수의 죽음이 하나님의 구원 계획안에 예정된 사실이었지만, 이 사건으로 말미암아 그들은 주후 70년에 로마에게 철저하게 멸망을 당하였다. 예수님은 이러한 사실을 미리 예견하시고 생전에 예루살렘 성전을 바라보고 우시며 "돌 하나도 돌 위에 남지 아니하리라"(눅 19:44; 막 24:2; 마 21:44)라고 비통해하셨다.

하나님이 이스라엘을 자신의 백성으로 삼으신 것은 그들을 이방의 빛으로 삼아 구원을 땅끝까지 이르게 하시겠다는 뜻을 가지고 계셨기 때문이었다(사 49:6). 그러나 그 뜻은 하나님의 은혜와 축복을 독점하려는 그들의 배타적인 태도로 인하여 제대로 이행되지 못하였다. 하나님이 그리스도가 오시기 전까지 그들을 보전하셨던 초등교사 역할을 하였던 할례와 율법이 오히려 그들을 사로잡는 올가미가 되었다.

그들이 세상을 구원하시겠다는 하나님의 뜻을 제대로 파악하지 못했던 주원인은 하나님께서 아브라함과 그 조상들에게 주신 언약의 약속들을 단지 문자적으로만 받아들였다는 데에 있었다. 이스라엘과 그 조상들에게 주신 하나님의 언약은 원래부터 세상 모든 민족의 구원을 향해 활짝 열려 있었던 구원 약속이었다. 아담의 원죄로 타락하였던 모든 사람을 이스라엘 민족을 통해 창조 질서 아래 다시 회복시키는 것이 하나님의 구원 의지였기 때문이었다.

그러나 그들은 언약의 약속에 담긴 하나님의 뜻을 깨닫지 못했다. 그 약속들이 자신의 민족에 한정된 하나님의 선물이라고 축소하여 해석했다. 그들이 하나님의 약속 이면에 담겨 있는 영적 의미를 제대로 파악하지 못했거나 혹은 알려고 시도하지 않았던 결과다.

하나님은 모리아 산에서 이삭을 번제로 드리려 했던 아브라함의 순종을 확인하신 후 "네 씨로 말미암아 천하 만민이 복을 받으리라"(창 22:18)는 약속을 주셨다. 창세기는 아브라함의 후손을 "네 씨, 네 자손, 네 후손(your descendants)"이라고 복수형으로 기록한다. 바울은 갈라디아서 3장 16절에서 하나님은 아브라함과 그 자손에게 언약의 약속을 말씀하셨다고 기록한다. 그런데 '그 자손'은 여럿을 가리킨 복수의 자손이 아니라 오직 한 사람을 가리킨 예수 그리스도임을 선포한다.

바울은 아브라함의 언약 이야기에 담긴 구속사적인 영적 의미를 그리스도의 복음을 위해 사람들에게 드러나게 선포한 것이었다. 이 영적 의미는 "하나님이 이방을 믿음으로 말미암아 의로 정하실 것을 성경이 미리 알고 아브라함에게 전한 복음"(갈 3:8)을 위해 하나님께서 예비하셨던 그리스도의 복음이었다.

아브라함에게 전해졌던 복음은 "이방을 믿음으로 말미암아 의로 정하실 것"이라는 새로운 하나님 백성의 창조를 목표로 한다. 하나님은 그 목표의 성취를 위해 아브라함에게 후손의 약속을 주시면서 그리스도에 대한 영적 의미를 그 이면에 담아 놓으셨다. 그동안 아무도 알 수 없었던 그 영적 의미를 사도 바울이 복음의 핵심 내용으로 사람들에게 선포하는 것이다.

아브라함의 유일한 후손인 예수 그리스도는 원시 복음에 약속된 최초의 구원자이신 '여인의 후손'이기도 하셨다. 또한, 하나님 왕국을 영원히 이어갈 다윗의 자손이기도 하셨다. 그러나 약속에 따라 그분이 세상에 오셨을 때 유대인들은 그를 자신들의 메시아로 받아들이지 않았다.

오래전에 아브라함에게 전해졌던 이방을 위한 복음의 약속이 오히려 그리스도를 배척한 유대인들에 의해 가능해진 것이다. 그들이 구원 주이신 그리스도를 십자가에 못 박음으로써 아브라함에게 보여주신 하나님의 죽음에 대한 언약의 계시가 성취되게 되었다. 십자가에 죽으심으로써 언약을 성취하신 그리스도에 대한 믿음이 사람들을 구원받은 의로운 하나님의 백성으로 만든다. 구원이 유대인에게서 이방으로 옮겨져 퍼져나갈 기회를 그들 스스로 마련한 셈이다.

하나님의 약속된 구원이 보내심을 받은 그의 아들, 예수 그리스도의 희생으로 성취되었다는 사실이 복음의 핵심이다. 이 핵심에 따른 여러 가지 구원사적인 이야기들이 복음의 내용을 보충하고 있다. 예를 들면, 하나님이 우리를 향한 놀라운 은혜와 사랑의 호의, 그리스도가 나를 위해 돌아가심, 그리스도를 따르는 우리 삶의 변화, 예수 그리스도의 왕 되심, 그리고 하나님 나라의 도래 등등 여러 가지를 들 수 있다.

복음을 말하면서 이러한 파생적인 이야기를 하는 것은 결코 잘못된 일은 아니다. 단지 복음의 중심에 예수 그리스도의 십자가 사건이 깊숙이 자리 잡고 있느냐가 중요하다. 원래 이 복음은 유대인 조상인 아브라함과 그의 후손들에게 언약의 약속으로 주어졌다. 하지만 그 복음의 수혜자는 유대인이 아닌 예수 그리스도를 믿는 이방인들 대부분에게 돌아갔다.

바울은 이 역설적인 복음의 사건을 로마서 11장에서 자신의 동족을 향해 애끓는 심정으로 토로한다. 참 감람나무인 이스라엘이 복음을 받아들이지 않음으로 인하여 그 가지들이 꺾이고, 그 위에 이방인인 돌 감람나무가 접붙임을 받아 그 뿌리의 진액을 받는 자가 되었다고 주장한다. 하지만 이스라엘의 구원이 완전히 떠나간 것은 아니었다. 바울은 아직까지 바알에게 무릎을 꿇지 않은 칠천 명을 하나님께서 남겨 두셨고, 이방인의 충만한 숫자가 들어오기까지 더러는 이스라엘을 우둔하게 하신 것이라고 말한다.

이스라엘의 회복은 이방인들에게 하신 것과 같이 하나님이 그들에게도 긍휼을 베풀어 그들의 순종을 통해 이루어질 것을 성경은 증언한다(롬 11:31-32). 그날에는 그들도 온전히 예수 그리스도가 하나님의 구원을 성취하신 그분의 아들임을 고백하는 믿음의 역사가 일어날 것이다. 그것이 곧 인간을 죄로부터 구원하시는 하나님의 뜻에 대한 최종적인 순종이기 때문이다.

이러한 변화는 그들이 지금까지 지켜왔던 유일신 하나님에 대한 신앙을 180도 바꾸는 것이 아니다. 다만 유일신 하나님 안에 내재 되어있는 삼위일체 하나님의 신비가 구원 성취를 위한 그분의 사역을 통해 드러나는 것을 인정하는 일일 뿐이다. 구원의 시작과 완성은 성부와 성자 하나님 사이에 일어난 언약의 약속과 성취의 복음을 인정하는 것과, 그것을 믿음으로 받아들이는 것이다. 그 믿음은 성령의 온전한 사역으로 가능해진다. 성령이 아니고서는 언약을 성취하신 예수를 주(主)로 시인할 수 없기 때문이다(고전 12:3).

복음에는 하나님이 자신이 맺은 언약의 약속을 이행하시기 위해 그 아들을 십자가의 죽음에까지 내어주신 신실하신 그분의 의가 나타난다. 우리가 하나님의 약속을 믿고 신뢰할 수 있는 근거는 자신이 하신 약속을 어김없이 끝까지 성취하시는 그분의 의를 통해서이다. 이것이 하나님께서 그리스도의 복음을 통해 인간에게 보여주신 그분의 은혜이며 사랑이다.

만약 구약에 기록된 언약의 약속이 존재하지 않았다면 우리는 예수 그리스도의 구원 성취를 이야기하기 힘들어진다. 구원 약속에 대한 하나님의 계시가 선제적으로 주어졌고 예수 그리스도께서는 그 약속의 성취를 위해 십자가에서 돌아가셨다. 그렇기 때문에 하나님의 약속은 얼마든지 그리스도 안에서 예(yes)가 된다(고후 1:20). 그리스도가 약속된 하나님의 아들로서 언약을 이행하셨기 때문에 그의 십자가 사건이 하나님의 구원 약속에 대한 성취로서 우리에게 복음으로 다가오는 것이다.

때로는 기독교인들조차도 예수 그리스도를 세상에 잠깐 머물렀던 역사적 인간으로 간주하는 경향이 있다. 그분의 생애와 가르침을 단지 도덕적인 교훈으로 삼거나 윤리적인 모범으로 간주하여 따르려고 한다. 이러한 행동에는 말씀이 육신이 되어 세상에 오신 예수 그리스도의 신적(神的) 정체성이 결여되어 있을 수밖에 없다.

예수 그리스도를 단지 인간의 귀감이 되는 역사적 위인이나 가르침이 있는 선생 정도로 생각하는 사람들은 수천 년을 걸쳐 계획되고 완성된 하나님의 구속 역사를 제대로 이해하기 힘들다. 그리스도의 신성(神性)에 대해 회의를 가지게 되면 그분의 십자가 사건이 가져다주는 죄 사함과 구원에 대한 의문이 자연스럽게 생겨나기 때문이다. 2000년 전 유대 땅에서 십자가에 달려 돌아가신 예수 그리스도가 우리의 구원과 도대체 무슨 상관이 있는가? 라는 의문이 생기는 것이다. 그렇지 않으면 이미 가졌던 구원에 대한 확신조차 흔들릴 위험이 있다.

이러한 회의적인 신앙은 삼위일체 하나님에 대한 신앙적 혼동으로 이어질 수밖에 없다. 이들은 교회 안에서 복음이라는 말을 수없이 들었지만, 그 복음의 핵심 내용이 무엇이며, 그 복음의 근거가 어디서 유래되었는지에 대한 성경적 기반이 확고하지 않기 때문이다. 물론 이는 그들만의 잘못은 아니니다. 교회 안에서 복음이라는 말이 수없이 반복되어 사용되지만, 그 복음에 대한 실체적인 신앙 교육이 충분히 이루어지지 않았기 때문이다.

신자들은 구원의 근거가 되는 복음에 대한 질문에 성경적 근거로 대답할 준비가 항상 되어있어야만 한다. 그리스도의 복음에 대한 정의와 그 근원에 대한 지식을 신앙 교육을 통해 서로 서로가 공유할 수 있어야 한다. 그리고 더 나아가 불신자들의 전도를 위해 복음에 내재 되어있는 그리스도의 십자가와 그로 인한 구원의 신비를 설명하고 이해시킬 수 있는 훈련이 필요하다.

하나님께서 아브라함과 언약을 세우신 목적은 최초의 인간인 아담의 죄를 창조의 원상태로 되돌리는 데 있었다. 아담으로 말미암아 죄가 세상에 들어오고 죄로 말미암아 사망이 들어와 모든 사람이 사망에 이르렀다. 그러나 하나님은 여인의 후손과 아브라함의 후손, 그리고 다윗의 자손으로 세상에 오실 하나님의 아들 예수 그리스도를 지속적으로 약속하셨다. 그리고 그분이 많은 사람을 죄에서 건져내어 영원한 생명에 이르게 하실 것을 약속하셨다.

이 약속은 인간을 사랑하시는 하나님의 전적인 은혜의 선물이었다. 인간이 하나님께 구원을 요청한 것이 아니라 하나님이 먼저 스스로 인간에게 찾아오셔서 영생에 관한 구원의 약속을 주신 것이다. 구원에 대한 인간의 노력이나 행위를 완전히 배제하시고 오직 은혜로 허락하신 선물이었다.

이에 대한 극적인 장면은 하나님께서 아브라함에게 가나안 땅을 약속하시는 장면에서 나타난다. 가나안 땅을 소유로 받을 것을 증명해 달라는 아브라함의 요구에 하나님은 삼 년 된 암소와 암 염소, 그리고 숫양과 함께 산비둘기와 집비둘기를 가져다가 새를 제외한 짐승의 가운데를 쪼개 마주 대하여 놓으라고 명령하셨다(창 15:9-10). 그리고 해가 져서 어두울 때 연기 나는 화로가 보이며 타는 횃불이 쪼갠 짐승 사이로 지나가셨다(창 15:17).

타는 횃불은 하나님의 신현(theophany)인 임재의 상징이었다.[28] 쪼개진 짐승 사이를 언약의 하나님이 홀로 직접 지나가셨다. 이 의식을 통해 하나님은 가나안 땅의 약속을 확증하는 징표를 아브라함에게 보여주신 것이다.

많은 주석가는 이 신비로운 의식을 해석하기 위해 바로 다음절에 기록된 "여호와께서 아브라함과 언약을 세워"라는 구절을 예레미야 34장 18절과 연결시켜 그 실마리를 찾는다.[29] 짐승 사이를 지나간 당사자가 언약을 지키지 않는 경우 죽음도 불사한다는 내용이다.

---

28) 신현(theophany)은 두 헬라어가 결합 된 말이다. 하나님을 뜻하는 '데오(Theo)' 또는 '데오스(Theos)와 '나타내다'라는 뜻을 가진 "파네로스(Phaneros)'가 결합된 것이다. 따라서 신현은 하나님의 나타내심을 뜻한다. 하나님은 영이시므로 피조물과 같은 몸을 갖고 계시지 않으며 또한 보이시지 않기 때문에 인간의 눈으로는 인식할 수가 없다. 그러므로 하나님께서 스스로 자신을 드러내실 때에 피조물을 방편으로 자신을 드러내시는 방법이 신현이다.

29) Gordon J. Wenham, Genesis 1-15: World Biblical Commentary, 330

당시의 풍습으로 볼 때, 이 의식은 군주와 봉신 사이에 종주 계약을 체결할 때 사용되던 '자기 저주 맹세(self-condemnation oath)'의 전형적인 의식이었다. 따라서 대부분의 신학자들은 고대 근동 지방에서 행해지던 조약의 관습에 비추어 창세기 15장 17절의 제의 의식을 '자기 저주의 맹세'로 해석한다. 호튼(M. Horton)은 이 구절을 "이것은 약속을 지키는 모든 책임을 끝까지 지시며, 약속을 어긴 것에 대한 모든 저주를 받으신다는 것을 의미한다."라고 주장한다.[30)]

그러나 이러한 해석에는 신학적 문제가 대두된다. 하나님은 전능하시고 불변하신 분이기 때문에 자신의 약속을 지키지 못할 분이 결코 아니다. 혹시라도 약속을 지키지 못한다하여도 그 책임을 지고 죽으실 수 있는 분이 아니다. 그러므로 이 구절은 가나안 땅의 약속을 자신의 죽음으로 맹세하신 '자기 확증의 맹세(self-confirmatory oath)'로 간주하는 것이 타당할 것이다.

불링거는 창세기 15장 17절의 사건을 하나님의 불변과 불멸하시는 본질로 인하여 육신의 아브라함 후손으로 가장하고 세상에 오셔서 고난을 당하시고 피를 흘리심으로써 유언을 집행하신 것이라 주장한다.[31)] 그는 세상에 오신 예수 그리스도를 아브라함 언약의 계시자이신 하나님과 동일한 분으로 간주했다. 자신의 죽음으로 땅의 약속을

---

30) Michael Horton, 『언약신학』, 백금산 역 (서울: 부흥과개혁사, 1998), 60.

31) McCoy and Baker, Fountainhead of Federalism: Heinrich Bullingner and the Covenantal Tradition, with a translation of De Testamento, 101.

유언으로 주신 분과 그 유언을 자신의 죽음으로 직접 집행하신 분이 동일하신 하나님이라는 주장은 삼위일체론의 근간이 된다.

예수께서는 십자가의 죽음으로 하나님께서 자신의 죽음으로 약속하신 땅의 유업을 성취하셨다. 유언을 하신 분과 그 유언을 집행하신 분이 동일하신 분이어야만 그 유업에 대한 약속이 유효성을 가지게 된다. 바울이 그리스도인들이 아브라함의 자손이 되어 하나님께서 약속하신 유업을 이을 자가 된다고(갈 3:29) 선언하는 근거는 성부와 성자가 동일하신 한 하나님이라는 사실에 기인한다.

그러므로 아브라함 언약은 단순히 유대인들을 위해 주어진 언약이 아니었다. 그 언약의 이면에는 예수 그리스도와 그분에 대한 믿음으로 얻게 될 하나님 나라의 축복이 복음으로 내재 되어있었다. 아브라함 언약은 모든 민족을 향한 전 세계적인 언약이었다. 그 언약은 복음의 빛이 이방 세계에 비추어지도록 의도된 그리스도의 믿음으로 완성될 구원의 복음이었다.

이 복음으로 인하여 구원에 속한 하나님 백성의 범위가 유대인으로부터 세상의 모든 이방인에게로 확대된 것이다. 그리스도의 믿음 안에서 유대인과 이방인을 구분하던 담이 허물어졌다. 인종과 성별 등, 모든 차등이 사라지고 믿음으로 한 하나님의 자녀들이 되는 것이다.

믿음으로 새롭게 창조된 하나님의 새로운 백성들에게는 옛날 아브라함에게 약속된 유업이 주어진다. 하나님께서 아브라함에게 약속하신 유업은 아브라함의 자손들을 위해 예비하신 하나님의 선물이었다. 그런데 그 자손들에 대한 바울의 해석이 일반적인 상식을 뛰어넘는다.

바울은 할례와 율법을 가진 표면적 유대인이 아니라 마음의 할례를 받은 이면적 유대인이 참 유대인이라고 말한다(롬 2:28-29). 그는 이 언급을 통해 참 아브라함의 자손이 누구인가를 밝힌다. 약속의 유업을 이을 참 아브라함의 자손들은 육신의 혈통이 아닌 마음에 할례를 받은 새로운 믿음의 자녀들이라는 말이다.

결과적으로 아브라함 언약의 두 약속과 믿음에 의한 칭의가 서로 연결되어 복음의 핵심을 구성한다. 구속사적인 의미에서 그 두 약속은 문자적 의미라기보다는 영적인 의미에서의 약속이었다. 예수님은 아브라함이 생전에 복음의 실체인 자신을 이미 보았다고 증언하셨다(요 8:56). 아브라함은 자신에게 약속된 그의 후손이 예수 그리스도임을 이미 영적으로 내다보았다는 말씀이다. 그렇기 때문에 이 약속을 믿는 아브라함을 보시고 하나님은 그의 믿음을 그의 의로 여기신 것이다.

아브라함은 창세기 15장 6절에서 그의 육신적 후손에 대한 하나님의 약속을 믿어 의롭다 함을 받은 것이 아니다. 그의 영적 후손으로 오실 예수 그리스도에 대한 약속을 믿어 의롭다 함을 받은 것이다. 아브라함의 믿음에 의한 칭의가 예수 그리스도를 믿음으로 얻는 칭의와 서로 모형과 원형의 관계를 유지하는 이유다. 아브라함이 믿었던 대상과 우리 믿음의 대상이 동일한 예수 그리스도이기 때문이다.

바울이 전했던 복음은 이방인들이 믿음으로 의롭게 되어 새로운 하나님의 백성으로 세워지는 교회 창조를 의미했다. 하나님은 그리스도가 오시기 전까지 이스라엘을 할례와 율법을 통해 자신의 백성으로 구분하셨다. 이스라엘에 한정되었던 하나님의 통치가 그리스도의 구원 성취로 말미암아 온 세상에 미치게 된 것이다.

예수를 주(主)로 믿어 세례를 받고, 성령의 인(印)치심을 받은 사람들은 누구든지 복음 안에서 하나님 백성의 자격을 갖게 된다. 이제는 누구든지 믿음으로 하나님 백성의 자격, 즉 하늘나라의 시민권을 갖게 되는 것이다. 이들이 모인 믿음의 공동체가 바로 신약의 교회다. 하나님의 통치가 그리스도의 언약 성취로 말미암아 이스라엘에서 온 세상의 교회로 확장된 것이다.

그리스도로 인하여 아브라함에게 약속된 바와 같이 천하 만민이 구원의 축복을 누리게 되었다. 바울에게 복음은 교회의 창조를 의미하며, 칭의는 누가 그 교회의 구성원에 속하는지를 판단하는 하나님이 세우신 믿음의 기준이다. 그동안 하나님의 백성을 구별하던 할례와 율법의 기준이 그리스도의 언약 성취로 인하여 믿음과 성령의 세례로 바뀌었다.

이러한 변화는 갑자기 생겨난 것이 아니었다. 하나님은 이미 옛 언약을 통해서 영적 후손인 그리스도를 통해 천하 만민에게 구원의 축복을 주시겠다고 약속하셨다. 언약의 특성상 이스라엘은 온 땅 앞에서 하나님 왕권의 모델이 되어 왔었다. 그들은 제사장이요 왕같이 거룩한 민족으로 이방의 빛이 되어 하나님의 구원을 땅끝까지 전파할 소명을 지닌 민족이었다. 그러나 그들은 남편이 되셨던 하나님의 언약을 깨뜨리고 그 안에 머물지 않았다. 그 결과 그들에게 맡겨졌던 온 세상을 향한 복음의 소명이 참 이스라엘이신 그리스도의 앞으로 돌아오게 되었다.

2. 새 언약의 교회와 복음

예수님은 자신의 공생애를 시작하면서 사람들에게 하나님 나라의 복음을 전파하셨다. 마가는 예수의 복음을 "때가 차서 하나님 나라(Kingdom of God)가 가까이 왔으니 회개하고 복음을 믿으라"(막 1;15)라고 표현한다. 마태도 공생애를 시작하신 예수의 첫 메시지를 "회개하라 천국이 가까이 왔느니라"(마 4:17)라고 기록한다. 공관복음에 기록된 복음의 내용은 예수께서 전한 하나님 나라에 관한 주제가 대부분이었다.

그러나 요한복음에는 복음이라는 단어가 전혀 등장하지 않는다. 대신 "영생"이라는 단어가 주제를 이룬다. "영생"이라는 단어는 히브리어로 "오는 세대(세상)의 삶"을 헬라어로 번역한 것을 다시 현대어로 번역한 말이다. 그 뜻은 단지 시간적으로 끝없이 이어지는 영원한 삶이 아니고, 하나님이 다스리시는 "오는 세대," 곧 구원의 시대의 삶이라는 뜻이다.[32)]

---

32) 김세윤, 『복음이란 무엇인가』(서울: 두란노서원, 2003), 37-38.

요한은 "영생을 얻는 길은 유일하신 참 하나님과 그의 보내신 자 예수 그리스도를 아는 것이다"(요 17:3)라고 기록한다. 예수께서는 자기를 따르는 양들에게 "내가 그들에게 영생을 주노니 영원히 멸망하지 아니할 것이요"(요 10:28)라고 선언하셨다. 영생은 아버지께서 아들 예수 그리스도에게 친히 명령하신 말로서 이를 수여하는 주체가 자신임을 나타내고 계신다(요 12:49).

하나님 나라, 구원, 그리고 영생은 모두 복음의 범주에 속한 말들이다. 각각의 의미가 복음의 여러 단면을 구성하고 있지만, 이 모두가 새 언약을 통해 믿음으로 새롭게 창조된 하나님의 백성들이 받을 유업의 약속과 연결된다. 새 언약의 중보자이신 그리스도를 믿음으로 성령의 인(印)치심을 받은 사람들이 복음의 수혜자로서 약속된 유업을 이어받을 새 언약 백성들이 되는 것이다.

구약의 아모스 선지자는 이스라엘의 회복을 다음과 같이 예언하였다.

> *그날에 내가 다윗의 무너진 장막을 일으키고 그것들의 틈을 막으며 그 허물어진 것을 일으켜서 옛적과 같이 세우고 그들이 에돔의 남은 자와 내 이름으로 일컫는 만국을 기업으로 얻게 하리라(암 9:11-12).*

야고보 사도는 이 구절을 이방인들을 위한 말씀으로 명확하게 재해석했다. 복음이 이방인들에게 막 전파되기 시작했을 때, 어떤 유대인들은 그들이 구원을 받기 위해서는 유대인들과 같이 율법을 지키고 할례를 받아야 된다고 주장했다. 이에 대한 논쟁을 해결하기 위해 예루살렘에 올라온 바울과 바나바 및 그 일행에게 야고보는 아모스의 구절을 이방인에게 적용한다.

이후에 내가 돌아와서 다윗의 무너진 장막을 다시 지으며 또 허물어진 것을 다시 지어 일으키리니 이는 그 남은 사람들과 내 이름으로 일컬음을 받는 모든 이방인들로 주를 찾게 하려 함이라 하셨으니(행 15:16-17).

야고보는 하나님께 돌아오는 이방인들을 할례와 율법으로 괴롭게 하지 말고, 다만 우상의 더러운 것과 음행과 목매어 죽인 것과 피를 멀리하는 것이 옳다는 결론을 내렸다. 구약의 아모스 선지자는 이 구절을 통해 이스라엘의 회복을 이야기하였지만, 신약의 야고보 사도는 그 범위를 넓혀 이방인들이 함께 참여하는 하나님의 공동체를 언급하고 있다.

하나님께서 다윗을 위해 집을 지어주시겠다는 약속은 나단 선지자를 통해 주신 다윗 언약 중 하나였다(삼하 7:11). 또 다른 하나의 약속은 그의 몸에서 날 그의 씨, 즉 다윗의 자손이었다. 성경은 이 자손에 대하여 다음과 같이 기록한다.

네 수한이 차서 네 조상들과 함께 누울 때에 내가 네 몸에서 날 네 씨를 네 뒤에 세워 그의 나라를 견고케 하리라. 그는 내 이름을 위

하여 집을 건축할 것이요 나는 그의 나라 왕위를 영원히 견고케 하리라(삼하 7:12-13).

성경에는 외형적으로 그의 씨가 그의 아들 솔로몬을 가리키는 것처럼 나타난다. 그가 실제적으로 하나님의 성전을 건축하였고, 그가 죄를 범하면 하나님께서 사람의 매와 인생의 채찍으로 징계하시겠다고 말씀하셨기 때문이다(삼하 7:14).

그러나 신약의 베드로 사도는 약속된 다윗의 자손이 예수 그리스도였음을 그의 설교를 통해 증언한다.

다윗은 선지자라 하나님이 이미 맹세하사 그 자손 중에서 한 사람을 그 위에 앉게 하리라 하심을 알고 미리 본 고로 그리스도의 부활을 말하되 그가 음부에 버림이 되지 않고 그의 육신이 썩음을 당하지 아니하시리라 하더니 이 예수를 하나님이 살리신지라 우리가 다 이 일에 증인이로다(행 2:30-32).

다윗은 자신에게 약속된 그의 자손이 예수 그리스도였으며 그의 부활까지도 이미 내다보았다는 것이 베드로의 증언이다. 하나님도 다윗의 씨에 대하여 "네 수한이 차서 네 조상과 함께 누울 때에 내가 네 몸에서 날 네 씨를 네 뒤에 세워 그의 나라를 견고하게 하리라"(삼하 7:12)라고 말씀하셨다. 즉, 다윗의 씨는 그가 이미 죽어 무덤에 있을 때 태어날 자손이기 때문에 솔로몬을 가리키는 것이 아님이 확실해진다.

다윗과 맺은 하나님의 언약은 그의 백성 가운데 하나님의 왕국이 도래하는 공식적인 약정이었다. 다윗 언약 이전의 하나님은 언약의 주로서 자신을 분명하게 계시하셨다. 그러나 이제 하나님은 다윗의 자손을 통해 세워질 그의 왕권이 영원할 것을 공공연히 선언하신다.

베드로의 증언과 같이 다윗에게 약속된 그의 자손이 예수 그리스도였다면, 하나님께서 다윗을 위해 지어주실 그의 집은 무엇을 의미하고 있는가? 다윗의 왕조는 예수 그리스도가 통치하시는 영원한 왕국의 성격을 그림자 형태로 예언하였다.[33)]

다윗 언약이 기록된 사무엘하 7장에서 구조적으로 가장 특이한 면 중의 하나는 강조 형태로서의 문구의 도치법이다. 이 표현 방식을 통해 "왕조"(dynasty)와 "거할 집"(dwelling-place)의 개념이 아주 밀접한 관계로 연결된다.[34)]

성경은 다윗이 하나님의 "집"을 지을 것이 아니라 하나님이 다윗을 위하여 "집"을 지어주실 것을 기록한다. 하나님은 다윗의 자손을 그 뒤에 세워 영원한 그의 왕조를 이어가시겠다고 선언하시는 것이다. 영원성의 개념에서 "집"이 "왕조"로 대치됨을 표현하는 방식이다.

다윗 언약에서 "다윗의 아들"과 "하나님의 아들" 사이에 세워진 관계는 메시아가 세상에 오셨을 때 동시에 완성되었다. 예수 그리스도

---

33) Robertson, 『계약신학과 그리스도』, 254.

34) Robertson, 『계약신학과 그리스도』, 236.

는 이 두 아들 직분의 최종적인 성취로 나타나기 때문이다.[35] 그는 다윗의 자손이면서 또한 하나님의 아들이셨다.

> *…육신으로는 다윗의 혈통에서 나셨고 성결의 영으로는 죽은 자들 가운데서 부활하사 능력으로 하나님의 아들로 선포되셨으니 곧 우리 주 예수 그리스도시니라(롬 1:3,4).*

다윗의 자손으로 오신 예수 그리스도는 영원한 그의 왕조를 이어가실 분이다. 그러나 그리스도의 나라는 이 세상에 속한 나라가 아니었다(요 18:36). 다윗의 왕조는 예수 그리스도의 왕권이 영원히 이어지는 하나님 나라의 그림자 격인 지상의 왕조였을 뿐이다. 다윗의 왕조는 시대의 역할을 다하고 역사 속으로 사라졌지만 실체적 하나님의 나라는 그리스도가 다스리시는 그의 왕조를 통해 영원히 이어져 간다는 것이다.

"다윗의 무너진 장막"을 하나님께서 다시 짓고 일으키신다는 것은 다윗을 위해 집을 지어주시겠다는 하나님의 언약에 대한 성취를 의미한다. 그의 집은 하나님의 남은 백성과 하나님의 이름으로 일컬음을 받는 모든 이방인들이 주를 찾는 집이다(행 15:17). 이는 예수 그리스도가 다스리시는 그의 영원한 왕권이 이어지는 신약의 교회라고 말할 수 있다.

---

35) Robertson, 『계약신학과 그리스도』, 237.

예수 그리스도는 교회의 몸이시며(엡 1:23; 골 1:24), 또한 자신의 몸인 교회의 머리가 되신다(골 1:18). 그가 교회의 몸인 동시에 머리가 되신다는 것은 교회를 움직이는 생각과 행동이 온전히 그리스도께 속했다는 것을 의미한다. 우리 신자들은 그리스도라는 포도나무에 믿음으로 붙어있는 가지들로서 다윗의 집에 거하는 새로운 '이스라엘 집'이다.

바울은 "표면적 유대인이 유대인이 아니요… 오직 이면적 유대인이 유대인이며…"(롬 2:28-29)라고 선언한다. 바울의 이러한 선언은 구원의 복음이 약속의 파트너였던 유대인들보다는 오히려 믿음으로 새롭게 형성된 하나님의 백성들을 향해 있었기 때문이었다.

예레미야와 히브리서에 기록된 새 언약의 예언은 문자적으로 "이스라엘 집과 유다의 집" 혹은 "이스라엘 집"이 그 언약 대상으로 그려져 있다. 그러나 실제적인 새 언약의 은혜는 표면적인 이스라엘이나 유다의 집에 혜택이 주어지지 않았다. 대신 믿음으로 새롭게 태어난 이면적 유대인들에게 주어졌다. 그들은 그리스도의 믿음 안에서 영원한 죄 사함의 혜택을 누리며 살아가는 이면적 유대인인 새 언약 백성들이다.

새 언약은 이스라엘과 유다의 집을 대표하는 예수 그리스도께서 중보자가 되셔서 하나님과 맺은 언약이다. 그 언약은 옛 언약과 같이 하나님과 인간 사이에 맺어진 언약의 형태와는 다르다. 새 언약은 먼저 아버지와 중보자인 아들 사이에 맺어진 하나님 간의 언약으로, 그 후에 믿음으로 새롭게 창조된 이면적 유대인들이 참여하는 이중적인 구조를 가지고 있다.

지금도 유대이즘(Messianic Judaism) 학자들은 새 언약이 예수 그리스도에 의해 이미 성취된 것이 아니라, 장차 미래에 이루어질 언약이라고 주장한다. 카바나흐(Ellen Cavanaugh)는 예수께서 세상에 오셨을 때 그에 대한 국가적 거부 반응으로 인하여 이스라엘과 유다는 새 언약을 맺지 않았다고 주장한다. 따라서 교회는 이스라엘과 유다를 대신할 수 없으며, 새 언약은 아직 이루어지지 않은 미래에 있을 언약이라는 주장이다.[36)]

그들은 새 언약을 아직도 문자적으로만 해석하고 있다. 사실 개신교 안에서도 '세대주의'와 '새 언약 신학'은 교회와 인종적인 이스라엘을 바라보는 시각이 서로 다르다. 세대주의는 교회와 이스라엘을 각각 두 집단으로 분리하여, 하나님의 약속이 민족적인 이스라엘에게도 지켜져야 한다고 주장한다. 반면, 새 언약 신학자들은 교회는 예수 그리스도를 통한 이스라엘의 연속이라고 가르친다. 비록 교회가 이스라엘을 대신하여 그 뒤를 이은 것은 아니지만, 유대인으로 오신 메시아와의 연합을 통한 이스라엘의 완성으로 보았다.[37)]

새 언약의 중보자이신 예수 그리스도는 하나님의 아들로서 하나님 나라의 왕권을 함께 나누며, 또한 아버지께 영원히 나아갈 수 있

---

36) Ellen Cavanaungh, Is the New Covenant For Today?, http://www. lightof mashiach. org/ newcovenant.html, 1of 6.

37) A Blake White, What is the New Covenant? (Frederick: New Covenant Media, 2015), 45.

는 아들로서의 특권을 가지고 있다. 그는 육신의 몸으로 세상에 오셨지만, 하나님 아들의 직분으로 새 언약의 중보자가 되셨다. 그가 십자가에서 흘리신 인간의 피는 많은 사람에게 죄 사함을 얻게 하는 새 언약의 피였다. 그의 피는 언약의 계시를 성취하시는 신적(神的) 희생의 도구였다.

그러므로 새 언약의 중보자는 세상의 다른 모든 중보자들과는 그 성격이 완전히 다르다. 그리스도는 인성과 신성을 함께 지니신 하나님의 아들이셨다. 그분은 언약의 모든 약속을 성취하시기 위해 인간의 몸으로 세상에 보내심을 받은 태초부터 계신 말씀(Logos)이셨다. 이 말씀은 인격체로서 모든 만물이 그로 말미암아 지은 바 되었던 생명의 빛이셨다(요 1:3-4).

구원은 그동안 죄로 인해 하나님과 멀리 떨어져 있던 사람들이 그리스도로 말미암아 창조주 하나님께 돌아옴을 의미한다. 인간이 가지고 있는 모든 자원을 동원해도 자신의 구원을 위해서는 별로 도움이 되지 않는다. 이러한 사실을 깨닫는 지혜 있는 자는 먼저 자신을 내려놓고 창조주 하나님을 의지하게 된다.

아버지의 재산을 억지로 떼어 받아 먼 타국 땅으로 떠난 탕자는 자신이 가지고 있던 돈을 허랑방탕하게 탕진했다. 그는 돈이 다 떨어져 지독한 고생을 경험하고서야 아버지의 품을 다시 그리워하기 시작했다. 그가 자신의 잘못을 깨닫고 아버지의 품으로 다시 돌아왔을 때, 그는 비로소 안식과 평안을 되찾을 수 있었다.

십자가에서 돌아가신 예수 그리스도를 믿는다는 것은 하나님 앞에서 자신의 부족함을 깨닫고 자신의 모든 것을 내려놓는 것을 의미한다. 자신의 부족함을 느끼지 못하거나 아직도 힘이 남아있다고 믿는 교만한 마음에는 그리스도가 지신 십자가의 의미가 스며들 여지가 없다. 그리스도께서 겪으신 십자가의 희생이 어리석게 보이거나 아무런 의미가 없어 보인다. 그리스도를 자신의 주(主)로 믿고 고백하는 믿음은 먼저 하나님 앞에서 자신의 부족함과 약함을 인정하는 겸손한 마음에 부어지는 성령의 선물이다.

우리는 성령께서 주시는 그 믿음을 가지고 그리스도를 통해 하나님께로 담대히 나아갈 수 있다. 그 믿음은 그리스도 안에서 우리를 하나님의 자녀가 되게 하고 하나님 나라를 유업으로 잇게 한다. 그분의 나라에서는 인간이 느끼는 부족함이나 결핍은 어디에서도 찾아볼 수가 없다. 단지 그분의 용서와 사랑이 넘치는 부요함만이 풍성히 넘쳐날 뿐이다. 예수께서 세상에 오셔서 사람들에게 전한 천국 복음은 이러한 하나님 나라로의 초대였다.

그 나라로 초대되는 유일한 길은 하나님께서 보내신 그의 아들을 믿는 믿음이다. 그 믿음 안에서 유대인과 이방인을 구별하던 인종적 조건이 사라지고 남녀노소를 구분하던 차별도 없어졌다. 그동안 하나님 백성을 선별했던 할례와 율법의 규정도 이방을 믿음으로 의로 정하시겠다는 하나님의 복음 앞에서 이제는 그 효력을 잃을 수밖에 없었다.

원래 이방을 포함한 세상의 모든 민족을 자신의 나라로 초대하여 창조 질서를 회복시키겠다는 하나님의 뜻이 아브라함에게 전해진 복음의 내용이었으며(갈 3:8), 또한 아담에게 주어졌던 최초의 복음이었다. 그러나 이 복음은 그냥 주어진 것이 아니다. 인간을 죄에서 구원하시겠다는 하나님의 계획안에는 그분의 희생이 전제된 사랑이 담겨 있었다.

" …피 흘림이 없은즉 사함이 없느니라"(히 9:22)라는 말씀과 같이 '영원한 기업'에 대한 하나님의 약속은 유언의 형태로 사람들에게 주어졌다. "유언은 그 사람이 죽은 후에야 유효한즉 유언한 자가 살아 있는 동안에는 효력이 없느니라(히 9:17)라고 성경은 선포한다. 유업에 대한 약속은 그 약속을 한 당사자가 죽어야 효력이 발생한다는 의미다.

약속을 따라 예수 그리스도가 세상에 오셨고, 그분은 인성을 가신 하나님으로서 십자가에 달려 돌아가셨다. 그의 죽음은 하나님께서 약속하신 영원한 유업에 대한 효력을 유효하게 하는 하나님의 죽음이셨다. "영원한 기업"을 언약으로 계시하셨던 하나님의 불가능한 죽음을 십자가에서 육신의 죽음으로 유효하게 성취하신 아버지를 대신한 아들의 죽음이었다. 이로써 언약에 약속된 구원 계시가 그리스도로 인하여 모두 성취된 것이다.

그러므로 하나님의 약속은 얼마든지 그리스도 안에서 예(yes)가 되어 우리는 아멘으로 하나님께 영광을 돌리게 된다(고후 1:20). 만약 그리스도의 죽음이 인간의 영역을 넘어서지 못하는 죽음이었다면 그는 죄 사함을 위해 제단에 바쳐진 단회적인 희생 제물에 불과하였을 것이다. 그러나 그의 죽음은 언약 성취를 위해 하나님 아들로서 아버지의 약속을 따라 자신에게 운명 지워졌던 희생적 죽음에 대한 자발적인 승복이었다.

우리는 십자가에서 돌아가신 그리스도의 죽음을 성부 하나님의 죽음으로 간주할 수는 없다. 하지만 기독교의 신앙은 그분의 십자가 죽음을 하나님의 희생으로 간주하여야만 한다고 말한다. 이 신앙은 유대교의 전통적인 유일신의 사상으로부터 전 인류를 하나님의 백성으로 초대하는 삼위일체 하나님의 관계적인 구원 사역의 기반을 조성한다.

삼위일체 하나님에 대한 사고는 그리스도의 십자가 사건이 중심이 된 경륜적 구원 사역을 통해 얻을 수 있는 하나님을 아는 지식이다. 인간은 스스로 내재적 삼위일체 하나님의 본질을 알아낼 수 있는 능력을 가지고 있지 않다. 우리는 경륜적인 삼위일체의 구원 사역을 통해 내재적 삼위일체 하나님의 본질을 추론할 따름이다.

예수께서는 생전의 사역 중에 직접 혹은 간접적으로 자신이 하나님의 아들이며 동시에 하나님이심을 계시하셨다. "…나를 본 자는 아버지를 보았다"(요 14:9)고 말씀하시며, 또한 "나와 아버지는 하나이니라"(요 10:30)라고 선언하신다. 예수의 말씀이 거짓이 아니라면 그분은 아버지와 동일하신 하나님이심이 틀림없다.

예수께서 자신의 피로 세우신 새 언약은 옛 언약과 다른 점이 있다. 옛 언약에 계시 된 하나님은 언제나 구원의 약속을 주시는 유일신이신 하나님이셨다. 그러나 새 언약에는 그 약속의 성취자이신 예수 그리스도와 믿음으로 새 언약 백성이 된 사람들의 마음에 하나님의 법을 기록하여 그들을 견인하시는 성령의 사역이 함께 드러난다.

예수 그리스도의 십자가 희생과 그를 주(主)로 고백하는 믿음으로 새로운 하나님의 언약 백성을 창조하는 성령의 사역이 새 언약의 구원 사역을 완성한다. 하나님은 새롭게 창조된 언약 백성들에게 자신의 법을 그들의 생각에 두고 마음에 기록하심으로써 그들의 하나님이 되시고 또한 그들은 자신의 백성이 되게 하신다. 하나님의 실존 자체는 언약적이다.

그동안 기록된 율법으로 자신의 백성을 선택하고 구별 짓던 방식이 예수 그리스도의 십자가로 인하여 그 구원의 범위가 이스라엘에서 전 세계로 확대되었다. 그 구원의 확장은 철저하게 구약에 기록된 언약의 약속에 따른 하나님의 의도적인 계획이었다. 옛 언약에 계시된 하나님의 구원 약속들이 십자가로 성취되자 그 약속들은 그리스도 안에서 모든 사람에게 구원을 가져다주는 복음이 되어 온 세상으로 퍼져나갔다.

하나님이 옛 언약의 유일신에서 새 언약의 삼위일체 하나님으로 계시 되었다는 사실은 그동안 구원에서 소외되었던 이방인을 품으시겠다는 하나님의 구원 의지를 드러내는 일이다. 하나님의 존재는 그 자체가 언약적이다. 삼위 하나님은 구원 사역을 위해 서로가 끊임없이 헌신하시며 믿음의 공동체를 창조하신다.

우리는 삼위 하나님의 형상으로 창조되었기 때문에 상호의존적 존재이며, 우리 자신의 모습을 타인 속에서 발견하게 된다. 하나님은 아담이 불순종의 죄를 범했을 때부터 인간을 다시 창조의 질서로 회복시켜 그들의 공동체를 회복시키고 하나님의 통치를 그들을 통해 구현하시겠다는 의지를 보여주셨다. 하나님께서 이스라엘 백성을 택하신 이유도 그들의 혈통을 통해 세상을 죄와 사탄의 권세로부터 구원하여 하나님의 통치를 세상에 구현할 약속의 후손을 보내기 위함이셨다.

그 후손은 약속대로 아브라함과 다윗의 자손으로 세상에 오셨다. 그가 오신 목적은 그의 백성을 죄에서 구원하시기 위함이었다(마 1:21). 그는 비록 인간의 몸으로 세상에 오셨지만, 그의 근본은 태초부터 말씀으로 계셨던 하나님이셨다(요 1:1).

그분이 세상에 오셔서 자기 백성을 구원하신 방법은 다음과 같은 세 단계로 나누어 볼 수 있다.

첫째, 자신이 흘리신 십자가의 피로 많은 사람에게 죄 사함을 얻게 하는 새 언약을 세우셨다.
둘째, 성령을 보내심으로 믿는 자들을 그리스도와 연합되게 하심으로써 새로운 하나님의 백성을 창조하신다.
셋째, 그리스도와 믿음으로 연합된 새로운 하나님 백성의 공동체인 교회를 세우신다.

첫 번째 단계는 새 언약의 주체이신 그리스도의 중보자적 사역을 나타낸다. 그분은 인간의 몸으로 십자가에 달려 돌아가셨지만, 그분이 흘리신 피는 사람들에게 죄 사함을 주고 새 언약을 세우는 피였다. 인간의 죄를 사하고 언약을 세우는 일은 하나님만이 하실 수 있는 그분의 고유한 사역이다. 그리스도의 십자가는 인간의 몸으로 겪은 희생과 고난의 상징이었지만, 그 결과는 새 언약을 세우심으로 사람들을 죄에서 구원하시는 하나님의 은혜와 사랑의 표시가 되었다.

하나님께서 그리스도의 십자가 사건을 인간의 죄 사함을 위한 구원의 도구로 쓰실 것이라는 사실을 그 누가 상상이나 할 수 있었겠는가? 이것은 사람의 지혜를 넘어선 구원 경륜의 신비이며 세상을 사랑하시는 하나님의 경이로운 지혜였다. 그러므로 십자가의 메시지는 그리스도를 믿고 그와 합한 새로운 하나님의 백성들에게 구원을 주시는 하나님의 능력이 된다.

두 번째 단계는 성령의 보내심이다. 주께서 보내신 성령의 주요 사역은 먼저 십자가를 지신 그리스도를 주(主)로 고백하는 믿음을 갖게 하신다. 그리고 그 믿음으로 우리를 그리스도와 연합하게 하신다. 그리스도와 믿음으로 연합한 자들이 하나님의 약속된 유업을 이을 영적 아브라함의 자손들이다(갈 3:29).

이 영적 자손들은 믿음을 갖기 전에는 죄로 인해 하나님과 원수 되었던 이방인들을 포함한다. 이들은 그리스도의 죽음을 통해 죄 사함을 얻고 하나님과 화목하게 되었다. 그리스도는 법조문으로 된 계명의 율법을 폐하여 유대인과 이방인을 자기 안에서 한 새 사람을 지어 화평하게 하셨다(엡 2:15). 이는 이 둘이 한 성령 안에서 아버지께 나아감을 얻게 하려 하심이었다(엡 2:18).

새 언약은 하나님께서 자신의 법을 그들의 생각에 두고 마음에 기록하신다고 예언한다. 여기에서 그들은 믿음으로 새롭게 지음 받은 한 새 사람인 새 언약 백성들이다. 보내심을 받은 성령은 내면에 기록된 하나님의 법으로 그들을 하나님께로 인도하신다.

믿음 안에서 우리를 거듭나게 하고 죄로 물든 인간의 본성을 하나님의 법으로 끊임없이 변화시켜 우리를 하나님께 인도하여 화목케 하시는 분이 성령이시다. 그래서 예수님은 제자들에게 "내가 떠나가는 것이 너희에게 유익이라 내가 떠나가지 아니하면 보혜사가 너희에게로 오시지 아니할 것이요 가면 내가 그를 너희에게로 보내리니"(요 16:7)라고 말씀하셨다.

성령은 단지 우리 곁에 머무르는 분이 아니다. 우리 속에 함께 계셔 인간의 본성을 변화시키고 우리를 하나님께로 끊임없이 인도해 가시는 분이다. "성령으로 충만함을 받으라"(엡 5:18)는 말씀은 모든 그리스도인을 향해 주시는 하나님의 간절한 마음을 표현한다.

성령이 우리 안에 계시다는 것은 우리가 죄로부터 해방되어 완전해졌다는 것을 의미하지 않는다. 오히려 성령이 내주하심으로 인해 마음의 갈등이 더 심해질 수도 있다. 우리의 지체 속에는 인간의 본성을 따르는 죄의 성향이 끊임없이 우리를 괴롭히기 때문이다. 바울도 로마서에서 "내 지체 속에서 한 다른 법이 내 마음의 법과 싸워 내 지체 속에 있는 죄의 법으로 나를 사로잡는 것을 보는도다"(롬 7:23)라고 고백한다. 그러면서 그는 "내 자신이 마음으로는 하나님의 법을 육신으로는 죄의 법을 섬기노라"(롬 7:25)라고 결론짓는다.

우리의 마음은 자기중심적 본성인 육체의 소욕과 그리고 내주하시는 성령이 대립하여 싸우는 전쟁터와 같다. 우리가 생각으로는 성령을 따르려고 노력하지만, 죄에 익숙해진 우리의 육신은 애써 성령의 인도를 외면하는 경향을 지닌다. 바울은 "육체의 소욕은 성령을 거스르고 성령은 육체를 거스르나니 이 둘이 서로 대적함으로…"(갈 5:17)라고 서로에 대한 싸움을 생생하게 묘사한다.

우리가 이 싸움에서 승리하는 방법은 우리의 마음에 기록된 하나님의 법으로 무장하는 것이다. 하나님의 법과 말씀은 육체의 소욕을 대적하여 싸울 수 있는 성령의 검이기 때문이다. 바울은 마귀를 대적하여 싸우는 그리스도인들에게 "성령의 검 곧 하나님의 말씀을 가지라"(엡 6:17)라고 권면한다. 하나님의 말씀인 성령의 검을 가질 때 육체의 욕심은 들어설 자리를 잃게 된다. 그렇게 된다면 성령의 아름다운 열매가 그 자리를 대신하게 될 것이다.

예수께서는 누구든지 그를 따라오려거든 자기를 부인하고 자기 십자가를 지고 좇아야 한다고 말씀하신다(마 16:24). 우리의 삶에서 그분을 닮아가는 일도 동일한 조건이 요구될 것이다. 하지만 우리에게는 그 조건을 만족할 만한 어떤 능력도 없다. 그럼에도 불구하고 예수님이 우리의 십자가를 요구하시는 것은 자신의 능력이 아닌 보내신 성령의 능력을 의지하라는 의미라고 볼 수 있다.

스토트(John R. W. Stott) 목사는 성령을 의지하는 삶이 그리스도인의 삶을 살아가는 법에 대한 공개된 비밀이라고 말한다.[38] 우리가 예

---

38) John R. W. Stott, 『기독교의 기본 진리』, 황을호 역(서울: 생명의말씀사, 2013), 162.

수님을 닮아가려고 애를 쓴다면 그분이 성령을 통해 우리 안에 들어와 내주하시도록 하여야 한다. 예수 그리스도는 십자가의 죽음으로 우리에게 죄 사함의 용서를 주셨지만, 우리 안에 잠재적으로 내재 된 죄의 권세를 지속적으로 제어하고 통제하는 일을 통해 죄 사함을 완성하시는 분은 내주하시는 성령이다.

세 번째 단계는 믿음의 공동체인 자신의 몸 된 교회를 세우심이다. 교회는 하나님의 백성으로 구성된다. 우리는 그리스도를 주로 고백하는 믿음을 통해 성령의 인(印)침을 받고 그분과 연합하여 하나님의 백성이 된다.

사도 바울은 믿는 자들이 그리스도와 연합됨을 나타내기 위해 인간의 몸을 빗대어 교회를 그리스도의 몸이라고 말했다. 신자들은 그 몸의 일부 기관이며, 그리스도는 그 몸 된 교회의 활동을 다스리시는 머리이시다. 이 몸 전체는 공통의 생명에 의해 활기를 얻는다. 이것이 바로 성령이다. 몸, 즉 교회가 하나로 되는 것은 이 성령이 있기 때문이다.[39)]

예수께서는 "나는 포도나무요 너희는 가지라…나를 떠나서는 너희가 아무것도 할 수 없음이라"(요 15:5)고 말씀하신다. 우리는 그리스도라는 포도나무에 성령에 의한 믿음으로 접붙임을 받은 가지들이다. 그 가지가 뿌리의 영양을 받아 포도나무의 열매를 맺는 것은 지극히 당연한 자연의 섭리다.

---

39) Stott, 『기독교의 기본 진리』, 164.

그러나 접붙임을 받았지만 열매를 맺지 않는 가지는 농부이신 하나님께서 그것을 제거해 버리신다. 가지가 맺는 열매를 통해 포도나무를 가꾸시는 하나님께서 영광을 받으시기 때문이다. 가지가 합당한 열매를 맺기 위해서는 뿌리로부터 충분한 영양분을 공급받아야 한다. 나무 전체에 공통의 생명을 불어넣으시는 분은 성령임을 앞에서 살펴보았다.

우리가 그리스도라는 포도나무에 붙어있는 한, 자신의 생명에 대한 의지와 노력은 별도의 수고를 필요로 하지 않는다. 포도나무 전체는 성령이 공급하시는 생명력에 의해 한시도 쉬지 않고 성장을 이어가기 때문이다. 포도나무에 붙어있는 가지들은 공급되는 영양분을 받아들이는 것으로 충분하다. 오히려 불필요한 자신의 과잉된 조치가 성령의 공급을 막는 방해물로 작용하여 열매 맺지 못하는 죽은 가지로 전락될 수 있다.

믿음으로 그리스도라는 포도나무에 연합한 가지들은 동일한 그리스도의 DNA를 소유한다. 이들은 동일한 성령에 의해 공급되는 영양을 받고 기능은 다르지만 하나의 목표를 향해 조화롭게 성장해 간다. 서로 독립적이며 떨어져 있던 개인들을 그리스도를 중심으로 하나님께서 자신의 새로운 백성으로 창조해 가시는 방법이다. 이렇게 형성된 새로운 하나님 백성의 공동체가 바로 교회이다.

교회는 신약에서 갑자기 등장한 것이 아니다. 우리는 그 근원을 구약에서부터 추적해 낼 수 있다. 교회는 구약에서부터 하나님 백성이라는 관점에서 그분의 구원 계획의 중심부에 있어 왔다. 이는 그리스도께서 하나님의 구원 계획을 성취하심으로써 구약의 하나님의 백성과 신약의 그리스도인이 서로 연결되어 하나로 묶여져 있음을 알 수 있다.

구약에서부터 하나님은 자신의 백성을 택하시고 부르셨다. 구약에서는 그 백성이 이스라엘이라는 한 백성의 범위를 벗어나지 않았다. 그러나 하나님은 아브라함에게 이스라엘뿐만 아니라 이방의 모든 민족을 믿음으로 말미암아 자신의 백성으로 삼으시겠다는 복음의 메시지를 전하셨다(갈 3:8). 하나님께서 택하신 백성의 범위를 그리스도에 대한 믿음으로 말미암아 온 세상으로 넓히시겠다는 것이 아브라함에게 전해진 복음의 메시지였다.

신약성경은 교회를 구약의 하나님 백성이라는 개념을 통해 이해하려고 시도한다. 그 근거는 '에클레시아(ekklhsia)'라는 교회의 명칭을 사용하는 데서 잘 드러난다. 이 단어의 원래 의미는 불러냄을 받은 이들의 모임이라는 뜻이다. 고전 헬라어에서 이 단어는 시민들의 모임, 혹은 회집을 의미하는 데 사용되었다.

하나님 백성의 모임인 교회는 육안으로 볼 수 없는 무형 교회와 가시적인 유형 교회로 나눌 수 있다. 물론 지상에 존재하는 유형 교회의 구성원이 모두 무형 교회의 일원이 아니라는 사실은 기억하여야 한다. 지상 교회의 일원 중에는 하늘의 생명책에 그 이름이 기록되지 않은 사람이 있을 수 있기 때문이다.

지상의 유형 교회 안에는 알곡과 가라지가 함께 섞여 자라난다. 교회가 세상 속에 존재하기 때문에 사탄의 세력으로 완전히 차단되지 않는다. 원수 마귀는 교회 안에도 가라지를 몰래 심어 놓는다. 그렇지만 사탄에 의해 심어진 가라지를 미리 뽑지 않는 것은 그것을 뽑다가 곡식이 다칠까 염려되기 때문이다.

가라지는 하나님의 백성을 가장하고 있지만, 전혀 그분의 백성이 아니다. 자라날 때는 서로 잘 구별되지 않지만 추수할 때가 되면 명확히 구분된다. 따라서 추수 때가 되면 가라지는 먼저 거두어져 불사르는 데 던져지고 알곡은 곳간에 저장된다. 마지막 날, 추수꾼의 심판은 정확하게 가라지와 알곡을 구분한다. 하나는 뽑혀 불에 던져지고 나머지는 거두어 곳간에 저장된다.

교회는 신앙 고백과 세례를 통해 믿는 자를 가시적인 교회의 일원으로 받아들인다. 하지만 가라지의 비유에서 볼 수 있듯이 그들 모두가 실제적인 믿음을 가졌다고는 말할 수 없다. 가라지는 믿음을 가장할 수 있기 때문이다. 그러나 그들의 믿음에 대한 판단은 오로지 하나님의 몫이다. 이러한 약점으로 인해 교회 내에서 생겨나는 분쟁과 분란에도 불구하고 세상의 교회는 하나님 나라를 위해 땅끝까지 확장되어 나갈 것이다.

하나님은 그가 계획하신 복음에 따라 자신이 선택하신 백성들의 지경을 넓혀 가신다. 자신의 백성을 선택하시는 하나님의 의도가 유대인에게서 이방인을 포함하는 모든 민족으로 넓혀짐에 따라 교회는 그 범위를 세상으로 확대할 것이다. 그리스도께서 성취하신 복음으로 성령이 임하심에 따라 하나님의 교회가 유대 지방에서 사마리아를 거쳐 온 땅으로 퍼져 나갈 것이다.

바울은 그의 서신서의 중심을 이루고 있는 복음을 언약을 기반으로 해석하고 설명했다. 그는 하나님께서 아브라함에게 이방을 믿음으로 말미암아 의로 정하실 것을 미리 알려주셨다고 갈라디아서에 기록했다. 이를 위해 하나님은 먼저 아브라함에게 하나님을 믿어 의롭게 되는 선례를 보여주셨다(창 15:6; 갈 3:6). 아브라함의 믿음에 의한 의가 그의 후손으로 오신 예수 그리스도를 믿는 믿음의 칭의와 동일하게 적용됨을 증언하는 것이다. 그러므로 예수 그리스도를 믿는 자는 믿음으로 의롭다 함을 받은 아브라함과 함께 약속된 복을 받게 된다(갈 3:9).

아브라함이 믿음으로 의롭다 함을 받은 사건은 율법이 생겨나기 전에 이미 이루어졌던 일이다. 바울은 이 사건을 들어 사람이 의롭게 되는 것은 율법과는 전혀 상관이 없는 오직 믿음에 의한 것임을 주장한다. 율법이 비록 하나님의 약속과 반대되는 것은 아니지만 우리를 자유롭게 하시는 하나님의 약속은 오직 예수 그리스도 안에서 약속을 믿는 자들에게 주어진다(갈 3:21-22).

율법은 단지 믿음이 오기 전까지 하나님의 백성을 그리스도께로 인도하는 불완전한 인도자였을 따름이다. 그리스도가 오셔서 믿음에 의한 의가 성취되었을 때, 율법은 더 이상 그 효력이 없게 되었다. 그리스도를 믿는 믿음만이 의로운 하나님의 백성을 창조하는 완전한 요건이 된 것이다. 아브라함의 믿음에 의한 칭의가 그리스도로 말미암아 성취된 온전한 모습을 드러내게 되었다. 따라서 바울은 “너희가 그리스도의 것이면 곧 아브라함의 자손이요 약속대로 유업을 이을 자니라"(갈 3:29)라고 선포하는 것이다.

그렇다면 하나님께서 아브라함의 믿음에 의한 의와 예수 그리스도를 믿는 믿음의 의를 동일하게 취급하시는 이유는 무엇일까? 앞에 언급된 두 믿음에 의한 의는 역사적으로 수 천 년의 간격을 두고 있다. 서로가 상호 관계를 갖기에는 그 시간적 간격이 너무 크게 보인다. 그러나 구속사적인 관점에서 볼 때, 그 시간적 간격에도 불구하고 두 믿음은 하나님의 언약과 그 언약에 대한 그리스도의 성취로 서로 긴밀하게 연결되어 있다.

필자는 사도 바울이 기록한 로마서 1장 17절에 여기에 대한 답이 담겨져 있다고 생각한다. 바울은 "복음에는 하나님의 의가 나타나서 믿음으로 믿음에 이르게 하나니 오직 의인은 믿음으로 말미암아 살리라 함과 같으니라"라고 기록했다. 그는 먼저 갈라디아서 3장 8절에서 복음의 내용이 하나님께서 이방을 믿음으로 말미암아 의로 정하실 것이라고 밝혔다.

좀 더 구체적으로 말한다면, 하나님께서 약속된 아브라함의 후손인 예수 그리스도를 세상에 보내셔서 십자가로 하나님의 구원 약속을 모두 성취하게 하신다는 것이다. 그 결과 하나님의 약속을 성취하신 그 아들의 죽음과 부활을 믿는 자들을 의롭게 하셔서 하나님의 백성으로 삼으신다는 것이 복음의 내용이다. 특히 믿는 자의 범위에 그리스도를 믿는 이방인을 포함시켜 그들을 의롭게 하여 자신의 백성으로 삼으시겠다는 것이 바울이 기록한 복음의 특징적인 내용이었다.

바울이 전한 복음은 이방 세계가 포함된 온 세상을 향한 메시지였다. 하나님은 이스라엘을 선택하셔서 자신의 백성으로 삼으셨지만, 그분의 구원 계획안에는 애초에 천하 만민이 모두 포함되어 있었다. 바울이 그 복음에는 '하나님의 의'가 나타난다고 말한다.

의는 한 개인이 다른 사람과는 무관한, 자기 자신과 관련된 것이 아니다. 의는 한 개인이 사회적인 존재로서의 특별한 관계성 속에서 갖는 어떤 것이다. 그 의가 하나님의 속성을 나타낼 때, 그 관계성은 하나님께서 그의 백성들과 더불어 맺었던 언약이 된다. 하나님은 이스라엘의 하나님이 되시기 위해 그들을 구원하고 그들의 대적자들을 벌하시기 위해 스스로 지셨던 의무를 성취하실 때 "언약에 신실하심"으로서의 의롭다고 여김을 받으신다.[40]

개혁주의 신학에서 주장하는 '하나님의 의'는 그리스도인들에게 전가된 하나님의 의로우심이다. 그리스도인들은 믿음으로 전가된 하나님의 의를 덧입어 의로워졌다는 주장이다. 그러나 구속사적인 관점에서 본다면 복음에 나타난 하나님의 의는 언약의 약속을 신실하게 이행하시는 하나님의 신실하심이라는 주장이 좀 더 타당성 있게 보인다.

하나님은 아브라함과 언약으로 세우신 후손과 가나안 땅에 대한 약속의 성취를 통해 이방의 모든 민족을 믿음으로 구원하시겠다는 복음의 메시지를 세상에 주셨다. 그 약속에 따라 하나님은 아들인 예

---

40) James D. G. Dunn, 『로마서 1-8; World Biblical Commentary 38(상)』, 김철 & 채천석 역 (서울: Solomon Christian Press, 2003), 151.

수 그리스도를 아브라함의 후손으로 세상에 보내셨다. 그리고 하나님은 그의 아들 예수 그리스도를 인간의 죄 사함을 위한 희생 제물로 십자가에 내어주셨다. 믿음으로 이방을 의로 여기셔서 그의 백성으로 삼으시기 위해 행하신 하나님의 신실하신 사역이었다.

그리스도의 십자가 죽음은 인간의 죽음인 동시에 죄 사함을 위한 하나님의 죽음이셨다. 그분은 마지막 유월절 만찬에서 제자들에게 잔을 주시면서 "이것은 죄 사함을 얻게 하려고 많은 사람을 위하여 흘리는 바 나의 피 곧 언약의 피니라"(마 25:28)라고 말씀하셨다. 누가는 이 사건을 "이 잔은 내 피로 세우는 새 언약이니…"(눅 22:20)라고 좀 더 구체적으로 언급한다.

3. 새 언약의 이중적 구조와 하나님 백성

예레미야 34장과 히브리서 8장은 하나님께서 이스라엘 집과 유다 집과 더불어 새 언약을 맺으리라고 예언한다. 그렇지만 예수께서는 자신의 피로 새 언약을 세우신다고 제자들에게 분명히 말씀하셨다. 그 말씀대로라면, 그분 자신이 새 언약의 중보자로서 하나님의 언약 대상인 이스라엘 집과 유다 집을 대신한다는 말이다. 새 언약의 예언을 문자적으로만 해석한다면 예수께서 자신의 피로 새 언약을 세우신다는 말씀이 이치를 벗어난 황당한 말처럼 들린다.

그러나 예수께서는 아브라함과 다윗의 자손으로 세상에 오셨다. 아브라함과 다윗의 계보로 그가 오실 것은 언약에 계시 되었던 하나님의 약속이었다. 그리고 성경에 기록된 예수 그리스도의 계보도 그가 오신 후에는 더 이상 지속되지 않는다.

이러한 사실은 예수 그리스도가 이스라엘 혈통을 따라 약속되어왔던 모든 역사의 종결자임을 암시한다. 언약의 약속들은 아브라함과 그 자손에게 말씀 되었다. 그런데 바울은 갈라디아서 3장 16절에서 그 자손이 여러 사람을 가리킨 자손들이 아니라 오직 한 사람인 예수 그리스도를 가리킨다고 선포한다.

예수 그리스도가 '이스라엘 집과 유다 집'을 망라하는 아브라함 후손을 대표하는 유일한 자손이라는 선언이다. 그분은 하나님의 아들인 동시에 육신의 몸으로 세상에 오신 새 언약의 중보자이셨다. 아버지 하나님과 이 중보자 사이에 맺어진 언약이 새 언약이다.

새 언약은 과거 하나님께서 인간들과 맺으셨던 옛 언약들과는 달리 성부 하나님과 중보자인 그분의 아들 사이에 맺어진 언약이었다. 온 인류의 구원 성취를 향한 완성된 언약이 성부와 성자 하나님 사이에 세워진 것이다. 하나님과 하나님 사이에 완전한 언약이 맺어진 후에 인종과 성별, 그리고 연령에 관계없이 모든 사람이 성령에 의한 믿음으로 그리스도와 연합하여 하나님의 새 언약 백성으로 참여하게 되는 것이다.

새 언약은 옛 언약에 약속된 하나님의 구원 계획이 예수 그리스도에 의해 완전히 성취된 언약이었다. 하나님은 이 언약의 성취를 위해 구약을 통해 점진적인 구원 약속의 계시를 지속적으로 주셨다. 그 계시의 초점은 하나님의 아들인 예수 그리스도에 의한 언약의 성취였다.

하나님은 자신의 구원 계획을 언약의 약속에 이면적으로 담아 놓으셨지만, 사람들은 그 계시에 숨겨진 영적 의미를 그리스도가 오시기 전까지 알아차리지 못했다. 그것은 하나님께서 그리스도의 십자가를 통해 인간을 구원하기 위해 세워 놓으셨던 은밀한 구원 계획의 신비였다. 바울은 그리스도를 통한 구원의 비밀을 계시를 통해 깨닫게 되었다고 고백한다(엡 3:3). 그는 그동안 사람들에게 알려지지 않았던 하나님 속에 감추어져 왔던 이 신비의 경륜을 "그리스도의 비밀"이라고 칭했다.

이 비밀을 통해 드러난 하나님의 구원 경륜이 바울이 이방에 전한 복음의 내용이었다. 그리스도께서 이방인을 포함한 많은 사람의 죄 사함을 위해 십자가에 달려 죽으셨으며, 그가 이 일을 성취하신 하나님의 아들임을 고백하는 믿음으로 새로운 하나님의 백성이 된다는 내용이다. 새로운 하나님의 백성이 된다는 것은 믿음으로 그리스도께서 세우신 새 언약에 참여하게 된다는 의미이다.

그동안 하나님 백성에 대한 규정은 할례와 율법의 전통에 따라 선택된 이스라엘에 한정되어 있었다. 그러나 그리스도가 오신 이후로는 그 방식이 완전히 바뀌었다. 복음이 가져온 결과였다. 이제는 율법과 상관없이 그리스도를 주(主)로 고백하는 믿음의 방식으로 바뀐 것이다.

하지만 제자들을 비롯하여 그리스도를 믿는 유대인들조차도 이방인들이 하나님의 백성으로 편입되는 이 복음의 방식을 깨우치기까지 한참의 시간이 걸렸다. 바울 당시에 그리스도인 간에 할례와 무할례, 그리고 율법에 의한 의와 믿음에 의한 의가 논쟁의 대상이 되었던 이유다. 이방인에 대한 편견이 그리스도의 부활 승천 후에도 여전히 지속 되었던 것이 사실이었다.

그러나 바울은 이러한 잘못들을 지적하였다. 그는 갈라디아서 2장에서 이방인에 대한 베드로의 외식적인 행동을 책망하였고, 에베소서 2장에서는 유대인과 이방인을 화목케 하시는 그리스도의 십자가 역할을 강조했다. 이전에는 그리스도 밖에 있었고, 약속의 언약에 대하여는 외인이며 소망 없었던 이방인들이 그리스도의 십자가로 화합되어 한 새 사람으로 지음을 받게 되었다.

그 결과 그리스도로 말미암아 한 성령 안에서 유대인과 이방인이 동일한 한 하나님의 백성이 된 것이다. 그리스도께서 세우신 새 언약 안에 믿음으로 의롭게 된 이방인들이 새로운 하나님의 백성으로 참여하게 되었다. 아브라함에게 예언되었던 복음이 그의 후손으로 오신 그리스도로 인하여 이방을 구원하는 기쁜 소식으로 열매를 맺게 된 것이다.

하나님은 그리스도의 피로 세워진 새 언약을 통하여 믿음으로 온 인류를 구원하시려고 먼저 자기의 아들을 세상에 보내실 것을 약속하셨다. 그 약속은 세상을 죄로부터 구원하시려는 복음의 예비적 메시지였다. 때가 이르매 하나님은 그의 아들을 세상에 보내셨고, 자기의 아들을 기꺼이 십자가에 내어주셨다. 인간의 죄를 속죄하기 위해서 자기의 아들을 화목 제물로 삼으신 것이다.

하나님이 자기의 아들을 화목 제물로 삼으셨기 때문에, 그리스도가 아버지의 뜻대로 십자가에 죽으시고 부활하셨다는 사실을 믿는 믿음은 올바른 하나님과의 관계에 들어서게 만든다. 그리스도의 희생은 하나님과 우리 사이를 가로막고 있던 과거의 모든 죄를 단번에 사하는 속죄제가 되었다. 이로써 하나님은 인간의 모든 죄를 다시는 기억하지 않으시는 자신의 의로움을 나타내신다. 동시에 또한 예수를 믿는 우리를 그분 앞에서 의롭다고 선언하신다.

우리는 단지 믿음으로 우리의 모든 죄를 용서받는 은혜를 입었지만, 죄인이었던 우리를 의롭게 하시기 위하여 하나님은 자기의 아들을 십자가에 내어주시는 고통을 겪으셨다. 자신과 인간 사이를 가로막고 있는 죄가 제거되지 않는 한, 사람들과 화목을 이루실 수 없기 때문에 자기의 아들을 기꺼이 대속물로 내어주시는 아픔을 겪으신 것이다. 따라서 아들이 세상에서 겪은 십자가의 고난은 아버지가 체험한 동일한 아픔이었다. 세상의 구원을 위해 독생자를 십자가에 내어주시기까지 자신의 약속을 끝까지 이행하시는 하나님의 신실하심이 바로 복음에 나타난 '하나님의 의'였다.

종교개혁자 루터는 복음에 관한 구절인 로마서 1장 17절에서 '이신칭의'의 교리를 발견했다. 그가 주장한 오직 믿음으로 의롭다 함을 얻는다는 이 교리는 종교개혁의 불씨가 되었다. 믿음에 더하여 의로운 행위를 주장하는 로마 가톨릭과 맞설 수 있는 '오직 믿음'이라는 확실한 명분이 마련된 것이다.

하지만 루터가 발견한 위대한 '이신칭의'의 교리에도 불구하고 17절에 기록된 두 믿음에 대한 실체는 아직도 분명하게 해석되지 않는다. 아마 바울이 로마서를 기록할 당시 이 두 믿음은 사람들에게 별도의 설명이 필요치 않을 만큼 명확한 개념이었을지 모른다. 그래서 바울은 이 두 믿음이 각각 무엇을 지칭하고 있는지 굳이 설명하지 않고 기록을 남겼는지 모른다.

그러나 이천여 년의 시간이 지난 현재, 이 두 믿음에 대한 해석은 하나로 통일되지 않고 있다. 복음을 해석하는 사람들의 의견이 각각 다르듯이 이에 대한 해석도 다양하다. 그뿐만 아니라 17절에 기록된 복음에 나타난 '하나님의 의'에 관한 해석도 성경을 해석하는 관점에 따라 크게 두 가지로 나누어진다.

개혁주의 신학자들은 칭의를 이해하기 위한 바울 서신의 주요 구절이 '하나님의 의'라는 사실을 잘 인지하고 있다. 그들은 '하나님의 의'가 율법에 대한 요구가 아니라 그리스도 안에서 하나님이 은혜의 선물로 주신 것이라는 루터의 견해를 충실히 따른다. 따라서 개혁주의는 우리가 그리스도 안에서 믿는 자에게 전가되는 하나님의 선물인 '하나님의 의'에 의해 의롭게 된다고 가르친다. 율법에 대한 순종과 그 형벌에 대한 대리적 인내를 보이신 그리스도를 통해 나타나는 '하나님의 의'에 대한 이러한 이해는 하나님 앞에 선 믿는 자들의 전가된 의를 나타낸다.

그러나 라이트(N. T. Wright)는 이러한 종교개혁의 관점이 '하나님의 의'에 대한 심각한 오해를 조장한다고 다음과 같이 주장한다.

유대 성경의 그리스어 버전인 70인경의 독자들에게 '하나님의 의'는 하나의 분명한 의미를 가진다. 그의 약속에 대한 하나님 자신의 신실하심…, 하나님은 약속을 주셨고, 이스라엘은 그 약속들을 신뢰했다. 그러므로 '하나님의 의'란 한편으론 하나님의 신뢰성, 그리고 다른 한편으로는 이스라엘의 구원을 나타내는 어원(語源)이다.[41]

그는 '하나님의 의'를 '하나님의 언약적인 신실하심'으로 정의를 내린다. '하나님의 의'란 믿는 자들의 전가된 의(義)와는 달리, 언약의 약속을 성실하게 이행하시는 하나님의 신실하심이라는 것이다. 종교개혁자들의 견해인 '하나님의 의'가 법정에서 사용되는 '법적 비유(legal metaphor)'의 반영이라는 옳은 주장에도 불구하고, 히브리 사람들이 사용하는 재판정에서의 '의'의 기능에 대한 오해로 이 용어가 잘못 적용되고 있다고 그는 지적한다.

제임스 던(James D. G. Dunn)도 '하나님의 의'를 '하나님의 언약적인 신실성'이며, 칭의는 '하나님의 백성으로서 이스라엘에 대한 승인을 의미한다고 주장했다. 그는 칭의를 '이스라엘과 하나님의 언약의 근거 위에 이스라엘을 위한 판결'로 정의했다.[42] 던에게 있어 의(義)와 칭의의 문제는 유대인을 이방인과 구별하는 민족주의의 정체성을

41) N. T. Wright, What Saint Paul Really Said? (Grand Rapids: Eerdmans Publishing, 1997), 96.

42) James D. G. Dunn, The New Perspective on Paul (Grand Rapids: Eerdmans Publishing, 2005), 107.

나타내는 구별됨의 문제였다.

던은 유대인을 이방인으로부터 구분하는 경계표로 규정된 '율법의 행위'를 그 당시 유대교 정체성의 위협이란 정황에서 살폈다. 그는 바울이 공격한 핵심은 율법 자체가 아니라, "선택받은 백성으로서의 그들의 특혜를 받은 지위"에 대한 유대교의 배타성과 자랑이라고 말한다. 그는 그것이 "언약 회원권을 증명하는 율법 준수, 언약의 충성된 회원으로서 그들의 의(義)에 관한 것이다"라고 주장한다.[43]

던의 주장과 같이 바울이 유대교의 '율법의 행위'를 공격한 것은 선택된 백성으로서의 그들의 배타성과 자랑을 배격하는 것임이 틀림없다. 그러나 바울의 공격은 단지 그들이 당연시 여겼던 그 행위의 부당성을 지적하는 것이 목적은 아니었다. 바울은 그들의 궁극적인 잘못이 '율법의 행위'의 당연성에 사로잡혀 그리스도의 믿음에 의한 새로운 하나님의 구원 방식을 배척했다는 점을 지적하는 것이다. 즉, 그리스도에 의해 성취된 복음으로 인한 믿음의 구원 방식을 그들이 받아들이지 않았다는 점이다.

던은 '하나님의 의'로 성취된 복음의 결과인 칭의의 문제를 개인의 유효한 구원과 직접 연결시키지 않았다. 구원의 문제는 모든 과정이 끝나야 알 수 있다는 것이다. 실제로 던에게 칭의는 시작과 과정 그리고 최종 칭의로서의 과정을 지닌다.[44] 칭의는 한번 이루어지는 것

---

43) 박동근, 『칭의와 복음』 (경기: 합동신학대학원출판부, 2014), 74.

44) Dunn, The New Perspective on Paul , 107.

으로 끝나는 것이 아니라 과정 전체를 통해 최후의 무죄 판결이 있을 때까지 지속적으로 발전되는 것이라는 주장이다.

그는 이 과정에 신자들의 도덕적 선택이 그 결과를 가져온다고 말한다.[45] 은혜의 종교 아래 율법의 불순종에 대한 경고는 한 사람 속에 구원의 역사가 소멸될 가능성을 염두에 둔 언급이다. 즉, 회심자들이 그리스도에게서 중도에 끊어질 수 있다는 종류의 경고라고 던은 말한다.[46]

믿음에 의한 구원이 도중에 취소될 수 있다는 주장은 종교개혁자들의 '이신칭의'의 교리와 전혀 어울리지 않는 것처럼 보인다. 한번 믿음으로 얻은 구원은 영원히 지속된다는 개신교의 교리를 부정하는 듯한 주장이기 때문이다. 이러한 주장에 대하여 박동근 교수는 "던이 성령의 역할을 강조하면서 은혜를 강조하는 것처럼 보이려 하지만, 성령으로부터 말미암은 행위는 칭의의 도구적 혹은 공로적 원인이 되고 만다. 던 역시 반(半)-펠라기우스주의와 같은 공로 신학의 성격을 벗어날 수 없다"고 반박한다.[47]

반-펠라기우스주의는 구원에 있어서 하나님과 인간의 협력적 관점을 주장한다. 즉, 자신의 구원을 위하여 스스로 노력하는 자에게 하나님은 은혜를 베풀어 구원의 완성에 이른다는 것이다. 그러나 이 사상도 역시 펠라기우스주의에 속한 것으로 간주 되어 A.D. 529년 제2

---

45) James D. G. Dunn, 『바울 신학』, 박문재 역 (서울: 크리스챤다이제스트, 2003), 660.

46) Dunn, 『바울 신학』, 668.

47) 박동근, 『칭의와 복음』, 79.

차 오렌지 회의에서 이단으로 정죄 되었다.

칭의에 의한 구원이 도중에 취소될 수 있다는 던의 주장을 반-펠라기우스주의의 공로 신학을 들어 반박한 박 교수의 주장에는 분명한 문제점이 드러난다. 다중적 칭의, 즉 구원의 중도 취소에 관한 주장을 협력적 구원의 반-펠라기우스주의의 공로 신학으로 반박한 점이 문제다. 구원을 획득하는 방법의 문제와 구원이 도중에 취소되는 문제는 비슷하게 보이지만 성격이 완전히 다른 주제이기 때문이다. 결과적으로 신인 협력의 이단적인 주장을 들어 다중적 칭의의 문제를 무리하게 이단으로 정죄한 느낌이 든다.

히브리서는 기독교인의 중도 타락 혹은, 유기의 가능성을 다음과 같이 기록하고 있다.

한 번 빛을 받고 하늘의 은사를 맛보고 성령에 참여한 바 되고 하나님의 선한 말씀과 내세의 능력을 맛보고도 타락한 자들은 다시 새롭게 하여 회개하게 할 수 없나니 이는 그들이 하나님의 아들을 다시 십자가에 못 박아 드러내 놓고 욕되게 함이라(히 6:4-6).

우리가 진리를 아는 지식을 받은 후 고의적으로 죄를 지속적으로 범하면 다시 속죄하는 제사가 없고 오직 무서운 마음으로 심판을 기다리는 것과 대적하는 자를 태울 맹렬한 불만 있으리라. 모세의 법을 폐한 자도 두세 증인으로 말미암아 불쌍히 여김을 받지 못하고 죽었거든 하물며 하나님의 아들을 짓밟고 자기를 거룩하게 한

언약의 피를 부정한 것으로 여기고 은혜의 성령을 욕되게 하는 자가 당연히 받을 형벌은 얼마나 더 무겁겠느냐 너희는 생각하라(히 10:26-29).

성경은 믿는 자들이 성령을 거역하고 고의로 지속해서 죄를 범하면 다시 돌이킬 수 없는 결과를 초래할 수 있다는 경고를 내린다. 신자들이 범하는 죄는 언제든 회개로 다시 돌이켜 새롭게 될 수 있으나 고의로 성령 사역을 방해하는 죄는 용서받지 못한다는 경고다. 이는 단 번의 칭의로 얻는 구원의 불변성을 주장하는 개신교의 정통주의 입장과는 차이가 있다.

라이트는 칭의에 관하여 다음과 같은 네 가지를 말한다. 첫째, 바울의 칭의 교리는 이스라엘의 메시아이신 예수의 사역에 관한 것이다. 둘째, 바울의 칭의 교리는 하나님께서 아브라함과 세우신 언약, 그 언약의 목적은 세상의 모든 사람을 하나님의 가족으로 부르시는 구원의 부름에 대한 것이다. 셋째, 바울의 칭의 교리는 하나님의 법정에 집중되어 있다. 재판관으로서 하나님은 예수 그리스도를 믿는 사람들의 죄를 은혜로 사면하신다. 넷째, 바울의 칭의 교리는 종말론과 연관 되어있는 전 세계와 그의 백성들을 위한 하나님의 미래 비전이라는 것이다.[48] 그는 현재의 칭의와 함께 하나님께서 온 세상을 바

---

48) N. T. Wright, Justification: God's Plan & Paul's Vision, Downer's Grove, IL: IVP Academic, 2009, 11-13.

로 세우며 그의 백성들을 죽음으로부터 일으켜 세우실 최후의 칭의인 두 순간을 동시에 바라보았다.

라이트에게 칭의 교리는 바울의 복음을 이해하기 위한 부수적인 주제였다. 복음을 단지 사람들이 구원을 받는 방식의 문제로 보는 것은 그 본래의 의미를 왜곡할 수 있다는 견해다. 복음은 죄인들이 어떻게 하나님께 구원을 받을 수 있는지의 문제라기보다는 오히려 세상을 구원하실 주(主)가 누구이신가라는 질문에 대한 답이기 때문이다.

종교개혁자들과 많은 복음주의자의 불행한 양상 중의 하나는, 복음을 개인적이고 반역사적인 의미에서 "사람들이 어떻게 구원을 받을 수 있을까?"에 대한 메시지로 전락시켰다는 것이다.[49] 복음은 개인의 구원에 관한 문제가 주된 주제가 아니라 예수 그리스도의 주(主)되심이 그 본질이다.[50] 예수 그리스도의 십자가 부활 사건을 통해 세상의 창조자이신 하나님이 그의 권세를 불법으로 사용하여 노예로 삼던 세력들로부터 사람들을 해방시키는 승리를 거두셨다는 것이다.[51] 이 승리는 언약에 계시 된 하나님의 약속을 예수 그리스도께서 십자가 사건을 통해 성취하신 결과였다.

그러므로 복음은 세상을 창조하시고 믿음으로 새롭게 창조된 하나님의 언약 백성을 통해 세상을 구속하시기로 작정하신 하나님께 집중되어 있다. 또한, 복음은 이러한 하나님의 구원 계획이 그분이 보

---

49) Wright, What Saint Paul Really Said?, 60.

50) Wright, What Saint Paul Really Said?, 40.

51) Wright, What Saint Paul Really Said?, 47.

내신 독생자 예수 그리스도의 십자가 사역으로 성취되었다는 선언이다. 이러한 의미에서 볼 때, 바울이 전한 복음의 메시지를 단지 개인적인 구원의 문제로 다루는 것은 바울의 비전을 너무 좁게 보는 결과를 초래하는 것이다.[52] 즉, 복음의 핵심적 주제는 구원론 이전에 기독론이라는 점이다.

그러나 여기에는 간과할 수 없는 사항이 한 가지 있다. 그리스도의 주(主)되심에 대한 기독론이 지향하는 최종 목표가 결코 개인의 구원과 분리되지 않는다는 점이다. 하나님의 아들 예수 그리스도가 세상에 오신 목적은 죄인들을 구원하기 위함이셨다. 그러므로 복음의 정의에는 그리스도의 주되심을 선언하는 기독론과 함께 이와 병행되는 구원론이 함께 언급되어야 마땅하다.

새 언약의 예언은 과거 옛 언약과 같이 하나님과의 관계를 성립시키기보다는, 그 관계의 존재를 성령의 사역을 통해 확증한다. 그리고 그 관계의 지속성을 하나님의 선포를 통해 보증해 주신다. 하나님은 새 언약의 예언에서 자신의 법을 그 백성의 생각에 두고 마음에 기록할 것이라고 선언하셨다.

자신의 피로 새 언약을 세우신 그리스도를 주(主)로 고백하는 믿음으로부터 시작하여 그분과 연합된 새 언약 백성을 창조하시고, 그들의 삶을 하나님의 법으로 인도하시는 일은 모두 성령의 사역에 속한

---

52) Cornelis P. Venema, The Gospel of Free Acceptance in Christ (Carlisle, PA: The Banner of Truth Trust, 2006), 125.

다. 새 언약의 예언에 직접적인 성령에 대한 언급이 없지만, 요엘 선지자는 이스라엘이 회복될 때에 하나님께서 그의 영을 만민에게 부어 주실 것을 예언하였다(욜 2:28). 그때에 하나님은 그의 영을 남종과 여종 즉, 하나님의 백성 모두에게 부어 주실 것을 약속하셨다(욜 2:29).

구약에 언급된 이스라엘이 회복할 때는 하나님께서 그리스도께서 십자가의 피로 세우신 새 언약을 이스라엘 집과 맺으실 때라고 말할 수 있다. 만약 새 언약에 예언된 이스라엘 집을 문자적으로만 해석한다면 새 언약은 예수 그리스도와 전혀 상관이 없게 된다. 이는 유대이즘(Judaism) 학자들이 새 언약을 문자적으로 해석하는 방법과 전혀 다를 바가 없다. 그들은 예수가 세상에 오셨을 때 국가적으로 그를 메시아로 인정하지 않았기 때문에, 새 언약은 예수와 상관없는 이스라엘의 미래에 일어날 언약이라고 주장한다.

그렇다면 예수께서 십자가에 달리시기 전, 유월절 만찬에서 제자들에게 잔을 주시면서 "이 잔은 많은 사람들의 죄 사함을 위해 흘리는 바, 나의 피 곧 언약의 피니라"(마 26:28), 혹은 '이 잔은 내 피로 세우는 새 언약이니 곧 너희를 위하여 붓는 것이라"(눅 22:20)라고 말씀하신 예수의 증언이 거짓된 말인가? 결코 그럴 수 없다. 예레미야 33장 14-26절은 새 언약을 통해 다윗의 자손이 출현하고 그가 공의로 통치한다는 것을 말함으로써, 유다와 예루살렘의 회복을 강조한다. 즉, 새 언약이 성취될 때 하나님 백성이 회복될 것이라는 사실에 초점을 맞추고 있다.

새 언약이 성취될 때 다윗에게서 한 의로운 가지가 날 것을 선언한(렘 33:15) 말씀은, 새 언약이 다윗 왕권으로 대변되는 하나님 나라를 성취하기 때문이다. 특별히 다윗 왕권은 하나님의 주권을 대변하는 것이기에, 그때가 도래하면 하나님의 주권이 완전히 회복될 것을 일깨워 준다.[53] 따라서 새 언약을 통해 완성된 하나님 나라에 거하는 백성들은 새로운 창조 질서 속에서 영원한 왕 같은 제사장이 되어 살게 될 것이라는 암시를 발전시키는 것이다.[54]

새 언약의 도래에 따른 백성의 변화를 신약의 복음서에서 찾아보면 예수께서는 좀 더 구체적으로 그리고 급진적으로 말씀하신다. 그는 포도원 농부의 비유(마 21:33-41)를 들어 포도원 주인의 아들을 죽이고 유산을 차지하려는 농부들을 진멸하고 제 때에 열매를 바칠 만한 다른 농부들에게 그 포도원을 맡긴다고 말씀하신다. 그리고 최종적으로 유대인의 지도자인 대제사장들과 바리새인들을 향해 "내가 너희에게 이르노니 하나님 나라를 너희는 빼앗기고 그 나라의 열매를 맺는 백성이 받으리라"(마 22:43)라고 선언하셨다.

준엄한 그분의 말씀이 예언과 같이 그대로 실현되었다. 메시아로 오신 예수의 존재를 인정하지 않고 새 언약을 아직 실현되지 않은 미래의 언약으로 치부한 유대인들은 새 언약에 언급된 '이스라엘 집' 혹은 '유다의 집'의 지위를 잃게 되었다. 이제는 성령에 의한 믿음으로

---

53) 김창대, "새 언약 안에서 백성의 변형(예레미야 33:14-26의 분석)", 『성경원문연구』 37, (2015), 117.

54) 김창대, "새 언약 안에서 백성의 변형(예레미야 33:14-26의 분석)", 120.

새로운 하나님의 백성이 된 이방인들이 그 자리를 차지한다. 예수께서 세우신 새 언약 안에서 구약의 예언과 같이 하나님 백성의 변형이 일어나게 된 것이다.

그 변형된 이스라엘 백성은 믿음으로 의롭게 된 이방의 모든 민족을 포함한다. 이러한 결과는 성경이 아브라함에게 전한 복음에 전적으로 기인하고 있다. 하나님께서 이방을 믿음으로 말미암아 의로 정하실 것이라는 복음의 메시지는 곧, 이방 민족을 의로운 자신의 백성으로 삼으시겠다는 그분의 계획이었다.

그러므로 예수께서 십자가에서 흘리신 피로 세우신 새 언약은 이방에 구원을 가져다준 예언된 복음의 결과였다. 이 결과를 위해 하나님은 구약의 언약을 통해 자신의 구원 메시지를 지속적으로 보내셨던 것이다. 그러나 그 메시지는 믿음으로 순응하는 자들의 눈과 귀에만 읽혀지고 들려지는 예비 된 하나님의 비밀스러운 수단이었다.

구약에서 하나님은 유일신으로 자신을 계시하시면서 인간의 구원을 위한 언약의 약속을 지속적으로 인간들에게 주셨다. 언약의 구원 계시는 계시자이신 하나님 한 분으로 족하였다. 그런데 하나님은 자신의 속성상 행하실 수 없는 자신의 죽음에 관한 계시를 창세기 15장 17절에서 아브라함에게 의식을 통해 행함으로 땅에 관한 언약을 세우셨다.

하나님은 자신에게 불가능한 이 약속에 관한 계시를 자기의 아들을 세상에 보내셔서 끝내 성취하셨다. 취리히의 종교개혁자 불링거는 이를 하나님께서 육신의 아브라함의 후손으로 가장하시고 세상에 오셔서 고난을 당하시고 피를 흘리심으로 유언을 집행하신 것이라고 주장한다.[55] 그 육신의 아브라함 후손은 예수 그리스도이셨다.

십자가가 성부와 성자 하나님 간의 사건이듯이, 새 언약은 성부와 중보자이신 성자 하나님 사이에 세워진 언약이다. 예수 그리스도께서 "이스라엘 집과 유다의 집"을 대표하는 유일한 아브라함의 후손으로 십자가에서 흘리신 자신의 피로 하나님과 새 언약을 맺으신 것이다. 새 언약이 과거 하나님께서 애굽 땅에서 인도하여 내던 날에 이스라엘 백성들과 맺은 언약과 다른 점이다. 구약의 옛 언약은 하나님과 인간들 사이에 맺어진 약속의 협정이었지만, 신약의 새 언약은 성부와 중보자이신 성자 하나님 사이에 맺어진 신적(神的) 조약의 형태를 띠고 있기 때문이다.

그리스도께서 세우신 새 언약에 성령에 의한 믿음으로 그리스도와 연합된 자들이 참여하게 됨으로써 구원의 복음이 완성된다. 믿음으로 참여하는 새로운 하나님의 백성들이 변형된 이스라엘 백성이며, 참 아브라함의 자손들이다. 그러므로 새 언약으로 완성된 복음은 성부와 성자 그리고 성령 하나님의 관계적이며 협력적인 구원 사역의 결과에서 비롯된다. 즉, 복음은 삼위일체 하나님의 관계적 협력 사역의 열매라고 말할 수 있다

---

55) Charles S. McCoy and J. Wayne Baker, Fountainhead of Federalism: Heinrich Bullinger and the Covenantal Traditional, With a Translation of De Testamento seu foedree, Dei unico et. acterno(1534) by Heinrich Bullinger (Louiville: Westminster/John Knox Press, 1991), 130-131.

4

복음의 중심이신 예수 그리스도

제4장. 복음의 중심이신 예수 그리스도

구약은 그리스도(메시아)가 아브라함의 후손 혹은 다윗의 자손으로 오실 것을 예언하고 있다. 그리고 신약의 마태복음은 아브라함과 다윗의 자손으로 오신 예수 그리스도의 계보로 시작된다. 이는 구약의 예언이 성취됨으로써 신약의 새로운 시대가 열렸음을 선포하는 복음의 메시지다.

약속된 후손이 오심으로써 시대가 바뀌었다는 의미는 하나님의 구원 계획이 그분 안에서 갱신되어 새로운 복음의 시대가 활짝 열렸음을 알리는 신호였다. 타락한 인간을 구원하시겠다는 하나님의 원래 계획이 그리스도 안에서 완성되었음 알리는 기쁜 소식이었다. 이를 위해 하나님은 오랜 기간 사람들에게 언약을 통해 세상에 복을 가져다줄 후손을 약속하셨다.

그 후손은 혈통적으로 이스라엘 선조들의 피를 이어받아 태어날 유대인에 속한 사람이었다. 언약의 당사자인 유대인들은 앞으로 오실 약속된 후손이 자신들을 구원하실 민족의 메시아로만 확신하였다. 그들은 온 세상을 구원하시겠다는 하나님의 구원 계획이 그들이 받은 언약에 영적으로 담겨 있다는 사실을 미처 깨닫지 못했다.

그러므로 유대인들은 약속된 후손으로 오신 예수 그리스도가 인간의 몸을 입고 세상에 오신 하나님이심을 인정하지 못한다. 그들은 아직도 새 언약을 완성하실 메시아의 도래를 기다리는 실정이다. 그러나 새 언약을 세우신 그리스도에 의한 복음은 이미 세상에 널리 퍼졌다. 많은 민족이 그리스도 안에서 믿음으로 새로운 하나님의 백성이 되었다.

복음은 예수 그리스도가 태초부터 말씀으로 하나님과 함께 계시다가 인간의 구원을 위해 세상에 오신 주(主), 하나님이심을 선포한다. 말씀이 육신으로 세상에 오심은 하나님의 낮아지심을 의미한다. 인간의 눈높이에 맞게 낮아지심은 하나님께서 인간에게 언약으로 주신 구원 약속을 성취하시기 위함이었다.

그 약속은 자신의 죽음으로 인간의 죄를 용서하심으로써 약속된 유업을 믿음의 자손들에게 잇게 하시겠다는 계시적 사건이었다. 이 사건 전에 아브라함은 가나안 땅을 주시겠다는 하나님의 약속에도 불구하고 그 약속의 징표를 요구하였다. 후손의 약속을 믿어 의롭다 함을 받은 그가 가나안 땅을 주시겠다는 하나님의 약속에 징표를 요구하였다는 사실은 좀 의아하게 생각된다.

이는 가나안 땅의 약속에 담겨 있는 영적 의미가 실로 중대하다는 것을 아브라함은 이미 깨닫고 있었다는 증거다. 히브리서는 이러한 증거를 간접적으로 증언하고 있다. 아브라함이 가나안 땅에 거주할 때에도 그는 믿음으로 이방 땅에 있는 것 같이 장막에 거주하며 하나님이 계획하시고 지으실 터가 있는 성을 바라보았었다(히 11:9-10).

하나님께서 약속하신 가나안 땅은 아브라함과 그의 육신적 자손들이 거주하는 지상의 영역이었다. 하지만 그 땅이 영적으로는 그리스도 안에서 참 아브라함의 자손이 된 믿는 자들이 잇게 될 하나님의 유업이기도 하였다. 이 유업을 위해 하나님은 자신의 죽음을 계시하는 제의적 의식을 통해 그 약속을 확증하시는 언약을 아브라함과 세우셨다(창 15:17-18).

유업(遺業)은 약속한 자가 죽은 후에나 받게 될 아직 끝나지 않은 직무나 상속분을 나타낸다. 인간의 편에서 볼 때 하나님이 약속하신 이 유업은 전혀 실현 불가능한 것이다. 약속을 주신 하나님은 영원불변한 분이시기 때문에 그분에게 유업이란 말이 전혀 어울리지 않기 때문이다. 그렇기 때문에 그리스도에 의해 성취된 이 유업은 그동안 사람들에게 감추어졌던 하나님의 구원 경륜의 비밀인 동시에 그리스도의 비밀이기도 하였다.

그러나 우리가 아브라함 언약에 담긴 영적 의미를 깨닫게 된다면 베일에 싸였던 이 비밀의 신비는 손쉽게 풀린다. 바울의 증언과 같이 약속된 아브라함의 후손은 단 한 사람을 가리킨 예수 그리스도였으며(갈 3:16), 히브리서의 증언과 같이 가나안 땅의 영적 의미는 유업으로 주실 하나님께서 지으신 하늘의 성이었다(히 11:10). 그리고 아브라함에게 주신 두 약속 사이에 믿음에 의한 칭의가 기록되어 있다(창 15:6).

아브라함의 후손으로 예수 그리스도가 세상에 오셨고, 십자가의 죽음으로 하나님께서 약속하신 가나안 땅의 유업을 성취하셨다. 우리는 예수 그리스도를 믿음으로 의롭게 되어 참 아브라함의 자손이 되어 아브라함에게 약속된 유업의 땅을 이을 자들이 되는 것이다.

예수께서는 "나를 믿는 자는 나를 믿는 것이 아니요 나를 보내신 이를 믿는 것이며, 나를 보는 것은 나를 보내신 이를 보는 것이니라"(요 12: 44-45)라고 말씀하신다. 비록 육신의 몸으로 세상에 오셨지만, 하나님과 자신이 하나이심을 말씀하셨다. 죽음의 계시로 가나안 땅을 약속하셨던 하나님의 확증이 하나 되신 아들의 십자가 죽음을 통해 완성된 것이다.

인간이 전혀 생각할 수 없었던 하나님의 죽음에 대한 계시가 그리스도의 십자가로 성취되었다. 그리스도를 믿는 것은 결과적으로 그를 보내신 하나이신 하나님을 믿는 믿음인 것이다. 바울은 성령에 의하지 않고는 누구든지 예수를 주(主), 하나님으로 고백할 수 없다고 선언한다(고전 12:3).

인간의 구원을 위하여 하나님은 그의 아들 예수 그리스도를 세상에 보내셔서 십자가로 자신의 구원 약속을 성취하게 하셨고, 성령은 그 아들 예수가 주(主), 하나님이심을 고백하도록 하신다. 인간의 구원을 위한 기쁜 소식인 복음이 삼위일체 하나님의 관계적인 사역에 의해 완성되는 것이다. 그 복음의 중심에 인간의 죄 사함을 위하여 육신의 몸으로 세상에 오셔서 자신을 십자가에 내어주신 예수 그리스도가 계신다.

사도 요한은 예수 그리스도가 태초부터 하나님과 함께 계셨던 말씀이시며, 또한 하나님이시라고 선포한다(요 1:1). 인간의 생각과 개념을 초월하여 말씀에 인격을 부여한 그는 하나님이 그 말씀으로 천지를 창조하셨고, 그 안에는 사람들의 빛인 생명이 있었다고 증언한다(요1:3-4). 요한의 증언에 따르면, 예수 그리스도는 천지 만물을 창조하신 말씀으로 하나님과 함께 계시다가 인간의 구원을 위해 인간의 몸으로 세상에 오신 하나님이시다.

그분이 세상에 오심은 인간의 구원을 위한 하나님의 낮아지심을 의미한다. 인간의 눈높이에서 그들과 맺으신 구원의 언약을 이행하시기 위해 하나님이 피조물의 형체를 입고 세상에 오신 것이다. 아브라함과 그의 후손을 통해 천하 만민에게 복을 주시겠다는 구약의 약속을 하나님은 자기의 아들을 통해 끝내 이행하심으로써 신실하신 그분의 의를 인간들에게 드러내셨다.

하나님이 오래전부터 계획하셨던 구원의 복음이 그리스도에 의해 온 세상에 퍼지게 된 것이다. 그리스도의 희생적인 십자가 사건은 하나님에 대한 우리의 고정관념을 깨뜨리기에 충분하다. 인간의 몸으로 오신 하나님의 낮아지심과 많은 사람의 죄 사함을 위해 흘리신 십자가의 피는 자신이 창조하신 세상을 사랑하시는 하나님의 은혜에서 비롯되었다.

예수 그리스도는 세상에 계실 때, 자기 계시를 통해 자신이 하나님이심을 사람들에게 자주 드러내셨다. 단지 사람들은 그분의 말씀을 귀담아듣지 않으려고 하였고, 듣고도 깨닫지 못했다. 자신을 하나님으로 계시하는 그분의 말씀을 그 당시 사람들이 이해할 수 없었던 것은 어쩌면 당연한 일처럼 보인다. 왜냐하면 그들은 하나님에 대한 유일신 사상이 확고하게 그들의 생각에 배어있었기 때문이다.

그러나 예수님 당시뿐만 아니라 현재 교회에 출석하는 교인 중에서도 예수 그리스도가 하나님이심을 믿지 못하는 사람들이 의외로 많은 것을 본다. 성경은 분명하게 그분이 많은 사람의 죄 사함을 위하여 육신의 몸으로 세상에 오신 하나님이심을 증언한다. 그리스도에 대한 성경의 증언을 그들 자신의 이성이나 지성으로 받아들이지 못하는 결과다.

그들이 그리스도와 합하는 세례를 받았음에도 불구하고 그분을 주(主), 하나님으로 고백하지 못하는 믿음에는 분명한 문제가 있을 수 있다. 그리스도에 대한 사도들의 증언이나 예수께서 직접 하신 자기계시에 대한 말씀을 전적으로 믿지 못하는 믿음은 완전한 믿음으로 간주할 수 없다. 그리스도를 주, 하나님으로 고백하는 믿음에는 반드시 성령의 사역이 개입되어야만 가능하기 때문이다.

위대한 기독교 사상가였던 C. S. 루이스도 철저한 무신론에서 벗어나 기독교로 개종한 뒤에도 거의 일 년 동안은 예수를 하나님으로 인정할 수 없었다고 고백했다. 그는 성경에 기록된 예수의 말씀으로 미루어 볼 때, 예수가 철저한 사기꾼이거나 혹은 그가 진정한 하나님이시거나 둘 중에 하나라고 생각했다. 그러나 그는 가족들과 동물원에 가는 도중에 불현듯 예수 그리스도를 하나님으로 받아들이게 되었다고 고백한다.

불완전했던 그의 믿음이 성령의 도우심으로 예수 그리스도를 하나님으로 받아들이는 완전한 믿음의 상태로 전환된 셈이다. 성경은 우리에게 구하고, 찾고, 두드리라고 말씀하신다(마 7:7-11; 눅 11:10-11). 그리하면 하나님께서 우리에게 좋은 것을 주시겠다고 약속하신다. 특별히 누가복음은 구하는 자에게 좋은 것으로 성령을 주신다고 명시한다.

혹시 예수 그리스도를 하나님으로 고백하는 믿음에 굳게 서 있지 못하다면 갈급한 심령으로 우리는 구하고, 찾고, 두드려야 한다. 그러면 하나님은 우리에게 성령의 선물을 주실 것을 약속하신다. 그 성령님은 그리스도를 주로 고백하는 믿음의 확신을 주시고 우리를 구원으로 인도하는 안전한 길로 인도해 나가실 것이다.

1. 직접적인 자기 계시

예수님은 세상에 계실 때 자신이 누구이신지를 드러내시는 자기 계시를 여러 번 하셨다. 그 계시들은 비록 지금은 인간의 몸으로 계시지만, 원래 자신은 하나님이심을 드러내는 자기 증언이었다. 자신이 누구인지를 제대로 깨닫지 못하는 사람들에게 표적과 기사를 행하시고, "나는(ego eimi)"으로 시작되는 자신에 대한 증언을 여러 번 하셨다. 이러한 모습은 구약의 모세에게 "나는 스스로 있는 자니라(I AM Who I AM)"(출 3:14)라고 자신을 계시하시는 하나님의 자기 계시와 동일하다.

요한복음은 그리스도께서 자신을 따르는 제자들과 사람들에게 직접 증언하신 일곱 번의 자기 계시를 기록한다.

(1) 나는 생명의 떡이다(6:35, 48)

(2) 나는 세상의 빛이다(8:12)

(3) 나는 양의 문이다(10:7)

(4) 나는 선한 목자다(10:11)

(5) 나는 부활이요 생명이다(11:25)

(6) 나는 길이요 진리요 생명이다(14:6)

(7) 나는 참 포도나무요 내 아버지는 농부다(15:1)

이 모든 증언은 사람들을 구원으로 인도하는 자신의 신적 존재에 대한 계시들이었다. 하지만 많은 사람은 이 말씀을 듣고 예수의 곁을 떠나갔다. 자신을 하나님과 동일시하는 그분의 말씀에 사람들은 귀를 기울이지 않았다.

우리가 예수 그리스도를 역사적 인물로만 바라볼 때는 전혀 이해할 수 없고 믿을 수도 없는 말씀이다. 사람의 이성으로는 자신이 하나님이심을 계시하는 예수의 증언을 받아들이기 힘들다. 오고 가는 세대에 많은 사람이 그분의 하나님 되심에 회의를 품었다. 믿음의 공동체인 교회에서조차도 삼위일체 교리가 힘 있게 선포되지 못하는 실정이다.

그러나 성경은 그가 세상의 구원을 위해 말씀이 육신이 되어 세상에 오신 하나님이심을 분명하게 선포한다. 유대인들은 자신의 신성을 주장하는 그분을 하나님 모독죄로 십자가에 못 박았다. 하지만 그 분은 여전히 자신을 믿는 사람들에게 죄 사함을 통해 구원을 주시는 하나님으로 계신다.

예수께서는 세상에 계실 때 하나님의 능력으로만 행하실 수 있는 많은 표적과 이적을 행하셨다. 보리떡 다섯 개와 물고기 두 마리로 오천 명을 먹이셨고, 소경을 고치시고 죽은 자를 살리셨다. 그러나 많은 사람이 이러한 이적들을 경험했음에도 불구하고 나중에는 예수의 곁을 떠났다.

예수께서는 이사야 선지자의 예언이 그들에게 이루어졌다고 말씀하셨다.

너희는 듣기는 들어도 깨닫지 못할 것이요 보기는 보아도 알지 못하리라, 이 백성들의 마음이 완악하여져서 그 귀는 듣기에 둔하고 눈은 감았으니 이는 눈으로 보고 귀로 듣고 마음으로 깨달아 돌이켜 내게 고침을 받을까 두려워함이라(마 13:14, 15).

선택된 백성인 유대인들은 그들의 메시아로 오신 예수를 배척하고 그를 십자가에 못 박음으로써 오히려 하나님의 구원 계획을 성취하는 아이러니한 결과를 낳게 하였다. 이는 하나님께서 예정하셨던 일로 이사야의 예언과 같이 그들은 그리스도께서 성취할 구원을 위해 예비 되었던 셈이다.

유대인들에게 하나님은 그분의 백성으로서 지켜야 할 율법을 주시고 그 율법에 대한 순종을 요구하셨던 엄격하고 공정한 분이셨다. 그들이 생각하는 하나님은 인간의 구원을 위해 십자가에 달려 피를 흘리시는 희생의 하나님과는 거리가 멀었다. "…나무에 달린 자는 하나님께 저주를 받았음이니라"(신 21:23)라는 율법의 말씀과 같이 그들이 생각하는 예수는 하나님의 저주를 받아 십자가에서 죽은 죄인에 불과했다.

유대인이 생각하는 신(神)에 대한 고정관념 속에는 인간의 구원을 위해 자신을 희생하시는 하나님을 전혀 생각할 수 없었다. 하나님은 아브라함과 언약을 세우실 때 제의적 죽음의 의식을 통해 가나안 땅의 약속을 확증하셨다. 이 사건은 하나님께서 행하신 의식에 따라 신적(神的) 죽음이 그 안에 계시 되어있었다. 그리스도는 그 죽음의 계시를 하늘에서 인간의 몸으로 오신 인자로서 실행하신 것이다.

예수께서는 생전에 자신을 '인자(Son of Man)'로 지칭하셨다. 그분은 스스로 자신을 '주(主)'나 '그리스도' 혹은 '하나님의 아들'이라 칭하지 않으셨다. 제자들이나 사람들이 그런 칭호를 사용하여 신앙고백을 하면 그런 신앙고백은 그대로 받아들이셨지만, 직접 자신에게 그런 칭호를 사용하지는 않으셨다.

대신에 예수께서 자신에게 적용한 '인자'라는 칭호에는 다니엘서 7장 13절에 나오는 '사람의 아들'이라는 의미가 담겨 있다.

내가 또 밤 환상 중에 보니 인자 같은 이가 하늘 구름을 타고 와서

옛적부터 항상 계신 이에게 나아가 그 앞으로 인도되매 그에게 권세와 영광과 나라를 주고 모든 백성과 나라들과 다른 언어를 말하는 모든 자들이 그를 섬기게 하였으니 그의 권세는 소멸되지 아니하는 영원한 권세요 그의 나라는 멸망하지 아니할 것이니라(단 7:13-14).

여기에서 인자는 칭호가 아니다. 하늘 구름을 타고 하나님 앞에 나온 분의 형태를 나타내는 말로 그분이 '사람의 아들'과 같다고 묘사하는 것이다. 하늘 구름을 타고 왔다는 말은 그분이 신적(神的) 존재임을 나타낸다. 그 신적 존재가 사람과 같이 생겼다는 말이다.

예수께서 스스로를 인자로 칭하시며 자신을 하나님의 사역과 연계시켜 말씀하실 때, 그 '인자'는 분명히 다니엘 7장 13절에 나오는 신적 존재로서의 자신을 계시하는 말이다. 예수께서 자신을 칭하셨던 '인자'라는 말은 하나님의 아들이신 자신을 겸손하게 표현하려고 의도적으로 쓰신 말이 아니다. 예수께서는 자신을 다니엘서에 나오는 신적 존재로서의 '인자'라는 인식을 가지고 그 말을 사용하셨다.

스스로를 '사람의 아들'로 칭하신 그분의 행동은 다니엘서의 '인자'와 같이 자신이 하늘로부터 구름을 타고 내려온 신적 존재임을 사람들에게 알리려는 시도에서 비롯되었다고 본다. 그러나 인간의 몸으로 자신이 신적 존재임을 계시하는 행동은 그 당시 종교적 상황에서는 받아들여질 수 없는 무리한 시도였을 것이다. 만약 그리스도의 자기 계시에 관한 말씀에 조금이라도 거짓이 없다면, 그분은 인간의 구원을 위해 말씀이 육신이 되어 세상에 오신 하나님이심을 확신할 수 있다.

예수께서는 아브라함의 자손임을 주장하며 자신을 대적하는 유대인들을 향해 다음과 같이 말씀하셨다.

너희 조상 아브라함은 나의 때 볼 것을 즐거워하다가 보고 기뻐하였노라(요 8:56).

그들이 이 말씀을 들은 후에 "네가 아직 오십이 못 되었는데 아브라함을 보았느냐"고 묻자 예수께서는 다시 대답하셨다.

진실로 너희에게 이르노니 아브라함이 나기 전부터 내가 있느니라(요 8:58).

예수님은 "아브라함이 나기 전부터 내가 있었느니라."라고 대답하지 않으셨다. 대신 "내가 있느니라(I AM)"고 대답하신다. 이 표현은 호렙 산에서 하나님이 모세에게 자신을 나타내실 때 사용하신 하나님의 이름이었다. 예수께서는 이 하나님의 이름을 자신에게 붙이고 계신다. 자신이 아브라함 이전부터 존재하였던 영원한 신적 존재임을 의도적으로 계시하시는 것이다. 이 말씀을 들은 유대인들은 예수가 하나님을 모독했다고 생각하여 돌을 들어 예수를 치려 하였다.

2. 간접적인 자기 계시

예수께서는 자신이 하나님이심을 증언하는 직접적인 계시뿐만 아니라, 가르치심과 사역을 통해서도 자신의 신성을 드러내셨다. 그 속에 담긴 의미는 직접적인 자기 계시와 같이 자신이 누구이신지를 우회적으로 사람들에게 드러내시는 것이었다. 그 사역들은 사람의 힘으로는 가능하지 않은 하나님만이 하실 수 있는 일들이었기 때문이다.

예수님은 자신의 사역 중에 두 번에 걸쳐 사람들의 죄를 용서해 주셨다. 한 번은 그가 계신 곳의 지붕을 뚫고 친구들이 중풍 병자를 달아 내렸다. 그들의 믿음을 보신 예수님은 "작은 자야 네 죄 사함을 받았느니라."(막 2:5)라고 선언하셨다.

인간의 죄는 오직 하나님만이 사하실 수 있기 때문에, 그 자리에 있던 어떤 서기관들은 이를 신성모독 죄로 생각하였다. 그들의 생각을 아신 예수께서는 "인자가 땅에서 죄를 사하는 권세가 있는 줄을 너희로 알게 하노라"고 말씀하신 후에, 중풍병자에게 "네 침상을 가지고 집으로 가라"고 명하셨다.

또 한 번은 예수께서 한 바리새인의 집에 청함을 받고 들어가 앉으셨을 때였다. 그 동네에 죄를 지은 여자가 예수의 뒤로 와서 울며 눈물로 그 발을 적시고 자기 머리털로 닦고 그 발에 입 맞추고 옥합에 담아온 향유를 부었다. 이 때 예수님은 여자에게 이르시며 "네 죄 사함을 받았느니라."(눅 7:48)라고 말씀하셨다. 이 경우에도 함께 앉아 있던 자들은 속으로 이 사람이 도대체 누구이기에 죄를 사하는 권세를 가졌는지를 의아하게 생각했다.

죄 사함을 선언하시는 예수께 사람들이 놀라고 의아해하는 모습은 어쩌면 당연한 일이었다. 사람들의 죄를 사하는 용서는 오직 하나님만이 베풀 수 있는 권한이었기 때문이다. 예수님은 하나님의 권세로 자신이 하실 수 있는 일을 행하신 것이다. 그러나 사람들은 예수가 세상의 구원을 위해 인간의 눈높이로 낮아지신 하나님이심을 미처 깨닫지 못하고 있었다.

비록 사람들이 주께서 죄 사함을 선포하시는 그 용서의 말씀을 이해하지 못하고 받아들이지 않았지만, 그분의 말씀은 하나님의 말씀이었다. 사도 요한은 하나님이 보내신 이는 하나님의 말씀을 하신다고 증언한다(요 3:34). 예수께서도 "천지는 없어지겠으나 내 말은 없어지지 아니하리라"(막 13:31)라고 선언하심으로써 자신이 누구인지를 우회적으로 드러내셨다.

예수께서 하신 말씀과 그의 사역, 그리고 그가 행하신 많은 기적과 표적들은 그가 하늘로부터 오신 분임을 드러낸다. 그중에서도 십자가를 지시기 전날 밤 제자들과의 만찬에서 떡과 잔을 나누시며 새 언약을 세우시는 광경은 계시의 절정을 이룬다. 그는 제자들에게 잔을 주시며 이렇게 말씀하셨다.

이것은 죄 사함을 얻게 하려고 많은 사람을 위하여 흘리는 바 나의 피 곧 언약의 피니라(마 26:27).

이것은 많은 사람을 위하여 흘리는 나의 피 곧 언약의 피니라(막 14:24).

이 잔은 내 피로 세우는 새 언약이니 곧 너희를 위하여 붓는 것이라(눅 22:20).

예수께서는 성찬을 제정하는 과정에서 아브라함에게 보여주신 쪼개진 짐승 사이를 지나가시는 하나님의 모습을 똑같이 재현하신다.[56] 그는 "내가 가나안 땅을 받을 것을 무엇으로 알리이까?"라고 묻는 아브라함의 물음에 대하여 하셨던 하나님의 행동을 그대로 재현하신 것이다. 그리고 제자들에게 말씀하신다. 떡은 그의 몸이며 잔에 담긴 포도주는 그의 피라는 것이다.

예수께서는 자신이 지실 십자가가 아브라함에게 보여주신 하나님의 죽음에 대한 계시의 실현임을 은연중에 나타내셨다. 그리고 자신이 십자가에서 흘리실 피는 많은 사람의 죄 사함을 위한 새 언약의 피라고 말씀하신다. 이와 같이 새 언약의 주체는 그리스도이셨으며, 그가 십자가에서 흘리신 피는 그 언약을 수립하는 매체가 되었다.

몰트만의 주장과 같이 그리스도의 십자가 사건은 성부와 성자 하나님 사이의 사건이었다. 비록 예수 그리스도는 육신의 몸을 가진 인

---

56) Horton, 『언약신학』, 94.

간이셨지만, 십자가의 고난을 수행하는 과정은 하나님으로서의 임무를 수행하신 것이다. 이로써 그분은 하나님만의 사역인 새 언약을 세우심으로써 옛 언약에 약속된 하나님의 구원 계시를 모두 성취하신 것이다.

언약의 중보자로 그리스도께서 세우신 새 언약은 과거 옛 언약과 전혀 다른 방식으로 세워졌다. 옛 언약이 하나님께서 인간과 맺은 언약이었다면, 새 언약은 하나님과 중보자이신 그분의 아들 사이에 맺어진 언약이었다. 즉, 새 언약은 성부와 성자 하나님 사이에 맺어진 언약이었다. 따라서 새 언약은 삼위 하나님아버지와 아들사이에 맺어진 완전하고 변함이 없는 영원한 언약의 형태를 지닌다.

예수께서는 십자가에서 인간의 피를 흘리셨지만, 그 피는 인간의 죄 사함과 함께 언약을 세우는 하나님으로서 흘리신 피였다. 앞서 언급하였듯이 죄 사함과 언약을 세우는 일은 하나님만이 하실 수 있는 그분의 고유한 사역이기 때문이다. 그렇다면 예수께서 자신의 피가 많은 사람의 죄 사함을 얻게 하는 새 언약의 피라고 말씀하신 근거는 무엇인가?

그리스도의 십자가 사건은 하나님께서 아담의 범죄 후에 인간의 구원을 위해 준비해 놓으셨던 비장의 무기였음을 성경은 암시한다. 그것은 여인의 후손으로 오실 구속주가 사탄의 권세를 깨부술 하나님이 숨겨 놓으셨던 최종의 병기였다. 그 후, 그 병기는 아브라함에게 그의 후손을 통해 천하 만민에게 복을 가져다줄 도구로 변했고, 다윗에게는 그의 자손을 통해 하나님이 통치하시는 영원한 왕국을 지속하게 될 약속의 근거가 되었다.

하나님은 이스라엘 백성이 출애굽하기 전날 유월절 밤에 그들의 문설주에 어린 양의 피를 바르라고 명령하셨다(출 12:7). 그 명령은 자신이 선택한 백성들에게 장자들의 죽음을 면하게 하시려는 하나님의 약속을 담고 있었다. 그렇지만 문설주에 바른 어린 양의 피 자체가 장자들의 죽음을 건너뛰게 하는 능력을 가졌던 것은 아니었다. 그 피는 하나님의 확정된 약속을 담고 있었기 때문에 재앙을 피할 수 있는 능력의 도구가 되었다.

이와 마찬가지로 그리스도가 십자가에서 흘리신 피도 그 안에 인간을 구원하시려는 하나님의 확정된 언약의 약속을 담고 있었다. 따라서 십자가에서 피를 흘리신 그리스도를 믿음으로써 우리가 죄 사함을 얻고 하나님의 자녀가 되는 것은 오로지 언약을 통해 확증하신 하나님의 약속에 의거한다. 예수 그리스도가 십자가에서 흘리신 피는 이스라엘 백성을 죽음에서 구원하기 위해 희생되었던 유월절 양의 상징적 의미를 지닌다. 그 피는 그분을 믿는 믿음으로 의롭다 함을 얻어 죄로부터 구원을 얻게 하시는 하나님의 희생적인 피였다.

인간의 편에서 볼 때, 그 피는 사람들의 구원을 위해 흘리신 희생적 제물로서의 피였다. 하지만 하나님 편에서는 많은 사람의 죄를 사하고 새 언약을 세우는 보혈의 피였던 것이다. 그리스도는 비록 인간의 몸으로 십자가에서 돌아가셨지만, 그가 흘리신 피는 죄인들의 죄를 사하여 주심으로써 그들을 구원으로 이끄는 하나님의 피였다.

이 사건에 개입되어 그리스도를 십자가에 못 박은 사람들은 아이러니하게도 언약의 약속을 하나님께로부터 직접 받은 유대인들이었다. 이 모든 일이 하나님의 예정 가운데 있었지만, 이 일로 인하여 이스라엘은 참 감람나무의 가지가 꺾인 백성이 되었다. 하나님은 그 꺾인 가지 위에 이방인들을 믿음으로 접붙이셨다. 구원의 복음이 유대인에게서 이방인으로 옮겨가는 결과를 가져온 것이다.

만약 예수께서 인성만을 가진 인간이셨거나 혹은 신성만을 지닌 신적 존재라고 가정해 본다면, 그분은 자신의 죽음으로 하나님의 구원 약속을 성취할 수 없었을 것이다. 그분은 인간이셨기에 하나님께서 아브라함에게 땅의 약속을 확증하시기 위해 보여주셨던 죽음의 계시를 성취하실 수 있었다. 그리고 동시에 하나님이셨기에 자신이 흘리신 피로 인간의 죄를 사하시고, 새 언약을 세우시는 하나님의 사역을 하신 것이다.

예수 그리스도는 인간의 몸으로 오셔서 하나님의 구원 약속을 성취하신 성자 하나님이시다. 그래서 우리는 그분을 하나님과 인간 사이의 중보자로 부른다. 그가 세우신 새 언약이 영원히 지속되는 성부와 성자 하나님 사이의 언약이 되기 위해 그는 중보자의 역할을 감당하신 것이다. 그 중보자에 대하여 성경은 다음과 같이 기록하고 있다.

> *그 중보자는 한 편만을 위한 자가 아니나 하나님은 한 분이시니라(Now a mediator is helpful if more than one party must reach an agreement. But God, who is one, did not use a mediator when he gave his promise to Abraham)(갈 3:20).*

하나님은 한 분이시오 또 하나님과 사람 사이에 중보도 한 분이시니 곧 사람이신 그리스도 예수라(For there is only one God and one mediator who can reconcile God and humanity-the man Christ Jesus)(딤전 2:5).

중보자인 그리스도의 사역은 구약과 신약에 인용된 새 언약의 예언에서 찾을 수 있다. 새 언약의 수립 과정에 나타난 예언에서 우리는 갈라디아서 3장 20절에 함축적으로 암시된 하나님으로서의 중보자의 신성을 발견할 수 있다. 그는 한 분으로 존재하는 삼위일체 하나님의 위격 중의 한 분인 예수 그리스도라는 의미다.

새 언약의 중보자라는 개념은 하나님의 구원 약속과 그 성취를 이룬 십자가 사건과 그분이 자신의 피로 세우신 새 언약의 수립에 기인한다고 볼 수 있다. 일반적인 중보자는 하나님과 인간 사이의 깨어진 관계를 회복하는 일에 관여하는 역할을 맡은 자이다. 그러나 성경은 그리스도의 중보자에 대한 역할을 철저하게 언약을 바탕으로 언급한다. 하나님이 약속하신 언약의 궁극적인 목표가 아들의 희생으로 사람들에게 주어질 죄 사함을 통한 구원이기 때문이다.

비록 그분은 인간의 몸으로 중보자의 역할을 감당하셨지만, 그가 성취한 결과는 하나님의 구원 사역이었다. 그는 신성을 가진 중보자적 희생의 피로 인간의 죄를 사하셨고, 또한 그 피로 새 언약을 세우셨다. 그분은 인간적인 희생으로 하나님의 권한인 신적 사역을 감당하신 것이다.

예수께서 마지막 유월절 만찬에서 제자들에게 하신 말씀과 행동은 창세기 15장 17절에서 하나님이 보이신 죽음에 대한 계시를 자신이 직접 실행할 것을 암시하는 하나님으로서의 자기 계시였다. 자신이 십자가를 지고 죽으심으로써 믿는 자들에게 제공될 유업은 하나님께서 아브라함에게 자신의 죽음으로 약속하셨던 가나안 땅이었다. 이 땅의 약속에 담긴 영적 의미는 믿는 자들이 얻게 될 영원한 하늘나라의 유업이었다.

하나님이 이 유업의 약속을 확증하시기 위해 스스로 자신의 신적(神的) 죽음을 계시하신 이유다. 유업은 약속을 하는 당사자의 죽음이 전제되어야 하기 때문이다. 예수 그리스도는 육신의 몸으로 세상에 오셔서 하나님 대신 이 계시를 실행하시는 십자가의 죽음을 당하셨다.

죽음에 대한 하나님의 계시를 육신의 몸으로 대신하셨지만, 그는 하나님으로서 십자가에서 돌아가신 것이다. 그가 십자가에서 흘리신 피의 결과가 하나님 사역의 열매로 나타났기 때문이다. 그 결과 죄 사함을 받고 그리스도 안에서 참 아브라함의 자손이 된 믿는 자들에게 가나안 땅은 그들의 영원한 안식처인 영적 하늘나라의 유업이 되어 그들의 차지가 된 것이다.

3. 그리스도와 십자가

그리스도는 많은 사람의 죄 사함을 위하여 자신의 목숨을 대속물로 주시기 위해 세상에 오셨다. 그가 오심은 성경의 약속을 따라 하나님의 구원 약속을 성취하시기 위함이었다. 그는 하나님으로부터 보내심을 받은 아들이었지만, 그 아들은 보내신 아버지와 하나이신 하나님이셨다(요 10:30).

몰트만은 예수 그리스도에 대한 기독론의 문제 속에는 결국 하나님에 대한 문제가 숨어 있다고 보았다.[57] 그는 십자가 위에서 일어난 그리스도의 사건이 하나님의 사건이며, 또한 하나님의 사건은 부활한 자의 십자가 상(上)의 사건이라고 주장한다.[58] 그는 십자가 사건을 하나님께서 접촉할 수 없는 그의 영광과 영원으로부터 바깥을 향해 행동하신 것이 아니라 자기 자신에게서 행동하셨고, 결과적으로 자기 자신으로 고난을 당하셨다고 주장한다.[59]

이 주장을 언약의 관점에서 본다면, 하나님께서 그의 아들을 통해 십자가에서 겪으신 희생과 고통은 과거 인간들과 맺으신 자신의 약속을 신실하게 이행하신 결과다. 그들을 죄로부터 구원하여 하늘나라의 유업을 주시기 위해 하나님은 먼저 자신의 죽음을 상징하는 의

---

57) Jürgen Moltmann, 『십자가에 달리신 하나님』, 김균진 역 (서울: 한국신학연구소, 2011), 279

58) Moltmann, 『십자가에 달리신 하나님』, 288.

59) Moltmann, 『십자가에 달리신 하나님』, 288.

식을 통해 아브라함에게 구원 언약의 계시를 주셨다. 그리고 아버지와 하나이신 그분의 아들이 세상에 오셔서 아버지의 약속을 십자가의 죽음으로 이행하신 것이다.

예수께서는 생전에 자신이 죽어야 할 것을 알고 계셨다. 그 죽음은 인간을 구원하시려는 아버지의 구원 계시를 아들로 세상에 온 자신이 성취하는 길이었기 때문이었다. 그분은 세상에 계실 때, 사람들에게 많은 교훈과 모범을 남기시고 이적들을 행하셨다. 하지만 단지 그것들을 행하시기 위해 세상에 오신 것은 아니었다.

그분이 세상에 오신 목적은 오직 하나였다. 죄인들을 구원하시기 위해 자신의 목숨을 대속물로 내어주시기 위해 오신 것이다. 하나님은 최초로 창조된 인간이 불순종의 죄로 타락하자마자 이 일을 계획하셨다. 그리고 그 계획을 인간들에게 줄곧 언약의 약속으로 계시해 오셨다.

구약에 기록된 메시아에 대한 약속과 예언의 말씀은 오랫동안 이 일의 완성을 위해 준비된 청사진의 퍼즐들이었다. 예수님은 세상에 오신 자신의 사명이 이 청사진의 퍼즐들을 맞추어 최종적인 완성을 이루는 일임을 미리 알고 계셨다. 그렇기 때문에 그가 생전에 행하신 모든 사역과 이적, 그리고 말씀들은 그 목표를 향한 예비적 단계였음을 알 수 있다.

하지만 인간의 몸으로 정해진 자신의 죽음을 미리 예견하고 산다는 것은 결코 쉬운 일이 아니었다. 예수님은 "나의 받을 세례가 있으니 그것이 이루어지기까지 나의 답답함이 어떠하겠느냐"(눅 12:50)

라고 자신의 심경을 토로하셨다. 예수님은 자신의 죽음을 예견하셨고, 그 죽음이 십자가에서 이루어질 것을 이미 알고 계셨다.

그분은 "아무든지 나를 따라오려거든 자기를 부인하고 자기 십자가를 지고 나를 좇을 것이니라"(마 16:24; 막 8:34; 눅 9:23)라고 말씀하신다. 이는 자신이 십자가를 지시기 전에 제자들과 그를 따르는 무리를 향하여 하신 말씀이었다. 만약 자신이 져야 될 십자가를 미리 예견하지 않으셨다면, 그 당시 사람들의 입에 올리기조차도 꺼린 십자가를 언급하지 않으셨을 것이다.

예수께서 생전에 하신 십자가에 대한 언급은 성경을 읽는 현재의 신자들에게는 예사롭게 들릴지 모른다. 지금은 십자가가 기독교의 상징이 되었고, 그 의미가 그리스도의 고난을 되새기는 자랑스러운 상징적 도구가 되었기 때문이다. 그러나 그 당시 이 말을 듣는 사람들에게는 상당히 충격적이었을 것이다. 그 당시 십자가는 죽음을 상징하며, 죄인 중에서도 흉악범들에게 지워지는 형(刑)틀이었기 때문이다.

하나님 약속의 성취자로서 십자가를 져야 하는 자신의 최종적인 운명을 미리 알고 계셨기 때문에, 그분은 자신을 따르는 무리에게 서슴없이 십자가를 언급하신 것이다. 만약 언약의 성취자로서 그분의 선택에 다른 길이 있었다면, 그분의 제자들에게 결코 십자가를 언급하시지 않았을 것이다. 사람을 죽이던 형틀이었던 십자가의 이미지가 단숨에 기독교의 상징으로 떠오른 이유는 예수 그리스도께서 하나님의 구원 약속을 십자가로 모두 성취하셨기 때문이다.

그 십자가를 지신 예수 그리스도에 대한 믿음이 하나님께서 계획하신 구원 방법을 예전과 달리 완전하게 바꾸어 놓았다. 지엽적으로 하나님의 백성을 선택하고 구분하던 할례와 율법에 의한 방식이 전 세계적인 그리스도를 믿는 믿음의 방식으로 바뀌어졌다. 고먼(Michael Gorman)은 예수가 지신 십자가 죽음의 궁극적인 목적은 속죄나 구원을 일으키는 방식, 즉 '속죄의 기제'라는 신학적 질문보다는 새롭게 탈바꿈된 백성, 즉 하나님과의 새 언약 관계를 살아내는 새 백성의 창조에 있다고 주장한다.[60]

그는 예수 그리스도의 죽음의 궁극적인 목적을 '새 언약의 탄생'에 두었다.[61] 새 언약은 이방을 믿음으로 말미암아 의로 정하실 것이라는 하나님의 구원 계획이 그리스도 안에서 성취된 최종적인 언약이었다. 그는 신약에서 예수의 죽음은 단순히 우발적인 깨달음의 사건이 아니라, 의도적인 자기 계시이자 효과적인 구원 행위였다고 주장한다.[62] 예수께서 십자가를 지신 것은 그 당시 주변 상황에 의해 발생한 우연적인 사건이 아니라는 말이다.

그가 십자가에서 죽으신 것은 하나님과 그 아들 사이에 언약에 포함된 '자기 계시'의 실현을 위해 이미 오래전에 예정되었던 사건이었다.

---

60) Michael Gorman, 『속죄와 새 언약(메시아의 죽음과 새 언약의 탄생)』, 최현만 역 (경기: 에클레시아북스, 2016), 18-19.

61) Gorman, 『속죄와 새 언약(메시아의 죽음과 새 언약의 탄생)』, 23.

62) Gorman, 『속죄와 새 언약(메시아의 죽음과 새 언약의 탄생)』, 44.

예수께서 마지막으로 예루살렘에 올라가실 때 제자들에게 대제사장과 서기관들이 자신을 이방인들에게 넘겨주어 십자가에 못 박게 할 것이나 제삼 일에 살아나실 것을 예고하셨다(마 20:18-19). 그분은 생전에도 여러 번 자신이 고난을 받고 죄인의 손에 넘겨져 십자가에 못 박히고 제삼 일에 다시 살아날 것을 사람들에게 말씀하셨다.

그리스도의 십자가 사건은 동일한 하나님의 존재 안에서 발생한 언약의 성취를 위한 삼위일체 하나님의 협력적인 구원 사역이었다. 프레드 샌더스(Fred Sanders)는 'THE DEEP THINGS OF GOD'이라는 자신의 저서를 통해 복음과 삼위일체 하나님을 서로 연결하고 있다. 그는 자신의 책 서문에서 "…복음은 삼위일체적이며, 삼위일체는 복음이다. 기독교의 구원은 삼위일체로부터 나오고, 삼위일체를 통해 발생하며, 우리를 삼위일체로 이끈다."라고 주장한다.[63] 삼위일체와 복음은 내적으로 서로를 지향하도록 형성되어 있다는 뜻이다.

몰트만은 그의 저서 『십자가에 달리신 하나님』에서 그리스도가 겪으신 십자가의 고난과 죽음의 의미를 인간이 아닌 하나님의 입장에서 정리하였다. 십자가의 의미를 인간을 위한 구원론적 질문에서 하나님에 관한 신학적 질문으로 뒤바꾸어 놓음으로써, 삼위일체적 십자가의 발자취를 뒤따른 적이 있다고 진술한다.[64] 그는 앞의 질문에 대하여 그것은 "아들의 죽음에 대한 아버지의 고통이었다."고 대답한

---

63) Sanders, 『삼위일체 하나님이 복음이다』, 12.

64) Moltmann, 『십자가에 달리신 하나님』, 18.

다. 예수 그리스도의 십자가 처형으로 인해 아버지도 함께 고통을 당하심으로써, 하나님은 고통의 유발자가 아니라 함께 고통을 당하는 자였다는 의미다.

그리스도의 고난과 죽음, 그리고 부활은 그것으로 끝나는 사건이 아니었다. 이 사건은 그의 이름으로 죄 사함을 받는 회개가 예루살렘에서 시작하여 모든 족속에게 전파되는 결과를 가져왔다. 이러한 결과는 이미 모세의 율법과 선지자의 글과 시편에서 예수 그리스도를 가리켜 성취될 것이 예언된 사건이었다(눅 24:44).

그렇다면 성경은 왜 만인을 구원하실 메시아로 오신 예수 그리스도가 십자가의 죽음과 부활을 굳이 겪으실 것을 예언했을까? 이러한 번잡한 사건 대신에 전능하신 하나님의 말씀 한마디로 이 모든 것을 대신할 수는 없었겠는가?

그러나 만약 그리스도의 십자가 사건이 없었다고 가정해 보자. 그리스도가 겪으셨던 고난과 희생 없이 죄인들의 구원이 이루어졌다면 우리는 하나님의 사랑과 은혜를 지속적으로 깨달을 수 있는 방법이 없었을 것이다. 만약 우리가 깨닫는다하여도 아마 금방 다시 잊어버리고 말았을 것이다.

그리스도의 십자가는 하나님께서 세상을 이처럼 사랑하신다는 증거를 세상에 새겨 놓으신 사랑의 증표였다. 그 십자가의 표는 신자들에게 언제 어디서나 하나님의 사랑이 풍겨 나는 상징물이 되었다. 예수께서는 혐오와 증오의 대상이었던 십자가를 자신의 희생을 통하여 하나님의 능력과 사랑의 상징물로 완전히 바꾸어 놓으신 것이다.

하나님의 존재와 임재의 상징인 말씀(Logos)의 자리를 비우시고 인간의 몸으로 세상에 오셔서 고난을 당하셨다는 '케노시스(kenosis)'가 언약의 맥락에서 그 의미가 더 뚜렷이 드러나는 이유다. 언약은 우리가 예수 그리스도의 죽음을 하나님의 죽음으로 간주하며, 그리스도의 십자가를 하나님의 존재 안에서 발생한 삼위일체적 사건으로 간주하는 정당성을 부여한다.

알트하우스(P. Althaus)는 '케노시스'에 대해 다음과 같이 진술했다.

신학은 십자가로부터 사고하여야 한다. 완전한 무능 가운데, 거기로부터 우리가 어떠한 '신적 본성'도 끄집어 낼 수 없는 바, 십자가에 달린 그분의 죽음의 신고 가운데 감소 될 수 없는 완전한 하나님의 신성이 지배한다. 바울이 자신의 생애를 위한 주님의 말씀으로 받아들였던 것- "내가 약할 그때에 곧 강함이라"(고후 12:9)-을 하나님 자신의 삶의 법칙으로서의 예수 그리스도의 신성 가운데 인식한다. 이 인식에 있어서는 하나님의 불변성에 대한 과거의 이해가 완전히 무너진다. 그러므로 신학은 하나님 자신이 실제로 아들을 통하여 고난을 짊어지셨으며, 바로 그런 한에서 하나님이시며 또 하나님이 되신다는 사실을 진지하게 취급해야 한다. 우리는 단지 우리의 개념으로 하나님이 예수 그리스도 안에서 현존하

---

65) P. Althaus, "Art. Kenosis," RGG III, 1243;nH. Urs v. Balthasar, aaO, 143; "Die Kenosis and das neue Gottesbild," J. Moltmann, 『십자가에 달리신 하나님』, 289, n. 22에서 재인용.

고 또한 활동하시게 되는 하나의 이론을 통해 이 하나님의 기적을 합리화하려고 하면 안 된다. 그러나 마찬가지로 우리는 하나님을 그리스도의 인간 존재 안에서 존재론적으로 직접 제시하려고 시도 해서도 안 된다. 신성은 인간성 아래 숨겨져 있으며, 단지 신앙인 에게만 계시 되나, 그렇다고 직관 될 수 있는 게 아니다. 그러므로 그것은 모든 이론의 가능성을 초월해 있다. 하나님이 그의 신성이 은폐된 가운데서 인간성을 입으셨다는 사실이 케노시스의 내용이 다.[65)]

몰트만은 성부 하나님과 관계를 맺고 있는 아들 예수 그리스도의 고난과 죽음에 대하여 인격적으로 이해를 한 알트하우스의 진술을 타당하다고 여겼다. 그러나 그는 케노시스에 근거한 삼위일체론에 대한 잘못된 이해를 지적한다. 즉 예수 그리스도의 죽음을 하나님의 죽음으로 이해해서는 안 되며, 오히려 하나님 안에서의 죽음으로 이해해야만 한다는 것이다. 하나님의 죽음에 대한 진술에는 최소한 삼위일체의 차원이 결여되어 있기 때문이다.[66)]

그렇지만 바르트의 주장은 좀 다르다. 그의 주장에 의하면 계시 안에서 계시자와 그 계시를 이루는 분은 동일한 하나님이시다. 이를 전제한다면, 하나님께서 아브라함에게 언약을 세우시며 보이셨던 죽음의 계시는 그 계시의 실행자인 예수 그리스도에 의해 성취되었다고

---

66) Moltmann, 『십자가에 달리신 하나님』, 290-291.

말할 수 있다. 예수 그리스도가 하나님과 동일 본질의 한 하나님이라는 근거는 자신의 죽음을 예고하신 계시자의 그 계시를 십자가에서 자신의 죽음으로 성취하셨다는 사실에서 비롯된다.

그렇기 때문에 그리스도의 십자가는 세상 사람들에게 복음이 되어 구원을 가져다주는 기쁜 소식이 되었다. 그의 십자가 사건은 인간을 구원하시는 하나님의 희생적 사건이었다. 그렇지만 십자가의 도(메시지)는 믿음으로 구원받은 사람에게는 하나님의 능력이 되지만 멸망하는 자들에게는 미련한 소리로 들린다. 십자가는 인간이 생각할 수 있는 가장 잔인한 처형 방식이었으며, 성경도 "나무에 달린 자는 하나님께 저주를 받았음이니라"(신 21:23)라고 기록하기 때문이다.

초기의 기독교 반대자들은 인간의 구세주인 예수 그리스도가 십자가 위에서 삶을 마쳤다는 이야기를 아주 좋은 냉소 꺼리로 삼았다. 십자가가 구원의 능력이 된다는 복음이 그들에게는 정신 나간 소리로 들렸을 것이다. 이 사실은 로마의 팔라틴 언덕에서 발견된 어떤 집 벽에 그려진 낙서에 의해 생생하게 실증된다.

이 낙서는 현재 남은 것 중 가장 오래된 십자가 그림으로서, 2세기에 그려진 것으로 추정되는 만화적 묘사다. 당나귀 머리를 가진 사람이 십자가에 달린 모습을 아주 조잡하게 그려놓은 것인데, 그 왼쪽에는 한 사람이 경배의 표시로 한 쪽 손을 들고 서 있다. 그 아래에는 조잡한 글씨로 "알렉사메노스는 신을 경배한다"라는 라틴어가 적혀 있다. 이 풍자화는 지금 로마의 키헤리안 박물관에 소장되어 있다. 그것은 당시 조소 꺼리가 되고 있던, 십자가에 달린 사람을 경배하는

유대인과 그리스도인에게 가해진 비난이었다.[67]

기독교가 로마 제국의 국교로 정해지기 전에, 그리스도인들에 대한 로마인의 경멸을 풍자하는 그림이었다. 그것은 당시 십자가에 달린 사람을 경배하는 그리스도인의 개념에 대한 조소였다. 그 조소는 십자가 위에 달려 돌아가셨음에도 불구하고 여전히 기독교인들에게 경배의 대상이 된 그리스도를 향한 비난이기도 하였다.

그렇다면 기독교인들은 왜 저주의 십자가에 달린 그리스도를 지속적으로 경배하며 구세주로 찬양한 것일까? 여러 가지 이유 중에 가장 큰 이유는 그리스도가 삼 일 만에 죽음에서 부활하심으로써 자신이 생전에 말했던 부활의 예언이 실현되었기 때문이었다. 그의 부활은 그가 자신을 살리신 하나님의 아들임과 동시에 자신이 하나님이심을 증명한다. 생전에 예수께서는 제자들에게 여러 번 자신의 죽음과 부활을 이야기하셨다.

그(인자)를 능욕하며 채찍질하며 십자가에 못 박게 하리니 제삼 일에 살아나리라(마 20:19).

인자가 사람들의 손에 넘겨져 죽임을 당하고 죽은 지 삼 일 만에 살아나리라(막 9:31).

---

67) John Stott, 『그리스도의 십자가』, 황영철 & 정옥배 역 (서울: 한국기독학생회출판부, 2016), 41-42.

인자가 이방인들에게 넘겨져 희롱을 당하고 능욕을 당하고 침 뱉음을 당하겠으며 그들은 채찍질하고 그를 죽일 것이나 그는 삼 일 만에 살아나리라(눅 18:32-33).

제자들은 예수께서 십자가의 죽음과 부활을 말씀하실 때는 그 뜻을 전혀 깨닫지 못하고 있었다. 그러나 예수께서 죽으시고 부활하신 후 그들에게 모습을 나타내셨을 때 비로소 그들은 생전에 하신 예수의 말씀을 깨닫게 되었다. 예수님은 부활하신 후, 엠마오로 내려가던 두 제자에게 나타나셔서 자신이 영광에 들어가기 전에 받을 그의 고난을 모세와 선지자들의 글을 인용하여 자세히 설명해 주셨다(눅 24:26-27).

메시아로 오신 자신의 죽음과 부활이 구약성경에 이미 계시 되어 있었다는 말씀이다. 다만 그리스도에 관한 그 예언의 말씀들이 그의 죽으심과 부활 사건 전까지 사람들에게 드러나지 않았던 구원의 신비였을 따름이다. 그 신비는 말씀들 안에 담긴 구원의 영적 의미가 문자로 기록된 의미로 둘러싸여 미처 드러나지 않았기 때문이다. 그 영적 신비가 그리스도의 성육신과 십자가 사건으로 베일이 벗겨지며 문자적 의미 이면에 담겨 있던 영적 의미들이 비로소 세상에 드러나게 되었다.

구원 약속에 숨겨진 이 영적 의미의 확신에는 반드시 성령의 사역이 개입된다. 하나님께서 아들의 이름으로 보내실 보혜사 성령은 우리를 가르치시고 예수께서 우리에게 말씀하신 모든 것을 생각나게 하시기 때문이다(요 14:26). 지상에서 예수님은 구약을 인용하여 자신이 누구인지를 지속적으로 드러내셨지만, 사람들은 그분의 말씀을 이해할 수 없었을 뿐 아니라 귀담아들으려고도 하지 않았다.

예수께서 부활하신 후 아버지께서 그분의 이름으로 보내신 보혜사 성령은 우리에게 예수께서 하신 모든 말씀의 의미를 깨닫고 생각나게 하신다. 성령의 도우심은 사람의 이성이나 지성으로 깨달을 수 없는 십자가의 도를 깨닫고 생각나게 하심으로 우리가 예수를 주(主)로 시인하는 믿음에 이르게 하신다. 성령의 보내심과 내주하심은 예수께서 약속하신 선물이었다. 그분의 부활이 가져다준 약속된 하나님의 특별한 은총이었다.

만약 그분이 겪으신 십자가의 죽음이 부활을 전제하지 않은 영원한 죽음이었다면, 그의 십자가 사건은 역사의 한 시점에서 발생한 지엽적 사건에 지나지 않았을 것이다. 그러나 그분의 십자가 죽음과 부활로 인해 구약의 옛 언약이 성취되고 새 언약이 세워지는 역사의 분기점이 마련되었다. 유대인뿐만 아니라 이방인을 포함한 많은 사람이 십자가를 지신 예수 그리스도를 믿음으로 그분 안에서 새로운 하나님의 백성으로 다시 태어나게 되었다.

우리는 흔히 예수 그리스도께서 인간의 죄 사함을 위해 죽으셨고, 죄인들을 대신하여 죽으셨다고 이야기한다. 이것은 주로 인간 편에서 그리스도의 죽음을 바라본 결과에서 얻어진 결론일 것이다. 물론 우리는 이 대답을 통하여 그리스도를 통해 인간을 구원하시는 하나님의 은혜를 알 수 있다.

그러나 하나님 편에서 바라본 그리스도의 십자가 사건을 동시에 이해할 때 우리는 완전한 그분의 사랑을 느끼게 된다. 바울은 "우리가 아직 죄인 되었을 때 그리스도께서 우리를 위하여 죽으심으로 하나님께서 우리에 대한 자기의 사랑을 확증하셨느니라."(롬 5:8)라고 기록한다. 그리스도의 십자가는 우리에 대한 하나님의 사랑을 확증하시기 위해 그분이 스스로 행하신 사건이라는 뜻이다.

만약 하나님이 십자가 사건 없이도 모든 인간의 죄를 사하는 사면령을 내리셨다고 가정해 보자. 혜택을 경험한 사람들은 당장에는 하나님의 은혜를 고마워하고 감사드릴 것이다. 그러나 시간이 흐르고 그 은혜가 일상화되면 사람들은 더 이상 하나님께 고마워하지 않을 것이다.

옛날 이스라엘 백성들은 광야에서 하나님의 수많은 기적을 체험하고도 지속적으로 하나님께 불순종하며 불만과 불평을 쏟아냈었다. 하나님께서 불뱀들을 보내어 백성들을 물어 죽게 하시자 그들은 모세에게 뱀들이 떠나도록 하나님께 기도해 줄 것을 요구하였다. 모세가 놋뱀을 만들어 장대 위에 달았을 때, 물린 자들이 쳐다보고 살아났다(민 21:9).

하나님은 뱀에 물려 죽어가는 이스라엘 백성들을 그냥 살려주시지 않았다. 모세로 하여금 놋뱀을 만들어 장대 위에 달고 이를 쳐다보는 자들만 살려주셨다. 하나님께서 그들에게 구원의 징표를 주시고 말씀에 순종하여 믿고 바라보는 자들을 살려주셨다.

하나님은 인간을 구원하기로 작정하셨지만, 모든 이들이 여기에 해당되지 않는다. 만약 하나님의 구원이 조건 없이 모든 이들에게 동일하게 주어진다면, 구원의 은혜는 더 이상 은혜가 될 수 없다. 예수께서도 유월절 만찬의 포도주 잔을 제자들에게 주시면서 "이것은 죄 사함을 얻게 하려고 많은 사람을 위하여 흘리는 바 나의 피 곧 언약의 피니라"라고 말씀하셨다. '모든 사람'이 아니라 '많은 사람'이라고 말씀하신 것이다.

그리스도께서 십자가에서 흘리신 피는 인간의 죄 사함을 주시는 언약의 피였다. 그러나 그 피는 믿는 많은 사람을 위한 피였지 믿지 않는 모든 사람을 위한 피가 아니었다. 하나님의 선택적인 구원의 은혜가 믿음에서 비롯되기 때문에 믿지 않는 자들에게 '십자가의 도'는 어리석은 것으로 간주될 뿐이다.

하나님은 그리스도를 세상에 보내시고 그 아들의 죽음을 자신의 죽음에 대한 계시로 아브라함 언약을 통해 보여주셨다. 이는 인간을 구원하시려는 자신의 계획을 그리스도의 믿음 안에 세우심과 동시에 인간을 사랑하시는 그분의 사랑에 대한 확증의 표시였다. 믿음에 의한 구원과 불신앙의 심판을 하나님이 그리스도의 십자가를 기준으로 세우신 것이다.

위기에 처한 이스라엘 백성들이 쳐다보고 목숨을 건졌던 모세의 놋뱀은 그리스도의 십자가를 상징한다. 예수께서도 자신이 매달릴 십자가를 광야에서 들었던 모세의 놋뱀에 비유하셨다(요 3:14). 죄로 인해 죽을 수밖에 없는 사람들이 예수 그리스도의 십자가를 바라봄으로써 죄에서 구원을 얻는 은혜를 경험하게 된다.

모세가 만들었던 놋뱀과 예수께서 달리신 십자가가 구원의 능력이 되는 이유는 하나님의 구원 약속이 그 안에 담겨 있었기 때문이다. 놋뱀과 십자가는 사람의 손을 거쳐 만들어진 물체에 불과했다. 더구나 십자가는 당시에 죄인을 죽이는 혐오스러운 형틀이었다.

하나님은 자신의 독생자를 나무로 된 틀 위에서 죽게 하심으로, 그를 인간의 죄에 대한 대속물로 삼으셨다. 인간의 죄에 대한 책임을 그 아들에게 전가하심으로써 하나님과 인간 사이를 가로막고 있던 죄의 벽을 제거하신 것이다. 하나님과 인간 사이를 가로막고 있던 지성소의 휘장을 십자가의 피로 찢어 직접 하나님께 나아갈 수 있는 길을 열어주셨다.

그렇지만 사람들은 이러한 하나님의 방법에 대해 지속적인 의문을 나타낸다. 왜 하나님은 우리의 죄 사함을 그리스도의 죽음에 의지하게 하셨을까? 왜 전능하신 하나님은 십자가 없이도 우리를 그냥 용서하시지 않는가?

이 점에서 사람들은 한 가지를 오해한다. 그리스도의 십자가가 죄 사함의 의미를 담고 있다는 점은 의심할 여지가 없다. 그러나 사람들은 그 죄 사함 속에 회개를 통한 속죄의 의미가 함께 담겨 있다는 사실을 간과한다. 회개는 하나님 나라와 불가분의 관계를 가진다.

모세가 광야에서 높이든 놋뱀은 하나님께 원망과 불평을 쏟아내던 이스라엘 백성의 죄를 용서하기 위해 하나님이 제공하신 회개의 수단이었다. 자신들의 죄를 뉘우치며 그 뱀을 쳐다본 자들은 용서를 받고 살아났다. 마찬가지로 십자가는 자신들의 죄를 뉘우치며 그리스도에게로 돌아온 자들에게 용서를 베푸는 구원의 수단이다.

비록 믿음으로 그리스도 안에서 하나님의 백성이 된 자들조차도 끊임없는 죄와 허물 속에서 살아갈 수밖에 없다. 그러나 그들에게는 그리스도의 십자가를 통한 하나님의 용서에 대한 약속이 있다. 죄에 대한 억눌림과 고통 속에서도 약속의 십자가를 바라보고 회개할 때, 하나님은 그들의 불의를 긍휼히 여기시고 다시는 그들의 죄를 기억하지 않으신다.

이것이 십자가를 통한 하나님의 은혜이다. 만약 하나님께서 십자가 없이 사람들의 죄를 단번에 용서해 주셨다면, 그들이 다시 죄를 짓거나 범죄 하였을 때 용서를 구할 수단이 없어진다. 그들은 자신들이 지은 죄의 무게로 인하여 하나님의 용서에 대한 회의를 가지거나, 다시금 구원의 확신에서 멀어지게 될 것이다.

그러므로 그리스도의 십자가는 죄 사함과 함께 회개를 통해 우리를 끊임없이 의인의 자리로 되돌리시는 하나님의 값진 은혜의 선물이다. 우리가 이 사실을 마음으로 깨닫게 되면 그리스도의 십자가를 통한 하나님의 구원 방식에 더 이상 의문을 가지지 않게 될 것이다. 하나님은 우리가 생각할 수 없는 방식으로 인간의 구원을 계획하셨으며, 그의 아들 예수 그리스도는 세상에 오셔서 하나님의 약속된 방식대로 십자가를 지셨다. 이것이 감추어졌던 그리스도의 신비이며, 하나님의 구원 경륜의 비밀이었다.

그러므로 십자가에는 하나님의 구원 메시지와 함께 그 위에서 피를 흘리신 예수 그리스도가 언약의 성취자로서 하나님의 아들이라는 계시가 동시에 담겨 있다. 이것이 십자가 사건이 성부와 성자 하나님 사이의 사건으로 간주 되는 이유다. 그러므로 그리스도의 십자가는 하나님께서 스스로 죽음의 계시로 아브라함에게 약속하셨던 가나안 땅의 약속에 대한 실행이었다. 그 결과 약속의 가나안 땅이 그리스도 안에서 믿는 자들에게 구원의 영적 유업으로 주어진다.

5

그리스도가 성취한 옛 언약의 핵심들

1. 이스라엘의 소명
2. 성전
3. 약속의 땅
4. 토라

제5장. 그리스도께서 성취한 옛 언약의 핵심들

1세기 유대인들의 언약적 종말론의 세계관 안에는 약속의 땅, 성전, 토라, 그리고 이스라엘의 소명과 같은 부속 이야기가 존재한다.[68] 그러나 좀 더 엄밀히 이야기한다면 이러한 부속 이야기들을 성취하실 아브라함과 다윗의 자손으로 오실 메시아에 관한 기대가 가장 중심에 놓여있었다. 그분에 대한 기대는 로마의 지배하에 있었던 그 당시 정치적 상황에서는 자연스러운 그들의 열렬한 소망이 되었다.

메시아로 오실 후손과 약속의 땅은 아브라함 언약에서 믿음에 의한 칭의(창 15:6)를 매개로 서로 구속사적 의미로 연결되어 있다. 그리고 성전은 다윗 언약에서, 토라(율법)은 시내산 언약을 대표하는 이야기로서 이스라엘 소명과 함께 전체 구약의 핵심을 이루는 요소들이었다. 이러한 구약의 핵심적 언약의 약속과 부속 이야기들이 그리스도의 성육신과 십자가 사건으로 인해 모두 성취되었음을 알리는 말씀이 신약의 새 언약이다. 예수 그리스도가 세상에 오심으로써 이

68) 이강택, "이스라엘 언약 이야기의 관점에서 본 마태복음의 율법", 『성서학술세미나 10』, (2011), 1.

스라엘의 언약 이야기가 모두 새롭게 갱신되었음을 나타낸다.

신약의 마태는 복음서의 처음인 마태복음의 서두를 아브라함과 다윗의 자손 예수 그리스도의 계보로부터 시작한다. 이와 같은 족보는 예수께서 진정한 이스라엘의 모든 언약을 총체적으로 완성하신 분이라는 시각을 반영한다. 예수 안에는 이스라엘의 모든 역사가 총 망라되어 있으며, 그 역사의 목표가 예수 그리스도시며 그가 모든 구약의 역사와 언약의 정점이라는 것을 암시하는 것이다.

예수께서 세상에 오셔서 이스라엘의 회복을 위해 하신 일들은 언약에 의해 계획되고 약속되었던 모든 것들을 원래의 위치에 갖다 놓는 것이었다. 그 일들은 언약의 약속들에 대한 그리스도의 희생으로 성취되었다. 아브라함과 다윗의 약속된 자손을 통해 구약 언약의 부속 이야기였던 약속의 땅, 성전, 토라, 그리고 이스라엘의 소명이 회복된 것이다.

하나님께서 첫 사람인 아담이 불순종의 죄를 범한 이후, 인간을 죄에서 구원할 '여인의 후손'을 약속하신 이후, 아브라함과 다윗에게 후손에 대한 약속을 더욱 구체화하셨다. 이는 그리스도에 대한 계시를 점진적으로 구체화 시켜 사람들을 죄로부터 구속하시겠다는 하나님의 구원 의지를 더욱 명확히 밝히신 것이다. 그리고 그 구속의 범위는 아브라함에게 약속하신 바와 같이 '천하 만민'으로 확대되었다.

1세기 유대인들이 정치적 해방을 위해 기다렸던 메시아에 대한 그들의 기대가 원래 인류의 구속을 위해 주신 하나님의 약속에서 벗어나 있었음을 알 수 있다. 그들은 예수 그리스도의 행동이 자신들의 기대에서 벗어나자 그분을 가차 없이 십자가에 못 박도록 내어주었다. 결과적으로 그들은 하나님께서 자신의 조상들에게 주신 옛 언약에 담겨 있던 전체 인류를 향한 구원 메시지를 이해하지 못했다.

구약성경에 대한 그들의 이해는 여전히 자신의 민족에 한정된 말씀이었다. 이방인들이 그리스도를 통해 구원받은 백성의 무리에 들어온다는 사실을 그들은 전혀 상상하지 못했다. 하나님께서 계획하신 세상을 향한 구원의 방식이 예수 그리스도의 언약 성취를 통해 과거와 달라졌다는 사실을 그들은 전혀 인지하지 못하고 있었다.

부활 사건 이후에 예수 그리스도를 믿는 유대인들조차도 이를 완전히 파악하고 있지 못했다. 그들은 이방인들이 구원을 받기 위해서는 믿음 외에 유대인들의 전통인 할례와 율법을 따라야 된다고 가르쳤다. 이들의 가르침은 그리스도의 복음에서 벗어난 다른 복음이었다. 바울은 갈라디아서에서 복음의 진리가 아닌 다른 복음을 전하는 이들에게 주저없이 저주를 퍼붓는다.

사람이 구원을 받는 것은 율법의 행위가 아니라 오직 예수 그리스도를 믿음으로 말미암아 의롭게 됨을 통해서이다. 그리스도를 믿어 사람이 의롭다 함을 받는 이유는 하나님의 구원 약속이 그분 안에서 모두 성취되었기 때문이다. 예수 그리스도가 오셨을 때 유대인들이 가졌던 종말론적인 세계관 속의 개념들이 그로 인하여 모두 성취되었음을 신약성경은 증언하는 것이다

1. 이스라엘의 소명

하나님께서 이스라엘 백성을 선택하시고 그의 백성으로 삼으셨던 일에는 분명한 목적이 있으셨다. 하나님은 "이스라엘을 이방의 빛으로 삼아 나의 구원을 베풀어서 땅 끝까지 이르게 하리라"(사 49:6)는 그들의 소명을 이사야 선지자를 통해 밝히셨다. 세상으로부터 이스라엘을 구별하시고 선택된 민족으로 삼으셨던 이유는 세상에 하나님의 구원을 전하는 매체로 삼으시기 위함이었다.

하지만 그들은 이러한 목적을 끝내 이루지 못했다. 그들은 하나님의 언약을 배반함으로써 언약 백성의 지위를 잃고 하나님의 원래 목적에서 멀어져 있었다. 이방의 빛이 되지 못한 채, 오히려 이방에 포로로 끌려가 나라를 잃는 수모를 겪었다. 이스라엘은 그들에게 주어진 본래의 소명을 감당할 능력이 없었던 것이다. 오히려 그들은 하나님의 구원을 자신들에게만 한정시키는 잘못에 빠져 있었다.

이스라엘의 소명에는 그들을 통해 이방을 구원하시겠다는 하나님의 구원 계획이 담겨 있었다. 이방의 빛으로 삼아 구원을 땅끝까지 이르게 하리라는 그들의 소명은 애초에 하나님이 아브라함에게 전했던 복음에서 비롯된 소명이었다. 하나님이 이방을 믿음으로 말미암아 의로 정하심으로써 아브라함과 그의 후손을 통하여 구원의 축복을 주시리라는 언약의 내용이 그 소명의 출발점이었다.

그러나 이스라엘 백성들은 이방인들이 그들과 같이 하나님 백성에 속하게 된다는 사실을 인정할 수 없었다. 그들에게 주어진 할례와 율법의 규례는 자신들을 이방인과 구별 짓는 특권이 되었고, 할례받지 못한 이방인들은 그들과 서로 어울릴 수 없었다. 이스라엘을 이방의 빛으로 삼아 그들을 구원하시겠다는 하나님의 구원 계획이 어긋나는 것처럼 보였다.

그러나 마태복음은 예수께서 선지자 이사야를 통해 말씀하신 이스라엘의 소명을 성취하신 분임을 선언한다.

> *이는 선지자 이사야를 통해 하신 말씀을 이루려 하심이라 일렀으되 스불론 땅과 납달리 땅과 요단강 저편 해변 길과 이방의 갈릴리여 흑암에 앉은 백성이 큰 빛을 보았고 사망의 땅과 그늘에 앉은 자들에게 빛이 비치었도다 하였느니라(마 4:14-16).*

하나님의 구원을 땅끝까지 이르게 할 주체가 유기적 이스라엘에서 진정한 이스라엘로 오신 예수 그리스도로 대치되었음을 마태는 증언하는 것이다. 즉, 이방의 빛으로 하나님의 구원을 베풀 주체가 이스라엘에서 참 이스라엘이신 예수 그리스도로 바뀌었음을 알리는 마태의 증언이다.

원래 이스라엘은 아브라함의 혈통적 후손으로 이루어진 민족이다. 그들은 애굽에서 400년 동안 종살이하다가 해방되어 하나님께서 약속하신 가나안 땅으로 돌아온 백성들이다. 하나님은 그들이 광야 생활을 하는 동안 선택된 백성으로서 지켜야 할 율법을 주심으로써 그들을 자신의 백성으로 보전하셨다.

율법으로 그들을 보전하신 목적은 아브라함과 다윗의 후손으로 오실 예수 그리스도에 대한 하나님의 약속을 성취하시기 위함이었다. 약속대로 그들의 혈통을 따라 예수 그리스도가 그 땅에 오셨다. 사도 바울은 언약의 약속들이 아브라함과 그 자손에게 말씀하신 것이라 말한다. 그리고 그 자손은 여럿을 가리킨 자손들이 아니라 오직 한 사람인 예수 그리스도를 가리킨다고 선언한다(갈 3:16). 즉, 예수 그리스도가 하나님의 약속을 받은 참 아브라함의 자손인 이스라엘을 대표한다는 의미다.

마태의 증언과 같이 이스라엘 백성을 이방의 빛으로 삼아 구원을 땅 끝까지 이르게 하시겠다는 하나님의 약속이 참 이스라엘로 오신 예수 그리스도의 빛으로 말미암아 이루어졌다는 말씀이다. 흑암에 앉아 있었던 이방의 백성들이 참 이스라엘이신 예수 그리스도의 빛을 보았고, 사망의 땅과 그늘에 앉아 빛을 보지 못했던 이방 사람들에게 그리스도의 빛이 비추어졌다는 마태의 증언이다.

이방의 사람들은 그리스도께서 비추는 빛을 통해 더 이상 사망과 어둠의 그늘에 앉아 있을 이유가 없어졌다. 이스라엘을 빛으로 삼아 하나님의 구원을 땅끝까지 이르게 하시겠다는 이스라엘의 소명이 예수 그리스도를 통해 남김없이 이루어졌다는 마태의 증언이다. 이러한 증언 속에 나타나는 그리스도의 성취는 하나님의 계획된 구원의 깊은 지혜와 신비를 담고 있다.

토마스 굿윈은 그리스도에 의해 성취된 복음의 통찰력을 하나로 묶어 간결하게 말한다. "복음에 속한 것들은 깊은 것들이다. 복음에 속한 것들은……하나님의 깊은 것들이다."[69] 굿윈은 복음은 하나님 자신이 독보적으로 소중하게 생각한다는 의미에서 신비라고 말했다.[70]

바울은 고린도전서 2장에서 그리스도의 비밀에 감추어진 하나님의 지혜를 말한다. 그것은 하나님이 우리의 영광을 위하여 만세 전에 미리 정하신 것으로, 이 세상의 통치자들은 한 사람도 알지 못했던 지혜였다. 만약 알았더라면 영광의 주를 십자가에 못 박지 아니했을 것이라고 말한다(8절).

예수 그리스도를 통해 사랑하는 자들을 구원하시겠다는 하나님의 구원 계획은 눈으로 보지 못하고 귀로 듣지 못하며, 사람의 마음으로 생각하지 못했던 하나님의 깊은 지혜이며 구원의 비밀이었다. 하나님은 이 지혜와 신비를 성령을 받은 우리에게 보이시고 깨닫게 하시는 은혜를 주셨음을 우리로 알게 하신다. 그리스도께서 성취하신 이스라엘의 소명을 성령을 통해 이방인이었던 신자들에게 적용하시는 것이다.

---

69) Fred Sanders, 『삼위일체 하나님이 복음이다』, 임원주 역(서울: 부흥과 개혁사, 2016), 171 페이지 각주 33 인용.

70) Sanders, 『삼위일체 하나님이 복음이다』, 171. 페이지 각주 33 인용.

2. 성전

구약시대의 성전은 하나님이 임재하시는 곳으로 이스라엘 백성들에게 생활의 중심이 되는 장소였다. 그들은 이곳에서 하나님을 만나고 하나님께 여러 종류의 제사를 드렸다. 특히 성전의 안쪽에는 언약궤가 놓여있는 지성소가 있었다. 대제사장은 일 년에 한 번 자신의 몸을 정결케 한 후 지성소에 들어가 하나님을 뵙고 이스라엘 백성이 범한 모든 죄를 속죄하였다.

성전은 지성소를 통해 하나님이 인간의 불결함과는 철저히 분리된 분임을 나타내는 장소였다. 하지만 성전은 이스라엘 백성들이 죄 용서를 받고 다시 언약 공동체 안으로 들어가기 위해 속죄 제사를 드리는 곳이었기 때문에 그들의 삶의 중심이 되는 곳이었다. 그들의 생활과 사고의 중심에 성전은 언제나 최고의 우선권을 가질 수밖에 없었다.

성전의 역사는 하나님께서 모세에게 명하여 지은 성막(회막)으로부터 시작된다(출 40:2). 이후 솔로몬에 의해 성막의 모형 그대로 솔로몬 성전, 곧 예루살렘 성전이 칠 년의 공사 기간을 거처 완성되었다(왕상 6:37-38). 그 후 바벨론의 포로로 끌려갔다가 다시 귀환하자마자 그들은 먼저 파괴된 예루살렘 성전을 재건하는 작업에 착수하였다. 주변국들의 지속적인 방해가 있었지만, 그들은 마침내 주전 516년에 제2의 성전인 스룹바벨 성전을 완공할 수 있었다.

스룹바벨 성전은 주전 168년 유대를 헬라화 하려는 에피파네스(A. Epiphanes)에 의해 다시 더럽혀졌다. 그는 성전 번제단 자리에 제우스 신상을 세웠다. 그리고 성전의 기물들을 파괴, 약탈하였으며 많은 사람을 죽였다.

이러한 침략행위에 대한 저항운동이 마카비(Maccabean) 가문을 통해 일어남으로써 성전의 일부분이 재건되었지만, 주전 63년 폼페이우스에 의해 다시 파괴되었다. 이렇게 파괴된 성전을 다시 건축한 사람이 바로 헤롯왕이었다. 그는 주전 20년경에 성전을 개축하기 시작하여, 그가 죽은 후인 주후 64년까지 계속되었다. 예수께서 세상에 오셨을 때 존재했던 성전이 바로 이 헤롯 성전이었다. 성전의 역사는 결국 이스라엘의 역사였다.

그런데 예수께서는 수천 년 동안 이스라엘 역사와 함께 존재해왔던 성전을 헐면 자신이 사흘 동안에 일으키겠다고 말씀하신다(요 2:19). 자신을 성전에 빗대어 십자가에 못 박으면 삼 일만에 부활하실 것을 예고하신 것이다. 그렇다면 하나님의 임재를 상징하는 성전을 자신에게 비유하신 근거를 성경은 어떻게 말씀하고 있는가?

이사야 선지자는 처녀가 잉태하여 낳는 아들의 이름을 임마누엘이라 할 것을 예언했다(사 7:14). 그리고 마태복음은 예수께서 세상에 오심이 선지자의 말씀을 이루려 하심이라고 기록했다(마 22-23). 임마누엘은 번역하면 하나님이 우리와 함께 계신다는 말이다. 예수께서 세상에 오심으로 하나님은 더 이상 성전에 계시는 것이 아니라 예수 그리스도 안에 계시고, 또한 그분을 믿는 모든 신자 안에 함께 계신다는 뜻이다.

그리스도인들의 몸이 곧 성전이 된 것이다. 바울은 "너희 몸은 너희가 하나님께로부터 받은 바 너희 가운데 계신 성령의 전인 줄을 알지 못하느냐 너희는 너희 자신 것이 아니라"(고전 6:19)고 선언한다. 그리스도가 세상에 오심으로써 하나님의 임재의 상징이던 성전은 더 이상 그 의미가 없어지게 된 것이다. 임마누엘로 오신 예수 그리스도의 이름에서 성전에 대한 구약의 의미와 기능이 이미 성취되었음을 알 수 있다.

이는 십자가 사건에서 더욱 분명해진다. 예수께서 십자가에서 운명하셨을 때, 마가는 "성소의 휘장이 위로부터 아래까지 찢어져 둘이 되니라"(막 15:38)라고 기록하고 있다. 성소의 휘장은 사람과 하나님을 분리하는 기능을 갖고 있었다. 그러나 사람과 하나님 사이에 막혀 있던 벽이 그리스도의 십자가 죽음으로 허물어짐으로써 성령 하나님이 사람들 안에 내주하심으로 우리의 몸이 성전의 기능을 대신하게 된 것이다.

임마누엘로 오신 예수 그리스도의 탄생이 하나님의 임재에 대한 성전의 상징을 대신하게 되었다. 그 후 우리의 죄 사함을 위해 지신 십자가의 희생은 성전에서 이루어지던 모든 속죄의 제사를 단숨에 그리고 영원히 대치하셨다. 그리스도가 세상에 오시셔 십자가에 달려 희생하심으로써 성전에 대한 구약의 기능과 그 의미가 그분 안에서 모두 성취된 것이다.

신약의 스데반 집사는 순교하기 전에 공회 앞에서 설교를 하였다. 그의 설교는 조상 아브라함과 할례의 언약으로부터 시작하여 솔로몬의 성전으로까지 이어졌다. 그는 설교의 말미에 유대인들이 그토록 신성시 여겼던 성전을 부정하는 견해를 밝혔다. 그는 솔로몬이 하나님을 위하여 집을 지었지만, 지극히 높으신 하나님은 사람의 손으로 지은 곳에 계시지 않는다고 증언한다(행 7:47-48).

"주께서 이르시되 하늘은 나의 보좌요 땅은 나의 발등상이니 너희가 나를 위하여 무슨 집을 짓겠으며 나의 안식할 처소가 어디냐 이 모든 것이 다 내 손으로 지은 것이 아니냐"(행 7:49-50)라고 이사야 선지자의 말을 인용하였다. 그는 예수 그리스도의 성취를 통해 하나님의 임재를 상징하는 성전이 더 이상 의미가 없다는 것을 깨달았다.

그가 성령이 충만하여 하늘을 우러러보았다는 사실은 그가 성령을 받고 그 안에 성령이 내주하셨다는 증거였다. 그가 하늘이 열리고 인자가 하나님 우편에 서신 것을 보노라고 말하자 유대인들은 큰 소리를 지르며 귀를 막고 그에게 달려들어 성 밖으로 내치고 돌로 쳐서 죽였다. 그는 비록 순교하였지만, 그가 전한 복음은 그리스도의 성취 안에서 하나님과 연합하는 길이 누구에게나 열려있다는 내용이었다. 우리의 몸이 성령이 내주하시는 하나님의 성전이기 때문이다.

3. 약속의 땅

언약 역사 안에서 약속의 땅은 하나님 자신이 언약 백성에게 안식과 축복을 베풀어 주시는 장소였다. 땅은 구약에서 하나님과 그의 백성 사이의 관계를 설정하는 가장 중요한 요소였다. 하나님의 통치가 임하는 그분의 나라에서는 지상이든 천상이든 관계없이 하나님의 주권과 그의 백성, 그리고 그들이 살아갈 공간, 곧 땅이 필수적으로 요구된다.

하나님은 선택된 백성으로 이스라엘을 세우시기 전에 아브라함을 불러 그와 그의 후손들을 위하여 가나안 땅을 주실 것을 약속하셨다. 이 땅에 대한 약속에는 제2장 아브라함 언약에서 이미 살펴보았듯이 후손의 약속과 함께 영적 의미가 포함되어 있었다. 하나님께서 약속하신 가나안 땅은 아브라함의 유일한 후손으로 오실 그리스도의 소유가 된 자들이 받을 영적 유업의 의미가 담겨 있기 때문이다.

이스라엘은 하나님의 통치가 지상에서 이루어진 가시적인 하나님 나라의 모형이었다. 하나님의 주권으로 다스려질 이스라엘 백성들에게는 당연히 그들의 삶을 영위해 나갈 독자적 공간이 필요했다. 하나님은 그 공간으로 가나안 땅을 아브라함과 그의 자손들에게 언약의 약속으로 주신 것이다.

히브리어로 에레츠(땅)이라는 단어는 히브리 성경에서 네 번째로 빈번하게 등장하는 명사이다.[71] 유대인들에게 땅은 그들의 마음과 영혼 속에 깊이 자리잡은 생사에 관한 중요한 문제였다. 하지만 그 땅에 대한 하나님의 약속이 언약과 같이 영원불변한 것인지에 대한

---

71) Walter C. Kaiser Jr., The Land of Israel and the Future Return: An Evangelical Affirmation of God's Promises, (Grand Rapids: Kregel Publications, 1997), 209.

의문은 여전히 남아있다. 왜냐하면 이스라엘 백성들은 하나님 말씀에 대한 불순종으로 인하여 여러 번 그 땅에서 추방되는 일을 경험하였기 때문이다.

여호수아서 21장 43절에서 45절을 보면 "...하나님께서 이스라엘 족속들에게 약속하신 선한 말씀이 하나도 남김없이 다 응하였더라"라고 기록함으로써 땅에 대한 약속이 우선 가나안 정복으로 모두 달성된 것처럼 보인다. 그러나 하나님은 언약을 배반했던 이스라엘 백성들을 약속의 땅에서 쫓아내신 후, 그들을 그 땅에 다시 돌아오게 하여 영원한 언약을 세워 그들을 이 땅에 심으시겠다는 약속이 미래형으로 나온다(렘 32:41).

하나님이 자신의 죽음을 상징하는 제의 의식으로 확정하셨던 땅에 대한 약속이 순종을 담보로 하는 조건적 약속처럼 비춰진다. 하나님이 아브라함과 그 후손들이 거류하는 땅을 "영원한 기업"(창 17:8)이 되게 하시겠다는 약속이 마치 어긋난 것처럼 보인다. 그러나 구약에서 약속된 '영원함'이란 단어는 그리스도가 오심으로 종식될 것을 신약은 명백하게 예언한다.[72]

아론의 영원한 대제사장직(출 40:15; 민 25:13), 유월절의 영원한 규례(출 12:14), 그리고 안식일의 영원한 언약(출 31:16, 17) 등이 그리스도가 오심으로 종식된 사례들이다. 그렇지만 그들이 가지는 영원성의 의미는 그리스도가 오심으로 종식된 것이 아니다. 오히려 영

72) John G. Reinsinger, Abraham's Four Seeds (Frederick: New Covenant Media, 1988), 87.

적 후손에 관한 하나님의 약속이 성취됨으로써 그리스도 안에서 새롭게 변형된 영적 의미를 지속적으로 지니고 있다.

아브라함의 후손으로 오신 예수 그리스도는 많은 사람의 죄 사함을 위해 십자가에서 흘리신 자신의 피로 새 언약을 세우셨다. 새 언약은 구약에 기록된 옛 언약의 종식이 아니다. 그리스도 안에서 새롭게 맺어진 새 언약은 옛 언약의 약속들이 성취된 새로운 영적 의미를 지닌다.

새 언약에 참여하는 백성들은 그리스도를 믿음으로써 아브라함의 자손이 되어 하나님께서 아브라함에게 약속하신 유업을 이을 자들이 된다(갈 3:29). 이들은 예수 그리스도를 믿음으로 새롭게 창조된 하나님의 백성들이다. 이들이 속하는 하나님의 나라는 지상의 교회뿐만이 아니라 그리스도께서 주신 영원한 생명으로 참여하게 될 영원한 하늘나라의 성(城)이다.

하나님께서 아브라함에게 주신 가나안 땅의 약속은 단순히 가시적인 땅에 대한 약속이 아니었다. 신(神)적 죽음의 계시로 약속된 그 땅은 하나님의 구원 계시가 성취되었을 때, 새로운 하나님의 백성들에게 주어질 영원한 안식의 땅인 영적 의미를 내포하고 있다. 그 약속은 그리스도의 십자가 죽음으로 성취되어 그를 믿는 자들에게 유업으로 주어질 영원한 안식처였다.

유업이라는 말은 구약의 아브라함 언약과 관련해서는 약속의 땅을 얻는 일과 연계되어 있지만, 갈라디아서에서는 종말론적 의미로 발전되어 '하나님의 나라를 유업으로 얻는다'는 뜻을 가진다.[73] 결과적으로 가나안 땅의 약속이 그리스도의 십자가 사건으로 인하여 그를 믿는 믿음 안에서 종말론적인 하나님 나라의 유업으로 성취된 것이다. 그 나라를 유업으로 이을 자들이 믿음으로 새 언약 백성이 된 신약의 진정한 '이스라엘 집'이다.

그리스도는 그 땅의 유업을 완성하시기 위해 아브라함의 유일한 후손으로 세상에 오셨다. 그리고 십자가에 죽으심으로써 하나님이 죽음의 계시로 확증하신 그 땅의 약속을 완성하셨다. 그리스도의 성취로 인하여 구약에 약속된 땅의 의미는 더 이상 지상에 존재하는 가시적인 가나안 땅을 가리키지 않는다. 그리스도의 성취로 말미암아 그 땅의 약속에 숨겨져 있었던 내면의 영적 의미가 유업이 되어 밖으로 드러나게 되었다. 그 땅은 새롭게 창조된 믿음의 백성들이 영원한 삶을 누려갈 하나님이 계획하고 지으신 하늘에 있는 영원한 성(城)이었다.

아브라함은 이 땅에 대한 약속을 하나님께로부터 받았을 때, 이미 그 땅에 대한 영적 의미를 내다보았다. 히브리서는 이에 대해 다음과 같이 기록하고 있다.

> *믿음으로 아브라함은 부르심을 받았을 때에 순종하여 장래의 유업으로 받을 땅에 나아갈새 갈 바를 알지 못하고 나아갔으며 믿음으로 그가 이방의 땅에 있는 것같이 약속의 땅에 거류하여 동일한*

---

73) 이한수, 『언약신학에서 본 복음과 율법』 (서울: 생명의말씀사, 2006), 335.

약속을 유업으로 함께 받은 이삭 및 야곱과 더불어 장막에 거하였으니 이는 그가 하나님이 계획하시고 지으실 터가 있는 성을 바랐음이라(히 11:8-10).

아브라함은 비록 하나님이 약속하신 가나안 땅에 거주하였지만 그 땅에서는 약속을 함께 받은 그의 자손들과 함께 이방인 같이 장막에 거하였다고 성경은 증언한다. 그는 하나님께서 약속하신 그 땅이 그가 머물고 있었던 지상의 가나안이 아니라 하나님께서 지으신 하늘나라라는 사실을 그 당시 이미 깨닫고 있었다는 증언이다.

하나님께서 자신의 죽음을 상징하는 의식을 통해 확증하신 가나안 땅에 대한 언약의 약속을 예수 그리스도께서 십자가의 죽음으로 성취하셨다. 가나안 땅의 약속에는 새롭게 창조된 하나님의 백성들이 유업으로 차지할 하늘나라에 대한 영적 의미가 담겨 있었기에 하나님은 자신의 죽음을 상징하는 의식을 통해 언약을 세우셨다.

영원불변하신 하나님의 죽음을 계시하는 약속의 성취를 위해 예수 그리스도는 그분의 아들로서 세상에 오셨다. 육신의 몸으로 오신 그는 모든 이들의 죄 사함을 위하여 십자가에 달려 돌아가셨다. 그분이 겪으신 십자가의 죽음은 아버지 하나님께서 약속하신 약속의 땅에 대한 유업을 성취하는 대속적 죽음이었다.

그리스도께서 당하신 십자가의 죽음은 사람들에게는 그들의 죄를 속량하는 대속의 죽음이었다. 하지만 하나님 편에서는 성부께서 죽음에 대한 계시로 드러내신 약속의 땅에 대한 유업을 성자께서 자신의 죽음으로 완성하신 성부와 성자 하나님 사이의 계시적 성취 사건이다. 약속의 땅에 대한 유업에 자기의 아들을 기꺼이 죽음에 내어주시는 하나님의 깊은 은혜가 관여되어 있다.

이 약속의 땅은 예수 그리스도의 성취로 인하여 그 의미가 가시적인 지상의 땅에서 믿는 자들이 유업으로 받을 영적인 것으로 바뀌게 되었다. 그 유업은 썩지 않고 더럽지 아니하며 쇠하지 않는 것으로 믿는 자들을 위하여 하나님께서 하늘에 간직하신 것이다(벧전 1:4). 하나님이 아브라함에게 보여주신 신적(神的) 죽음에 대한 계시를 예수 그리스도께서 십자가로 성취하심으로써 가나안 땅의 약속이 믿음으로 택하심을 입은 자들에게 영적 하늘나라의 유업으로 전환된 것이다.

믿음으로 택하심을 얻은 자들은 유대인과 이방인을 포함한 모든 민족을 망라한다. 하나님께서 이방을 믿음으로 인하여 의로 정하실 것이라는 사실은 이미 수천 년 전에 아브라함에게 전해졌던 복음이었다. 그로 인하여 천하 만민이 복을 받을 것이라는 하나님의 약속이 그의 후손으로 오신 예수 그리스도에 의해서 모두 성취되었기 때문이다.

믿는 자들이 받을 유업의 중심에는 십자가를 지심으로 언약의 약속을 성취하신 아브라함의 후손으로 오신 예수 그리스도가 우뚝 서 계신다. 그분이 아브라함의 후손으로 오신 이유는 아브라함에게 약속된 그 땅이 택하심을 받은 이방의 모든 믿는 자들에게 유업으로 주시겠다는 하나님의 약속을 성취하시기 위함이었다. 사도 바울이 "너희가 그리스도의 것이면 곧 아브라함의 자손이요 약속대로 유업을 이을 자니라"(갈 3:29)라고 선언하는 이유다.

하나님께서 아브라함에게 언약의 맹세로 주신 그 땅은 문자적으로 아브라함과 그의 육신적 자손들이 삶을 누려갈 땅이었다. 그러나 아브라함의 유일한 후손으로 오신 그리스도가 자신의 죽음으로 하나님의 약속을 성취하셨을 때, 그 땅의 영적 의미가 세상에 드러나게 되었다. 성경이 아브라함에게 전한 복음, 즉 믿음으로 이방을 의로 정하실 주체가 그리스도임이 밝혀지게 된 것이다.

이는 하나님께서 성령으로 사도들과 선지자들에게만 나타내셨던 구원 경륜의 비밀이었으며, 다른 세대에서는 사람의 아들들에게는 알리지 않으셨던 그리스도의 비밀이기도 하였다(엡 3:4-5). 사도 바울은 하나님과 그리스도에게서 받은 계시를 통해 이러한 비밀을 깨닫게 되었다고 고백한다.

성령에 의해 계시 되는 성부와 성자 간에 이루어진 약속과 성취 사건의 신비가 바로 복음이었다. 이방인들은 이 복음으로 말미암아 그리스도 예수 안에서 함께 상속자가 되고, 함께 지체가 되고, 함께 약속에 참여하는 자가 되었다(엡 3:6). 예수 그리스도께서 십자가의 죽음으로 성취하신 그 유업에 이방인들이 성령에 의한 믿음으로 참여하게 되는 것이다.

그러므로 땅의 약속이 그리스도를 믿는 자들에게 유업으로 주어지는 과정 속에서 우리는 복음의 실체를 깨닫게 된다. 복음은 하나님의 구원 약속이 성취되는 전 과정을 대표하는 상징적 단어이다. 따라서 복음을 제대로 깨닫기 위해서는 구약의 옛 언약으로부터 신약의 새 언약에 이르기까지 하나님의 구원 약속이 그리스도에 의해 성취되는 전 과정을 충분히 이해하여야만 한다. 그렇지 않다면 우리 신자들은 복음을 전파할 사명자로서 그 자격을 충분히 갖추지 못할 염려가 있다.

복음의 핵심은 그리스도의 십자가 사건이다. 십자가는 성자 하나님이 성부 하나님의 구원 약속을 성취하시기 위하여 자신을 희생 제물로 바치신 곳이다. 하지만 그리스도의 십자가 사건이 믿는 자들에게 적용되어 그들이 함께 유업에 참여하는 지체와 상속자가 되기 위해서는 반드시 성령하나님의 사역이 수반 되어야만 한다. 성령이 아니고서는 누구든지 예수를 주(主)로 시인할 수 없기 때문이다(고전 12:3).

4. 토라

히브리어로 토라는 율법을 말한다. 율법은 예수 그리스도가 세상에 오시기 전까지 하나님의 백성을 규정하고, 이스라엘을 선택된 백성의 삶으로 이끌었던 성문법이었다. 이스라엘은 하나님께서 그들에게 주신 율법으로 인하여 그들의 정체성과 함께 타민족과의 구별성을 지켜나갔다. 할례와 율법은 이스라엘 민족에게 주신 하나님의 특별한 특권이었다.

그러나 할례를 포함한 이 율법은 예수 그리스도가 세상에 오심으로써 그 기능을 다하게 되었다. 그 이유는 다음과 같은 두 가지 방면에서 이해될 수 있다.

첫째로, 하나님의 백성을 규정짓는 방식이 할례에서 그리스도에 대한 믿음으로 바뀌었다. 이는 예수 그리스도가 오심으로써 구원의 방식이 구약의 옛 방식과는 달리 오직 믿음으로 구현된다는 의미이다. 하나님은 아브라함으로 인하여 천하 만민이 복을 받게 될 것을 약속하셨다(창 12:3; 18:18). 사도 바울은 이 축복을 후손에 대한 약속의 말씀을 믿어 의롭다 함을 받은 아브라함의 칭의 사건(창 15:6)과 연계시킨다. 아브라함은 행위로 의롭다 함을 얻은 것이 아니라 오직 하나님을 믿어 의로 여겨진 바 되었다(롬 4:2-3).

언약의 약속을 받은 후 아브라함은 아흔아홉 살에 얻은 아들 이삭을 번제로 드리라는 하나님의 명령받고 그대로 순종했다. 그의 순종을 확인하신 하나님은 "네 씨로 말미암아 천하 만민이 복을 받으리니"(창 22:18)라는 약속을 주신다. 구원의 축복이 아브라함으로부터 그의 씨(후손)로 좀 더 구체화 된 것이다.

아브라함 언약과 그 이야기 안에는 영적 후손으로 오실 예수 그리스도와 그를 믿는 믿음으로 얻을 칭의에 관한 하나님의 구원 계획이 청사진처럼 그려져 있다. 바울은 이 영적 청사진을 통하여 하나님께서 그려놓으신 복음을 계시로 깨닫게 되었다고 고백한다. 그리고 복음에 대한 영적 비밀들을 그의 서신서, 특히 갈라디아서에서 아브라함 언약을 인용하며 풀이해 나간다.

바울은 갈라디아서 3장 8절에서 아브라함에게 전해진 복음에 대해 이야기한다. 하나님께서 이방을 믿음으로 말미암아 의로 정하실 것과 모든 이방인이 그로 말미암아 복을 받는다는 내용이었다. 그리고 16절에서는 아브라함에게 약속된 후손이 오직 한 사람을 가리킨 예수 그리스도임을 밝힌다. 결론적으로 29절에서는 우리가 믿음으로 그리스도의 소유가 되면 곧 아브라함의 자손이 되어 하나님께서 그에게 약속하신 유업을 이을 자가 된다고 선언한다.

바울은 복음의 기원을 아브라함 언약에 두고 있다. 로마서 4장에서는 아브라함의 믿음에 의한 칭의를 그리스도를 믿는 믿음에 의한 칭의의 원형적 사건으로 그리고 있다. 즉, 믿음에 의한 칭의는 아브라함 사건에서 보듯이 행위로 의롭다 함을 받은 것이 아니라 오직 하나님을 믿음으로써 그것이 그에게 의로 여겨졌다고 설명한다. 아브라함의 칭의 사건을 예수 그리스도의 믿음에 의한 칭의와 복음으로 서로 연결하고 있는 것이다.

둘째로, 바울은 그리스도 안의 믿음이 오기 전까지 율법은 우리를 그리스도께로 인도하는 초등교사의 역할을 감당했다고 말한다. 이는 율법이 우리를 믿음으로 말미암아 의롭다 함을 얻게 하는 역할을 하였다는 것이다(갈 3:24). 그러나 그리스도가 오신 후에 더 이상 우리는 율법 아래 있지 않다고 선언한다. 율법은 그리스도가 오심으로써 그 기능을 더 이상 발휘하지 못하고 효능을 상실했다는 말이다. 우리는 예수 그리스도 안에서 믿음으로 모두가 하나님의 아들이 되었기 때문이다.

믿음으로 하나님의 자녀가 되었다는 의미는 할례와 같은 율법의 기능으로 그분의 백성을 규정 짓던 옛 언약의 방식이 종식되었음을 의미한다. 하나님의 자녀가 되는 방법이 그리스도 안에서 믿음에 의한 새 방식으로 바뀌게 된 것이다. 이는 옛 언약의 구원 약속을 성취하신 예수 그리스도로 말미암아 하나님의 구원 방식이 그에 대한 믿음으로 새롭게 바뀌었음을 의미한다.

하나님의 구원 방식이 율법으로부터 믿음으로 바뀜에 따라 복음이 이방에 널리 퍼지게 되는 결과를 가져왔다. 할례받지 않은 이방인들이 믿음으로 그리스도의 믿음의 공동체 안에 참여하게 되었다. 그리스도께서 법조문으로 된 율법을 폐하심으로써 유대인과 이방인을 자기 안에서 한 새 사람으로 지어 화평케 하신 것이다(엡2:15).

아브라함에게 전해졌던 복음이 예수 그리스도의 십자가로 성취된 것이다. 그 결과 인종과는 상관없이 복음이 이방에 전해지게 되었다. 하나님께서 이방을 의로 정하실 것이라는 아브라함에게 전해진 복음이 예수 그리스도로 인하여 모두 성취되었다. 그리스도는 모든 믿는 자에게 의를 이루기 위하여 율법의 마침이 되신 것이다(롬 10:4).

6

새 언약과 그리스도

제6장. 새 언약과 그리스도

언약은 하나님의 구원 약속과 성취에 대한 예언적 성경의 기록이다. 언약 이야기는 선택된 한 민족의 역사 속에서 오랜 기간의 삶과 연관된 현실적 문제를 다루고 있기 때문에 일종의 서사시적 형태를 띤다. 언약이 이스라엘 민족의 삶과 운명을 결정짓는 문자적 약속의 형태로 주어졌지만, 그 이면에는 온 인류를 향한 하나님의 구원 계획이 함께 담겨 있었다.

이스라엘 민족은 언약의 약속대로 하나님께서 주신 가나안 땅을 차지하고 그들의 삶을 누려 왔다. 그 땅이 그들에게는 약속의 땅이었지만, 하나님의 약속을 배반했을 때 그들은 그곳으로부터 추방되는 저주를 받았다. 그 저주는 언약의 역사 속에서 그들의 불순종으로 감당해야 했던 언약의 역작용이었다.

표면적으로 언약은 하나님께서 이스라엘 백성들과 맺으신 상호적인 약정이었다. 하나님은 그들에게 필요한 복을 약속하셨고 그들은 하나님의 법에 순종하는 의무를 지니게 되었다. 하지만 하나님의 언약이 이스라엘 민족의 테두리를 벗어나 온 인류에게 적용될 때, 그 언약은 문자적 의미 이면에 담겨 있는 영적 구원의 의미를 드러내게 된다.

구약의 옛 언약은 일차적으로 이스라엘 백성들에게 적용되는 문자적 의미를 갖고 있다. 아브라함과 모세, 그리고 다윗을 통해 하나님과 맺어졌던 언약은 그리스도가 오시기 전까지는 이스라엘 백성들에게 국한된 문자적 의미의 언약이었다. 그러나 하나님은 이 문자적 의미 이면에 온 인류에게 적용될 구원에 관한 영적 메시지를 담아 놓으셨다.

이스라엘 백성들이 하나님과 맺은 언약에 실패를 가져왔을 때, 하나님은 자신의 구원 계획을 담은 영원하고 지속적인 완전한 언약을 사람들에게 나타낼 필요를 가지셨다. 새로이 선포될 언약은 이스라엘의 선지자를 통해 그 백성에게 예언되었지만, 실제의 내용은 그리스도를 통해 온 세상에 구원을 선포하시는 복음의 메시지였다. 구약의 옛 언약이 그 메시지를 이면에 담고 있었다면, 새롭게 선포될 새 언약은 온 인류가 공유할 구원의 메시지를 가감 없이 드러낸다.

하나님은 새 언약을 세우심으로 옛 언약에 은밀하게 내포된 자신의 구원 계획을 그리스도를 통해 완성하실 것을 예언하셨다. 표면적으로 새 언약은 "이스라엘 집과 유다의 집"과 더불어 세워지는 언약이었지만, 아브라함의 유일한 후손으로 오신 예수 그리스도는 이 모두를 대표하는 새 언약의 중보자가 되셨다. 그분은 옛 언약의 성취자로서 "하나님의 모든 약속들이 얼마든지 그리스도 안에서 예(yes)가 된다"(고후 1:20).

구약의 옛 언약에 주어진 이스라엘을 향한 미완의 문자적 약속들이 새 언약으로 완전한 구원의 메시지를 전할 필요성이 생기게 되었다. 새 언약은 불완전한 인간을 중보로 세우신 옛 언약과는 그 형태가 다르다. 하나님은 자기의 아들을 중보자로 내세우셔서 온 세상을 향한 완전한 언약을 세우셨다.

예수 그리스도가 흘리신 피는 자신을 단번에 제물로 드려 사람들의 죄를 사하시는 영원한 속죄의 피였다. 과거 대제사장이 이스라엘 백성들의 속죄를 위하여 해마다 성소에서 짐승들의 피를 뿌리는 것으로 모형이 되었던 제도가 그리스도의 영원한 속죄로 인하여 더 이상 불필요하게 되었다. 하늘에 있는 참의 모형이 그리스도의 피로 완성됨으로써 그 존재 가치를 잃게 된 것이다.

새 언약은 옛 언약의 성취로서 그 적용 범위도 이스라엘에서 온 세상으로 넓혀졌다. 이는 우연적인 일이 아니라 철저하게 하나님의 약속에 의거 해 이루어진 사실이다. 하나님은 아브라함에게 "땅의 모든 족속이 너와 네 자손으로 인하여 복을 얻으리라"(창 28:14)라고 말씀하셨다. 이 약속은 아브라함의 후손으로 오실 예수 그리스도로 인한 구원의 축복이 온 세상에 미칠 것을 예견하는 약속이셨다.

1. 구약의 새 언약

하나님은 예레미야 선지자를 통해 새 언약을 예언하셨다. 구약에서 새 언약에 대한 언급은 예레미야서 31장 31-34절이 유일하다. 그러나 신약에 와서 새 언약은 히브리서에 다시 인용되어 언급되고 있다. 예레미야와 히브리서는 똑같은 새 언약의 예언을 기록하고 또한 인용하고 있지만, 그 언약이 적용할 중심 주제는 서로 같지 않다.

원래 새 언약이 주어질 당시의 상황은 북이스라엘이 멸망하고 남유다 민족도 지속적인 범죄로 인하여 하나님께서 그들을 심판하시기로 작정한 때였다. 예레미야 선지자는 이 임박한 심판을 그들에게 선포하도록 부름을 받았다. 유다 백성들은 하나님의 심판을 선포하는 그를 핍박하였다. 그는 백성들의 핍박을 받으면서도 자기 민족이 당하는 쓰라린 심판으로 인하여 괴로워하였다.

이때 하나님께서는 이스라엘을 회복하시겠다는 새 언약의 예언을 그에게 주셨다. 이 언약은 앞뒤 본문들의 광범위한 문맥 안에서 볼 때, 이스라엘의 복귀와 회복에 중심을 맞추고 있다. 구약학자인 로벗슨(O. Palmer Robertson)에 따르면, 새 언약의 주요 주제들은 다음과 같이 정리할 수 있다.[74]

1) 약속의 땅에서 추방된 이스라엘의 복귀

하나님은 이스라엘을 쫓아버렸던 모든 땅으로부터 조상들에게 주었던 땅으로 돌아오게 할 것을 선언하신다(렘 30:3). 하나님은 그들을 돌아오게 할 것이며, 그들은 그 땅에서 안전하게 살 것이다(렘

---

74) Robertson, 『계약신학과 그리스도』, 280-284.

32:37). 그리고 마음과 정성을 다하여 그들을 이 땅에 심으리라고 선언하신다(렘 32:41).

2) 약속의 땅에서 완전한 회복

이스라엘 백성의 추방으로 인하여 그들이 살던 땅은 메마르고 황폐하게 되었다. 그러나 하나님이 주신 "영원한 언약"에 의하면, 예루살렘 성은 하나님을 위해 다시 세워질 것이며, 여호와의 거룩한 곳이 되어 다시는 뽑히거나 전복되지 않을 것이다(렘 31:38-40). 에스겔 선지자는 "내 백성들아 내가 너희 무덤을 열고 너희로 거기에서 나오게 하고 이스라엘 땅으로 들어가게 하리라"(겔 37:12)라고 기록한다.

선지자들은 땅의 회복을 부활의 주제와 연결시켰다. 새 언약이 세워질 때, 살아 있는 자들만이 땅의 회복을 경험하는 것이 아니라, 오히려 죽은 자들도 참여할 수 있도록 그들의 부활을 예언하고 있다.

3) 새 언약에 의한 옛 언약의 성취

새 언약의 예언은 이전에 하나님께서 그의 백성과 세운 옛 언약의 약속들이 모두 성취될 것을 말한다. 하나님께서 자신의 법을 그의 백성들 속에 두며 그들의 마음에 기록하심으로써 성문으로 된 율법의 순종이 아니라 마음에 기록된 하나님의 법에 대한 순종을 성취하신다(렘 31:33). 아브라함에게 약속했던 땅의 소유는 견고하고 흔들리지 않는 실재가 될 것이다.

에스겔 선지자는 새 언약을 통한 이전 약속의 성취를 강조한다. 다윗이 이스라엘의 왕이 되고, 그들은 조상들이 거주하던 땅에서 영원히 거주할 것이며, 하나님은 그들과 화평의 언약을 세워서 영원한 언약이 되게 하고, 하나님의 처소가 영원토록 그들 가운데 있게 할 것을 예언한다(겔 37:24-28). 새 언약과 관련된 축복들을 하나님의 백성인 이스라엘과 연결시켜 발전시켰다.

4) 내적인 성령의 역사

새 언약이 옛 언약에 비해 독특한 점은 하나님께서 자신의 법을 새 언약 백성의 내면에 기록하신다는 점이다. 과거 돌 판에 새겨졌던 율법이 새 언약 백성의 내면에 새겨진다는 말씀이다. 그 백성의 내면에 새겨지는 하나님의 법은 성령의 사역으로 기록되며, 또한 기억되는 법이다.

하나님은 그의 백성이 자신을 떠나지 않도록 그들의 마음에 경외함을 두시며(렘 32:40), 또한 그들의 속에 하나님의 영을 두고(겔 37:14), 그들을 깨끗하게 하신다(겔 37:23). 새 언약은 내적으로 역사하시는 성령의 사역을 강조하는 독특한 양상을 띠고 있다.

5) 완전한 죄 용서

새 언약 백성의 죄 용서는 하나님의 무조건적이며 영원한 의도에서 비롯된 근본 원리로 선포된다. 하나님은 백성들을 모든 죄로부터 건져내시며 그들이 행한 모든 죄악을 완전하게 용서하실 것을 선포하신다(렘 32:8).

6) 이스라엘과 유다의 통합

새 언약은 하나님께서 이스라엘 집과 유다의 집에 맺는 언약이다. 이스라엘과 유다의 집이 함께 언급된 것은 언약의 대상이 통합된 이스라엘을 의미한다. 예레미야는 구체적으로 이 두 나라에 대한 약속을 말하고 있다. 에스겔 선지자도 영원한 언약의 환상을 발전시키면서 하나에서 분리되었던 두 "막대기들"의 재통합을 말한다(겔 37:15 이하 참조).

7) 새 언약의 영원성

새 언약은 모든 언약의 성취와 완성이라는 측면에서 마지막 언약이다. 이는 새 언약의 종말론적인 영원성을 암시한다. 물론 과거의 모든 언약도 하나님께서 인간과 맺으신 영원한 언약으로 간주할 수 있다. 그렇지만 그 영원성의 의미는 새 언약이 옛 언약에 대한 약속의 성취라는 맥락에서 연속성을 가질 때 유효한 것으로 간주 될 수 있다.

이와 같은 새 언약의 주제들은 구약학자인 로벗슨이 예레미야서의 전후 본문을 중심으로 완벽하게 그 특성들을 드러내고 있다. 새 언약은 예레미야 당시에 이방 땅으로 추방된 이스라엘 백성들에게 그들의 회복을 예언하는 하나님의 약속임에 틀림없다. 그런데 동일한 새 언약의 본문을 히브리서 저자는 신약에서 다시 인용한다.

2. 신약의 새 언약

히브리서가 인용한 새 언약 본문은(히 8:8-12) 예레미야서의 기록과 동일하다. 그러나 그 언약이 기록된 신약의 배경과 전후 맥락은 구약과는 전혀 다르다. 구약의 예언이 이스라엘 백성의 복귀와 회복을 주제로 삼았다면, 신약의 새 언약은 예수 그리스도의 희생으로 이루어진 속죄와 구원을 주제로 삼는다. 그리스도가 단번에 자신을 희생 제물로 드림으로써(히 7:27) 새 언약의 중보자가 되셨음을 선포한다(히 8:6).

새 언약은 예수께서 자신의 희생으로 세우신 언약이다. "이것은 죄 사함을 얻게 하려고 많은 사람을 위하여 흘리는 바 나의 피, 곧 언약의 피"라고 부르셨다(마 26:28). 누가는 이를 새 언약과 연결시켜 "이 잔은 내 피로 세우는 새 언약이니 곧 너희를 위하여 붓는 것이라"라고 기록한다(눅 22:20).

새 언약은 하나님께서 "내가 이스라엘 집과 유다 집에 새 언약을 맺으리라"라고 예언하신다(렘 31:31; 히 8:8). 그럼에도 불구하고 예수께서는 새 언약이 자신의 피로 세운 언약이라 말씀하신다. 우리가 여기에서 주목할 점은 새 언약의 '주(主)'가 또한 동시에 그 언약의 '종'이라는 사실이다.[75] 그분은 새 언약을 세우신 하나님인 동시에 그 언약의 희생 제물로 바쳐진 어린양이셨다.

---

75) Horton, 『언약신학』, 88.

예수 그리스도는 만물이 그로 말미암아 지은 바 된 말씀이다(요 1:3). 그 말씀은 언제나 하나님의 임재와 존재가 나타나는 곳에 함께 계셨다. 태초부터 말씀은 하나님과 함께 계셨던 하나님이셨으며(요 1:1), 시내 산을 뒤흔들고 듣는 사람들의 마음을 두려움으로 채웠던 여호와의 말씀이었다. 하지만 그 말씀은 인간의 구원을 위해 모든 것을 내려놓으시고 세상으로 내려오셨다. 하나님께서 언약을 통해 약속하신 복음을 위해 인간의 눈높이에 자신을 맞추신 것이다.

하나님의 모든 약속은 그리스도 안에서 얼마든지 예(yes)가 된다(고후 1;20). 그리스도가 하나님께서 하신 모든 약속의 성취자이기 때문이다. 이를 위해 그분은 하늘로부터 육신의 몸을 입고 인간의 자손으로 세상에 오신 것이다.

예수 그리스도가 아브라함의 유일한 후손이라는 의미는 아브라함에게 주신 하나님의 모든 약속이 그분을 통해 이어진다는 뜻이다. 그는 이스라엘과 유다의 집을 대표하는 유일한 후손의 자격을 갖추었다. 그는 이 자격을 가지고 인간을 대표하는 대속의 제물이 되었다.

그러나 한편으로는 많은 사람에게 죄 사함을 주는 언약의 피를 흘리셨다. 그리스도는 자신이 흘린 피로 새 언약을 세우셨다. 그는 하나님과 인간의 양편을 모두 대표하는 중보자의 역할을 감당하신 것이다. "그 중보자는 한 편만을 위하는 자가 아니나 하나님은 한 분이시니라"(갈 3:20)라고 바울이 선언하는 이유다.

1) 새 언약의 중보자

결과적으로 새 언약은 과거 옛 언약과 같이 하나님께서 인간들과 직접 맺으신 언약의 형태와 다르다. 그 언약은 하나님과 그의 보내심을 받은 아들 예수 그리스도 사이에 세워진 언약이다. 새 언약은 하나님과 인간 사이의 언약이 아니라 성부와 성자인 하나님 간에 세워진 언약이다.

중보자로서 예수 그리스도는 대속을 위한 인간의 피를 흘리셨고, 또한 그 피로 인간의 죄 사함을 위한 새 언약을 세우셨다. 죄 사함과 언약을 세우는 일은 인간이 할 수 없는 하나님만의 고유한 사역이다. 예수 그리스도가 인간인 동시에 하나님이셨기 때문에 그는 양편을 대표하는 중보자의 역할을 충분히 감당하실 수 있었다.

중보자로서 그리스도를 논할 때, 그의 인성과 함께 신성이 지속적으로 거론되는 이유다. 칼빈은 "성경은 인성과 신성의 두 본성이 그리스도 안에서 연합되어 있음을 아주 조심스럽게 표현하며, 때로는 그것들을 교환하기까지 한다. 이런 비유적인 표현법을 교부들은 '속성 간의 교류'라고 불렀다"고 주장한다.[76] 중보자인 예수 그리스도의 두 본성이 한 위격 안에 동시에 존재한다는 의미다.

바빙크는 중보자의 역할을, 은혜 언약 안에서 하나님과 인간을 하나로 묶을 뿐만 아니라, 이에 앞서 양쪽을 서로 화해시켜 그들 사이의 깨어진 관계를 회복시키는 직무로 간주했다.[77] 인간과 신성 사이

76) John Calvin, 『기독교 강요(상)』, 원광현 역 (경기: 크리스챤다이제스트, 2015), 593.

77) Herman Barvinck, 『개혁교의학 3』, 박태현 역 (서울: 부흥과개혁사, 2014), 285.

의 중보자들, 하나님의 복과 계시들을 사람들에게 전하는 그의 사자들, 그리고 역으로 그의 보좌 앞에 사람들의 기도와 선물들을 내려놓는 일은 모든 종교에서 발생한다.[78]

그러나 중보자로서의 그리스도는 옛 언약의 보편적인 중보자들이나 다른 종교에서 신과 인간 사이를 중재하는 초인적 인물들과는 그 성격이 전혀 다르다. 그들은 종속적인 신들이거나, 혹은 그들 신에게 헌신 되어 초자연적인 능력을 덧입고 신(神)과 인간 사이에 교제를 담당하는 존재들이었다. 하지만 그들 자체가 신앙의 대상으로 추앙되는 신(神)은 아니었다.

예수 그리스도는 세상의 다른 중보자들과는 달리 그를 믿는 기독교인들에게 신앙의 대상이다. 그는 언약에 계시 된 하나님의 약속을 인간의 몸으로 성취하셨을 뿐만 아니라, 하나님으로서 자신의 피로 인간의 죄를 사하시고 새 언약을 세우신 분이다. 그의 십자가 사역은 세상에 기쁜 소식인 복음이 되어 전파되었고 믿는 자에게 구원을 주시는 하나님의 능력이 되었다.

그리스도의 십자가 사건은 그 당시 정치적 상황 하에서 발생한 우발적인 사건이 아니었다. 하나님은 이 일을 위하여 이미 수천 년 전에 아브라함에게 자신의 죽음을 계시하심으로써 영적 가나안 땅의 약속을 확증하셨다. 그 계시가 성자 예수 그리스도의 십자가 죽음으로 성취되었다.

---

78) Barvinck, 『개혁교의학 3』, 285-286.

그리스도는 편협한 마음을 가진 자들에 의해 제물로 죽으셨지만 그의 죽음은 인간의 죄를 사하고 구원을 가져다주는 위대한 승리를 가져왔다. 그의 죽음이 인간들의 구원을 위한 위대한 희생이 된 것은 그분이 바로 주(主), 하나님이신 중보자이셨기 때문이다. 하나님의 약속은 동일하신 그리스도의 죽음으로 믿는 자들에게 유업이 된다.

그 유업은 하나님 백성이 믿음으로 얻게 되는 구원의 축복이다. "너와 네 자손으로 말미암아 천하 만민이 복을 얻으리라"라는 하나님의 약속이 아브라함의 후손으로 오신 예수 그리스도로 말미암아 드디어 복음이 되어 온 세상에 전해지게 된 것이다. 이 모든 것이 하나님의 예정된 일이었다.

그리스도는 새 언약의 중보자로서 십자가에서 피를 흘리시고 죄 사함을 위한 새 언약을 세우셨다. 그가 십자가에서 당한 고난은 하나님의 자기희생이었다. 육신의 몸으로 겪으신 고난이었지만 그 결과는 인간의 죄 사함을 통해 구원으로 이끄는 하나님의 사역이었다. 하나님은 그 사역을 자신의 영광 가운데 행하신 것이 아니라 아들의 십자가 고난을 통해 그 고통을 스스로 체휼하심으로써 사람들에게 은혜를 베푸신 것이다.

불붙는 시내 산에서 이스라엘 백성들에게 큰 소리를 내어 자신의 위엄을 드러내시던 하나님의 모습을 신약에서는 더 이상 찾아볼 수 없다. 가장 초라하고 비천한 방식을 통해 하나님께서 자신의 눈높이를 인간이 처할 수 있는 가장 낮은 곳까지 낮추셨기 때문이다. 이러한 방식을 통해 하나님은 구원 언약에 계시 되었던 자신의 죽음을 아들의 십자가로 이행하신 것이다.

그리스도의 십자가 죽음에는 인간의 죄 용서를 위한 속죄도 포함되지만 그보다 훨씬 더 거대한 하나님의 목적이 담겨 있었다. 속죄는 그 궁극적인 목적을 향해 나아가는 한 과정에 해당될 뿐이다. 하나님의 최종적인 목적은 예수 그리스도를 통해 모든 사람의 구원을 위한 새 언약을 세우시고 그 언약을 온 세계에 증언할 하나님의 새로운 백성을 창조하는 일이었다.

새 언약은 하나님과 중보자인 예수 그리스도 사이에 세워진 언약이다. 그 중보자는 인간인 동시에 하나님이셨다. 따라서 새 언약은 인간으로 오신 예수 그리스도의 십자가 죽음으로 세워졌지만, 실제적으로는 성부와 성자 하나님 사이의 언약이라 말할 수 있다.

하나님과 인간 사이에 죄로 막혀있던 담이 중보자이신 예수 그리스도의 죽음으로 허물어지고 모든 사람에게 구원을 가져오는 복음의 새 언약이 수립되었다. 이를 위해 창조된 인간이 원래의 모습을 찾을 수 있도록 하나님은 자신의 위치를 인간의 눈높이에 맞춰 스스로 낮아져 인간의 모습으로 세상에 오신 것이다. 그의 낮아지심에는 하나님께서 아브라함과 언약으로 맺은 약속을 끝까지 이행하시기 위한 그분의 신실하심이 담겨 있다.

하나님은 아브라함과의 언약을 통해 후손으로 오실 그리스도를 약속하셨고 믿음으로 창조될 참 아브라함의 자손들을 위해 가나안 땅의 약속을 주셨다. 하나님은 그 땅의 약속을 확증하시기 위해 아브라함에게 자신의 죽음에 관한 직접적인 계시를 주셨다. 약속된 그 땅은 후손으로 오실 그리스도를 믿음으로써 창조될 참 아브라함의 자손들이 영원한 영적 삶을 누려갈 "하나님께서 계획하시고 지으실 터가 있는 성(城)"(히 1:10), 곧 하늘나라였다.

예수 그리스도는 그 언약의 약속을 육신의 몸으로 세상에 오셔서 성취하신 분이다. 그리스도의 십자가 죽음은 하나님께서 아브라함에게 직접 계시하셨던 신적(神的) 죽음에 대한 실행이었다. 예수 그리스도는 그 계시의 실행을 위해 육신의 몸으로 세상에 오셔서 십자가의 죽음을 감당하신 것이다. 역설적이게도 이 사건은 이스라엘 백성이 그들의 메시아로 오신 예수 그리스도를 부정하고 그를 십자가에 못 박음으로써 실행되었다. 이로써 하나님의 구원이 이스라엘로부터 온 세상으로 퍼져나가는 결과를 낳게 되었다.

아브라함 언약의 당사자인 이스라엘 백성이 오히려 그의 후손으로 오신 예수 그리스도를 배반한 것이다. 그 결과 그들은 하나님의 구원에서 멀어지게 되었다. 대신 수많은 이방의 백성들이 예수에 대한 믿음으로 참 아브라함의 자손이 되어 하나님의 백성으로 선택받게 되었다. 유대인의 실패가 구원의 복음을 온 이방 세상에 퍼뜨리는 결과를 가져오게 된 것이다.

바울은 이러한 이스라엘의 실패를 로마서 11장에서 참 감람나무의 비유를 들어 설명한다. 아브라함의 혈통적 후손이던 그들은 그리스도를 받아들이지 않음으로써 자신들의 참 감람나무의 가지가 꺾이게 되었고, 그 가지 위에 돌 감람나무인 이방인들이 접붙임을 받게 되었다. 하나님의 구원이 유대인에게서 이방인에게로 옮겨지게 된 것이다. 그 결과 "네 씨로 말미암아 천하 만민이 복을 받을 것"(창 22:18)이라는 하나님의 약속이 그대로 실현되었다.

바울은 갈라디아서에서 이러한 결과를 성경이 미리 알고 아브라함에게 복음을 전했다고 기록한다. 그 복음은 하나님께서 이방을 믿음으로 말미암아 의로 정하실 것이라는 내용이었다(갈 3:8). 좀 더 구체적으로 말한다면 이방인들이 그리스도에 대한 믿음으로 하나님의 백성이 되어 구원을 얻게 될 것이라는 말이다.

아브라함은 후손에 대한 약속을 믿어 의롭다 함을 받았다(창 15:6). 이와 마찬가지로 이방인들은 그의 후손으로 오신 예수 그리스도를 믿어 아브라함과 같이 의롭다 함을 받게 된다. 실제적으로 아브라함의 믿음의 대상과 이방인들이 의롭다 함을 얻는 믿음의 대상이 동일한 예수 그리스도라는 사실에서 옛 언약과 새 언약이 연속성을 갖는다.

아브라함은 장차 오실 예수 그리스도를 믿어 의롭다 함을 받았고, 이방인을 포함한 모든 기독교인은 약속의 성취로 오신 예수 그리스도를 믿어 의롭다 함을 얻는다. 아브라함의 믿음에 의한 칭의가 현재 기독교인들의 믿음에 의한 칭의에 관한 모형, 혹은 원형적 사건으로 다루어지는 이유다. 하나님께서는 약속의 후손으로 오신 '자기 아들'의 죽음 안에서 믿음의 공동체인 자신의 백성, 즉 '하나님의 교회'를 얻으신 것이다.[79]

---

79) Michael Gorman, 『속죄와 새 언약』, 최현만 역 (경기: 에클레시아북스, 2007), 78.

성경에서 모형이나 원형은 실제의 사건을 위해 준비된 예언적 성격을 지닌다. 그 결과는 서로를 예측할 수 있는 동종의 사건으로 간주 되며, 그 결과 또한 호환성(compatibility)을 가진다. 그러므로 예수를 믿는 우리 모두는 아브라함과 같이 믿음으로 의롭게 되어 하나님께서 그에게 약속하신 축복을 받아 믿음으로 말미암아 성령의 약속을 받아 하나님의 백성이 된다(갈 3:14).

성령의 약속을 받는다는 사실은 구원받은 하나님의 백성에 속했다는 새 언약의 증거가 된다. 새 언약은 예수 그리스도의 죽음으로 개시되었고, 그 죽음 후에 오실 성령이 그분에 의해 약속되었기 때문이다. 십자가에서 돌아가신 그리스도에 대한 믿음, 그분과 합하는 세례, 그리고 구원의 여정인 성화의 모든 과정에 성령이 개입하셔서 우리의 구원을 완성하신다.

2) 성령에 관한 새 언약의 약속

성령은 하나님의 영으로서 그리스도께서 성취하신 언약의 계시를 신자들에게 적용하심으로써 새로운 하나님의 백성을 창조하시고 그들을 보존하시는 분이다. 그분은 예정된 하나님의 백성들을 그리스도와 연합시킴으로써 '그의 몸인 교회'(엡 1:23)의 지체로 삼으시고 새롭게 구원받은 백성을 보전하시기 위해 약속에 의해 보내지신 분이다. 즉 성령은 하나님께서 그리스도의 이름으로 보내신 분이다.

하나님은 죄인 된 우리를 위해 그리스도를 보내 죽게 하심으로써 우리에 대한 자신의 사랑을 확증하셨다(롬 5:8). 그리스도는 죽은 지

사흘 만에 부활하신 후, 그의 제자들에게 아버지께서 약속한 성령을 보내시겠다고 약속하셨다(눅 24:49). 이 약속에 따라 오순절 마가의 다락방에 성령이 부어짐으로 인하여 '구약의 예언'(욜 2:28-29)을 통해 마지막 시대에 하나님의 백성들에게 은혜의 선물을 부어주시겠다는 약속이 성취되었다.

후크마(Anthony A. Hoekema)는 웨스트민스터 신앙고백서의 말을 빌려 성령은 구원의 적용을 이루시는 유일한 동인(動因)이라고 말한다.[80] 바울도 "하나님이 우리를 구원하시되 우리의 행한 바 의로운 행위로 말미암지 않고 오직 성령의 새롭게 하심으로 하심이라"라고 말한다(딛3:5). 즉, 성령의 주된 역할은 우리를 그리스도와 연합하게 하여 그와 한 몸을 이루어 한 영이 되게 하시는 사역이다(고전 6:17).

하나님은 성령을 통해 언약을 성취하신 그리스도의 유익을 새로운 하나님의 백성에게 적용하신다. 그리고 그 가운데서 자신의 사역을 행하시며 그의 영광을 증진하신다. 따라서 성령의 사역이 적용되는 '구원의 서정(via salutis)'은 구속 혹은 구속을 소유하는 길이다. 이는 세상의 다른 종교나 철학에서 추구하는 것과는 근본적으로 다른 성경만의 고유한 성격을 지닌다.[81]

그리스도께서 세우신 새 언약의 가장 큰 유익은 성령의 선물이었다. 바울은 아브라함 언약과 성령의 약속을 서로 연결한다. 그 언약

---

80) Anthony A. Hoekema, 『개혁주의 구원론』, 류호준 역 (서울: 기독교문서선교회, 1995), 49.

81) Bavinck, 『개혁교의학 3』, 610-611.

을 기록한 창세기 15장에 성령에 관한 언급이 전혀 없음에도 불구하고 바울은 담대하게 '아브라함의 복'을 '성령의 약속'과 연결했다.

그는 갈라디아서 3장 14절에서 그리스도가 우리를 구속하심은 "그리스도 안에서 아브라함의 복이 이방인에게 미치게 하여 우리로 하여금 믿음으로 말미암아 성령의 약속을 받게 함이라"고 기록한다. 바울의 해석은 아브라함 언약을 철저하게 새 언약의 조명을 통해 인식했다는 근거를 제공한다.

새 언약을 새롭게 하는 것은 다음과 같은 두 가지 요소에 의해 결정된다. 첫째는 완전하고 최종적인 '죄 용서'이며, 둘째는 언약 공동체의 모든 구성원에게 부어지는 성령이다.[82] 이 두 가지 사항은 새 언약의 선물인 동시에 구원을 위한 상호 보완적 성격을 갖는다.

토랜스는 성령의 수여와 그로 인해 세워진 교회의 존재 자체가 속죄의 완성이자 실현이라는 점을 강조한다.[83] 그리스도의 십자가 죽음이 가져다준 속죄로 인한 우리의 구원이 성령의 수여로 인해 완성된다는 말이다. 새 언약의 예언과 같이 하나님께서 우리의 생각과 마음에 두고 기록한 율법의 운용은 성령의 주된 사역이다. 그 결과 하나님은 우리의 불의를 긍휼히 여기시고 우리가 지은 죄를 다시 기억하지 않는 새 언약의 은총을 주신다.

---

82) Blake A. White, What is the New Covenant Theology?, Frederick: New Covenant Media, 2015, 13.

83) Thomas F. Torrance, Atonement: The Person and Work of Christ. Edited by Robert T. Walker (Milton Keynes, UK: Paternoster), 22.

구약에 기록된 새 언약의 예언은 예레미야 31장 31-34절이 유일하다. 하지만 에스겔 36장 26-27절도 새 언약에 관한 중요한 구절로 취급된다. 하나님의 영에 관한 에스겔의 두 구절은 새 언약을 통해 주어질 성령을 예언하고 있기 때문이다. 하나님께서 그의 백성들에게 먼저 새 영과 새 마음을 주심으로써 그들의 마음을 부드럽게 한 후에 하나님의 영을 그들 속에 두어 하나님의 율례를 행하게 하신다는 말씀이다.

성령은 새 언약이 주는 독특한 선물이다. 이 선물로 인하여 새 언약은 구약의 옛 언약을 능가하는 차별성을 가진다. 먼저 성령은 그리스도를 믿는 믿음으로 새로운 하나님의 백성을 창조하신다. 그리고 그들의 구원 여정을 견인하기 위해 하나님의 율례를 기억하고 행하게 하는 하나님의 법의 역할을 감당하신다.

그리스도의 믿음에 대한 고백과 확신은 인간의 노력이나 의지로 얻을 수 없다. 성령의 도움 없이는 아무도 예수를 주(主), 곧 하나님으로 시인할 수 없다고 바울은 분명하게 밝힌다(고전 12:3). 그리스도를 주로 시인하는 믿음은 반드시 성령의 사역에서 비롯된다는 사실이다.

그리스도가 십자가에서 흘린 피는 인간의 죄 사함과 새 언약을 세우는 시발점이 되었다. 그리스도는 자신이 지신 십자가로 구약의 모든 언약을 성취하시고 새 언약의 주인이 되신 것이다. 그러나 성부와 성자 사이에 십자가의 성취를 통해 모든 사람에게 구원을 가져다주는 기쁜 소식인 복음의 메시지도 성령께서 믿음으로 사람들에게 적용할 때만 그 빛을 발하게 된다.

십자가가 전하는 복음의 기쁜 소식도 성령께서 주시는 믿음의 유무에 따라 천지차이가 난다. 믿지 못하는 자에게는 미련한 소식일 뿐이지만 믿는 자들에게는 구원을 얻게 하는 하나님의 능력이 된다(고전 1:18). 결국 복음은 성부와 성자 사이의 언약의 약속과 성취에 따른 결과를 성령께서 사람들에게 믿음으로 적용하심으로써 완성되는 것이다. 결국 복음은 성령 하나님이 완성하시는 삼위일체 하나님의 관계적인 구원 사역이라 말할 수 있다.

7

믿음에 의한 칭의

1. 아브라함의 믿음
2. 아브라함의 칭의
3. 종교개혁과 칭의교리
4. 바울의 복음과 칭의
5. 그리스도의 중보자적 사역과 칭의
6. 칭의의 본질
7. 믿음과 행위

제7장. 믿음에 의한 칭의

칭의 교리는 복음의 핵심을 가늠하는 중심 주제이다. 오직 믿음으로 말미암아 의롭게 된다는 칭의 교리는 종교개혁 이후 개혁주의 신학의 전통적이며 지배적인 원리로 간주 되어왔다. 언약의 약속과 성취를 통해 성경 전체에 걸쳐 언급되고 있는 인간 구원 사역을 하나님은 칭의라는 수단을 통해 그들에게 실제로 적용하고 계신다.

하나님은 구약에서 아브라함의 믿음을 통해 그를 의롭다 여기셨고, 그리스도가 오신 후에는 그를 믿는 믿음으로 사람들을 의롭게 하신다. 제임스 패커(James I. Packer)는 뷰캐넌의『칭의 교리의 진수』의 예비적 서론에서 믿음에 의한 칭의 교리는 구원의 은혜에 대한 전체 복음적 지식의 세계를 그 어깨에 짊어지고 있는 것과 같다고 말한다. 하나님의 선택과 중생, 회개, 성례 등과 같은 기독교의 모든 교리들이 오직 믿음으로 말미암는 칭의 교리의 견지에서 해석되고 이해되어야 한다는 주장이다.[84)]

성경은 하나님께서 창세 전에 그리스도 안에서 우리를 택하셔서

---

84) James Buchanan,『칭의 교리의 진수』, 신호섭 역 (서울: 지평서원, 2014), 17.

그 앞에 거룩하고 흠이 없게 하시려고 그 기쁘신 뜻대로 예정하사 자기의 아들들이 되게 하셨다고 말한다(엡 1:4-5). 그리스도에 대한 믿음으로 하나님의 자녀가 되는 것은 그분 안에서 우리를 의롭게 하시는 칭의의 결과라는 뜻이다. 즉, 예정된 우리는 믿음에 의한 칭의를 통해 하나님의 자녀로 부름을 받게 된다는 것이다.

칭의를 이루는 구약의 대표적 믿음은 아브라함의 믿음이었으며, 신약에서는 예수 그리스도를 믿는 신자들의 믿음이다. 그렇다면 하나님께 의롭다 함을 받았던 아브라함의 믿음과 신자들의 믿음의 성격은 서로 다른 것일까? 만약 같은 종류의 믿음이라면 이 둘은 서로 어떻게 연결될 것인가?

아브라함은 장차 약속된 그의 후손으로 오실 예수 그리스도를 믿어 하나님께 의롭다 함을 얻었다. 그리고 신약의 신자들은 그 후손으로 오신 예수 그리스도를 믿어 의롭다 함을 얻는다. 의롭다 함을 이미 얻었거나, 혹은 장차 얻게 될 믿음은 모두가 다 하나님의 구원 약속과 그 약속을 성취하신 예수 그리스도에 대한 동일한 믿음이었다. 두 믿음의 유일한 차이는 아브라함은 앞으로 명백히 드러날 그리스도를 믿었던 것이고, 우리는 이미 명백하게 드러난 그리스도를 믿는다는 사실이다.[85)]

칼빈도 아브라함 언약의 핵심이 그리스도였음을 확신했다.[86)] "하

---

85) Blake A. White, What is the New Covenant Theology? (Frederick: New Covenant Media, 2015, 26.

나님께서 아브라함 언약에 그의 모든 자손들을 포함 시켰지만, 그럼에도 불구하고 바울은 지혜롭게 그리스도께서 모든 민족을 복 받게 하시는 그 씨였다"고 추론한다(갈 3:14).[87] 칼빈의 이와 같은 주장은 아브라함에게 약속된 그 씨가 세상 모든 민족에게 복을 가져다줄 영적 후손이었음을 아브라함이 이미 인지하고 있었다는 의미를 담고 있다.

아브라함이 비록 이를 희미하게 볼 수밖에 없었음에도 불구하고 그는 앞으로 오실 그리스도에 대한 선한 소망의 확신을 갖고 믿었다. 바로 여기에서 기쁨이 왔고, 아브라함은 죽을 때까지 그러한 기쁨 가운데 있었다.[88] 예수님도 세상에 계실 때 아브라함이 자신에 대해 이미 알았고 기쁨으로 맞이할 준비가 되어 있었다고 언급하셨다.

요한복음 8장 56절은 이러한 사실에 대한 명백한 증언이다. 예수께서 "사람이 내 말을 지키면 영원히 죽음을 보지 아니하리라"(요 8:51)고 말씀하셨을 때, 유대인들은 "네가 이미 죽은 우리 조상 아브라함보다 크냐?"라고 물었다. 이때 예수님은 "너희 조상 아브라함은 나의 때 볼 것을 즐거워하다가(기대하다가) 보고 기뻐하였노라"고 말씀하셨다. 자신은 이미 아브라함이 태어나기 이전에 존재하셨던 분이었으며, 그에게 약속된 후손으로 오실 분이었음을 아브라함이 이미 알고 있었다는 표현이다.

---

86) Peter A. Lillback, 『칼빈의 언약사상』, 원종천 역 (서울: 기독교문서선교회, 2009), 219.

87) John Calvin, 『기독교강요 (상)』, 원광연 역 (고양: 크리스챤다이제스트, 2003), 420.

88) Calvin, 『기독교강요 (상)』, 521

아브라함은 후손에 대한 약속이 앞으로 오실 그리스도에 대한 약속임을 이미 내다보았다는 사실이다. 그리고 그 후손에 대한 하나님의 약속을 의심 없이 믿었다. 그의 믿음의 대상이 장차 그의 후손으로 오실 예수 그리스도를 향하고 있었기 때문에 그는 하나님의 그 약속을 믿어 의롭다 함을 얻게 된 것이다

1. 아브라함의 믿음

구약에서 하나님의 명령이나 약속에 대한 선조들의 반응은 여러 종류로 나타난다. 가장 분명한 형태는 하나님의 명령과 약속이 주어질 때 어떠한 조건 하에서든지 간에 그 말씀에 충실히 따르는 것이었다.[89] 믿음의 조상 아브라함이 대표적인 예였다. 하나님의 부르심에 대한 그의 순종은 부르심에 귀속된 하나님의 약속에 대한 그의 수용으로 간주된다. 이것이 하나님의 약속에 대한 그의 믿음으로 표현되었다.[90]

창세기 17장에 기록된 할례에 대한 하나님의 명령을 그와 그의 모든 집안 식구들이 수용한 것은 하나님께서 주신 모든 약속에 대한 그

89) John Ha, Genesis 15, (Berlin: Walter de Gruyer, 1989), 115.

90) Ha, Genesis 15, 115.

의 적극적인 믿음의 표현이었다. 하나님께서 아브라함에게 "고향과 친척과 아비의 집을 떠나라"(창 12:1)고 말씀하셨을 때, 그는 갈 바를 알지 못한 채 믿음으로 순종하며 나아갔다. 하나님의 명령에 아무런 의의 없이 순종했다는 사실은 그의 믿음의 역사가 말씀에 대한 순종으로부터 시작되었음을 암시한다.

골딩(P. Golding)은 비록 하나님의 명령과 약속이 아브라함에게 주어졌을 때 언약이라는 용어 자체가 사용되지 않았을지라도 언약 관계의 실제가 존재할 수 있었다고 말한다. 아브라함에게 주어진 약속들은 중요한 시기에 공식적인 언약의 지위를 부여하지 않지만, 그 속에는 언약의 본질이 명확히 존재함을 나타낸다.[91]

하나님은 창세기 15장에서 아브라함과 공식적인 언약을 세우신 후에도 여전히 그를 시험하셨다. 하나님은 그에게 백 세에 얻은 독자 이삭을 번제로 바치라고 명령하셨다. 그가 살던 땅을 떠나라고 명령하신 첫 번째 시험에서와 같이 이 경우도 아브라함은 하나님의 명령에 그대로 순종하고 따름으로 무사히 시험을 통과하였다.

하나님께 대한 아브라함의 순종이 믿음으로 다시 한번 확증되는 계기가 되었다. 하나님은 그 시험의 순종을 통해 그가 자신을 경외한다는 사실을 확증하셨다. 그 후, 하나님은 그에게 결정적인 약속을 주신다. 그의 씨(후손)로 말미암아 천하 만민이 복을 받을 것이라는 약속이었다. 그의 믿음을 확인하신 후에 주신 하나님의 약속은 그리

---

91) Golding, 『현대인을 위한 언약신학』, 275.

스도가 성취하신 복음의 내용을 더욱 구체화 시켰다.

원래 불순종의 죄를 범했던 아담에게 주셨던 '여인의 후손'에 대한 약속이 최초의 복음, 즉 원시 복음이었다. 그 복음은 여인의 후손으로 오실 분이 사탄의 머리를 상하게 함으로써 그 세력을 꺾을 것이라는 내용이었다. 그러나 아브라함에게 주신 약속은 그의 씨, 즉 그의 후손으로 오실 예수 그리스도로 말미암아 천하 만민이 구원의 축복을 누릴 것이라는 구체적 내용으로 발전되었다. 복음의 윤곽이 아브라함의 믿음을 확인하신 하나님의 약속을 통해 더욱 상세히 그려진 것이다.

이로써 아브라함은 유대인뿐만 아니라 이방의 모든 믿는 자들에게 믿음의 조상이 되었다. 바울은 로마서에서 아브라함을 경건한 유대인의 전형에서 피조된 인간의 전형으로 전환시킨다. 아브라함은 하나님에 대한 전적인 의존으로 온전한 생명을 얻게 된 모든 믿는 사람들에 대한 모형으로서 분명한 모습을 드러내게 된 것이다.[92]

2. 아브라함의 칭의

아브라함은 여호와를 믿음으로 의롭다 함을 얻었다(창 15:6). 하나

92) James Dunn, 『로마서 1-8: Word Biblical Commentary Vol. 38A』, 441.

님께로부터 의롭다 함을 얻었다는 칭의의 의미는 그가 하나님의 백성 혹은 자녀가 되었다는 공식적인 선포다. 이 선포에 의해 믿음에 의한 칭의는 구원의 문제와 직결된다. 아브라함의 칭의를 기록한 창세기 15장이 구원 진리를 제시하는 기념비적인 장으로 간주되는 이유는, 이미 아브라함 시대에 어떻게 인간이 하나님 앞에서 의롭다 인정을 받을 수 있는가?라는 질문에 답을 주고 있기 때문이다.[93)]

하나님으로부터 의롭다 함을 얻는 칭의는 인간이 그분의 진노와 저주의 대상이 아니라, 은총과 복의 대상으로서 하나님 앞에서의 용인, 또는 그의 면전에서 의로운 자로 간주 되는 것을 의미한다. 이는 칭의가 하나님 편에서의 사역으로 간주 되든 인간 편에서의 특권으로 간주 되든 상관없이 그것에 대한 공식적인 정의이며 포괄적 의미라고 할 수 있다.[94)]

칭의는 인간이 타락하기 전에 죄를 범하거나 부패할 가능성이 없는 완전한 상태를 전제로 하기 때문에, 순전한 하나님의 법, 즉 율법에 대한 개인적 순종 위에 기초하게 된다. 인간에게 주어진 그 율법은 하나님의 의로운 심판의 통치이기 때문이다.[95)]

인간이 창조된 후 무죄의 상태에서 공표된 "이것을 행하라 그리하면 살리라"는 율법은 인간이 하나님의 형상을 지닌 의인의 존재로서

---

93) H. C. Leupold, 『신구약성경주석, 창세기(上)』, 최종태 역 (서울: 크리스챤서적, 1993), 406.

94) Buchanan, 『칭의교리의 진수』, 42.

95) Buchanan, 『칭의교리의 진수』, 42.

의 능력에 알맞게 적용되는 칭의의 방법이었다. 그러나 인간이 타락한 후에는 이 율법은 사람을 의롭게 하는 기능을 잃어버리게 되었다. 바울은 "율법의 행위로는 그의 앞에 의롭다 함을 얻을 육체가 없나니 율법으로는 죄를 깨달음이라"(롬 3:20)라고 선언하는 이유다.

그러므로 아브라함이 믿음으로 얻은 칭의의 요소에는 인간의 노력과 행위에 의한 모든 요소가 완전히 배제된다. 오직 믿음만이 유일한 요소라는 사실이 확인될 뿐이다. 만약 하나님이 아브라함에게 '믿음에 의한 의'라는 초자연적인 계시를 주시지 않았더라면 우리는 결코 '사람이 하나님 앞에서 어떻게 의로울 수 있을 것인가?'라는 질문에 답할 수 없었을 것이다.

뷰캐넌에 따르면, 칭의 교리는 원시시대, 우리 인류의 첫 조상들에게 나타났던 초기의 계시로부터 기원된다.[96] 하나님의 형상으로 창조되었던 그들이 에덴동산에서 하나님의 명령을 어기고 불순종하였을 때, 그들은 곧바로 죽음이라는 형벌 앞에 놓이게 되었다. "선악과를 먹지 말라. 먹는 날에는 반드시 죽으리라"(창 2:17)라는 하나님의 명령은 죽음과 영생이 동시에 약속된 언약적 규율이었다. 아담은 하나님의 말씀에 대한 불순종으로 영생 대신 죽음의 길을 선택함으로써 형벌적인 고난을 스스로 짊어지는 결과를 초래하였다.

죄인의 자격으로 하나님 앞에선 아담과 이브에게 하나님은 정죄의 판결을 내리심과 동시에 그들의 구원을 위해 '여인의 후손'을 약속하

96) Buchanan, 『칭의교리의 진수』, 43.

셨다. 타락한 인간에게 구원의 역사가 시작되는 순간이었다. 이 구원의 역사가 바로 언약의 역사였다. 이 구원 역사를 아담에서 신약의 사도 시대에 이르기까지 하나님께서 언약의 약속으로 자신의 백성들을 다루신 기사가 신구약성경이다.[97]

하나님의 형상으로 창조되어 완전한 자유의지를 가졌던 인류의 첫 조상은 자의적인 불순종으로 인하여 하나님의 창조 상태에서 멀어졌다. 이때 하나님은 정당하게 그들을 파멸시킬 수 있으셨다. 그러나 하나님은 자신의 은혜와 자비로 '오실 후손'을 약속하심으로써 인간에게 회복과 영생의 기회를 마련해 주셨다. 불링거는 이것이 처음으로 전파된 복음이며 기독교 믿음의 기원이라고 말한다. 처음 약속된 복음 안에서 인간의 불순종으로 인한 저주를 하나님께서 그리스도에게로 전가시킨 것이다.[98]

성경에는 첫 조상들에게 하나님께서 약속하신 '여인의 후손'에 대한 복음이 언약의 형태로 기록되어 있지 않다. 그러나 인류 회복을 위한 첫 언약이 하나님과 아담 사이에 맺어졌음이 분명하다. 인류의 시초부터 언약의 조건들이 존재했다는 말이다. 하나님은 전능하신 분으로 인류의 구원을 위해 특별히 그리스도를 제공하셨고, 이에 대한 보답으로 사람들은 하나님을 신뢰하며 그의 명령에 순종해야만

97) Wayne J. Baker, Heinrich Bullinger and the Covenant (Athens: Ohio University Press, 1980), 55.

98) Baker, Heinrich Bullinger and the Covenant, 56.

하였다. 아담 이래로 진정한 예배와 경건은 언약의 조건, 즉 하나님의 명령과 법을 지키는 것이었다.[99]

그러나 진정한 예배는 아담의 아들인 가인에 의해 즉각적으로 변질되었다. 그의 동생인 아벨이 제물로 드렸던 양의 첫 새끼와 그 기름에 비하여 가인이 드린 땅의 소산물인 곡식은 하나님 보시기에 제물로서는 적합지 않았다. 결국 그는 동생을 죽였고, 다시 불신앙과 불순종의 길을 택한 것이다.

아담에게서 아벨을 대신하여 셋이 태어났을 때 비로소 진정한 믿음이 다시 세워졌다. 이 믿음의 계열은 노아, 아브라함, 다윗과 예수 그리스도까지 이어지게 되었다. 셋으로부터 에노스가 태어났고 그때 사람들은 비로소 여호와의 이름을 불렀다(창 4:26).

셈의 후손인 아브라함은 우상 숭배로 순수한 신앙이 더럽혀지고 퇴색된 갈대아에서 태어났다. 그러나 그는 하나님에 대한 진정한 신앙을 잃지 않은 믿음의 사람이었다. 그의 가족들이 갈대아인의 우르를 떠나 하란에 머무르고 있을 때 하나님은 그에게 그곳을 떠나라고 명령하셨다. 그는 믿음으로 순종하고 장래에 기업으로 받을 땅으로 떠났지만, 그 순간 그는 갈 바를 알지 못하고 떠났던 것이다(히 11:8).

아브라함은 믿음으로 의롭다 여김을 받기 전에도 하나님의 말씀을 전적으로 의지하고 따르는 순종의 사람이었다. 그는 도착하는 곳마다

---

99) Baker, Heinrich Bullinger and the Covenant, 57.

먼저 하나님께 제단을 쌓고 제사를 드리는 믿음을 드러냈다. 그의 믿음에는 하나님에 대한 경배와 순종의 모습이 이미 전제되어 있었다.

불링거는 아브라함의 믿음을 아담에게 약속되었던 '여인의 후손'인 그리스도에 대한 믿음으로 보았다. 그는 우리 기독교인들의 믿음이 할례의 시행이나 율법, 그리고 제사장 제도와 유대인의 의식보다도 훨씬 앞선 것으로 보았다. 그것이 바로 중요하게 간주 된 아브라함의 믿음이었다.[100]

아브라함은 하나님께서 약속하신 그의 후손이 앞으로 오실 그리스도였음을 확인할 수 있다, 예수께서도 그가 자신이 올 것을 기대하므로 기뻐하였다고 말씀하셨다(요 8:59). 바울도 약속된 아브라함의 후손이 오직 한 사람인 예수 그리스도를 가리킨다고 증언한다(갈 3:16). 하나님께서 주시는 후손에 대한 약속을 믿어 의롭다 함을 받은 아브라함의 믿음은 곧, 그의 후손으로 오실 예수 그리스도에 대한 믿음이었다는 결론에 도달할 수 있다.

아브라함은 이러한 믿음 때문에 모든 믿는 자들의 조상이 되었다. 뷰캐넌도 오늘날 우리에게 선포되는 그 동일한 복음이 아브라함으로부터 전해졌다고 간주한다.[101] 바로 이 복음 안에서 아브라함이 의롭다 함을 받은 것이다. 그래서 창세기와 신약은 "그가 이를 믿으니 하나님이 이를 그의 의로 여기셨다"라고 반복적으로 기록하고 있다(창

---

100) Baker, Heinrich Bullinger and the Covenant, 59.

101) Buchanan, 『칭의교리의 진수』, 59.

15:6; 롬 4:3; 갈 3:6; 약 2:23).

3. 종교개혁과 칭의 교리

칭의 교리는 16세기 종교개혁으로 탄생한 개신교를 로마 가톨릭교회와 구분 짓는 중요한 역할을 감당했다. 로마 가톨릭교회는 비록 하나님 은혜의 우선권을 인정하지만, 인간의 행위를 더한 증가된 의를 강조했다. 즉, 신자들은 예수 그리스도에 대한 믿음과 함께 인간의 선한 행위가 동반됨으로써 구원을 받는다는 주장이었다.

로마 가톨릭교회의 이해에 따르면, 신자들은 오직 믿음으로 구원을 받는 것이 아니라 그리스도의 은혜에 행위가 더해짐으로 구원을 받는다고 한다. 이는 하나님께서 신자들을 받아들이는 '의(righteousness)'가 그리스도의 의뿐만 아니라, 신자들의 선행이 포함된 의라는 의미이다.

반면 16세기 개신교가 칭의 교리를 공식화했을 때, 이 교리의 각 주제는 중세 로마 가톨릭교회의 가르침에 반대하기 위한 반증으로 표현되었다. 그 예로 개신교에서 주장하는 '오직(sola)'이라는 각 항은 개신교와 로마 가톨릭 사이의 견해 차이를 명확히 구분하려는 의도였다.[102] 개신교에서는 신자가 구원을 받는 것은 '오직 은혜(sola gratia)'의한 것이지 "은혜와 행위'에 의해서가 아니라는 주장이다. 칭의는 율법에 따른 행위와는 관계없이 '오직 믿음(sola fide)'에 의한 하나님의 선물이기 때문이다.

개신교가 이러한 칭의 교리를 강조한 것은 그들과 로마 가톨릭 사이의 견해 차이를 명확히 구분하려는 의도였다. 이로 인해 복음에 대한 개신교의 견해는 로마 가톨릭의 견해와 첨예하게 대립하게 되었다. 기독교 역사상 서로를 용납할 수 없는 극한적인 대립을 가져왔고 급기야는 서로 갈라설 수밖에 없는 종교적 분열을 가져왔다.

종교개혁자들은 로마 가톨릭교회 안에서 복음의 변조가 몹시 심하다고 보았고, 그들을 진정한 그리스도의 교회로 간주할 수 없었다. 종교개혁자들은 칭의를 아무리 강조해도 지나치지 않는 하나님의 구원 사역의 은혜라고 생각했다. 그들에게 칭의는 루터교를 포함한 개신교의 전통뿐만 아니라 교회를 일으키기도 하며 넘어지게도 하는 중요한 문제였다.[103] 칼빈도 '값없는 칭의'에 대한 복음의 교리를 '기독교의 가장 중요한 핵심(main hinge)'이라 주장했다.[104]

칭의는 하나님을 대적하던 인간이 어떻게 용서받을 수 있는지에 대한 기본적인 질문에 답을 주기 때문에 그것은 복음에 대한 메시지의

---

102) Cornelis P. Venema, The Gospel of Free Acceptance in Christ (Carlisle, PA: The Banner of Truth Trust, 2006), 11.

103) Venema, The Gospel of Free Acceptance in Christ, 12.

104) John Calvin, New Testament Commentaries: Galatians, Ephesians, Philippians and Colossians, eds David W. Torrance and Thomas F. Torrance (Grand Rapids: Eerdmans, 1965), 274.

핵심을 이룬다. 하지만 그 결과의 중대성에 비하여 칭의의 과정은 비교적 단순하다. 칭의는 하나님 앞에서 죄인이었던 우리를 그리스도의 믿음으로 의롭다고 선언하시는 하나님의 법정 판결에 해당한다.

이 판결은 인간의 공로나 선행이 반영되지 않는다. 이는 오직 예수 그리스도의 십자가 사역에 근거할 뿐이다. 바울은 하나님의 모든 약속이 얼마든지 그리스도 안에서 예(Yes)가 된다고 말한다(고후 1;20). 이 말씀은 육신을 입고 세상에 오신 예수 그리스도가 하나님의 구원 약속을 모두 완성하신 성취자임을 우리에게 증언한다.

그러므로 그리스도에 대한 믿음은 하나님께서 세우셨던 구원 계획이 그리스도 안에서 완전히 성취되었음을 온전하게 받아들이는 것이다. 아브라함도 하나님께서 후손에 대한 약속을 주셨을 때, 그는 그 약속 안에 계시 된 미래의 영적 후손인 예수 그리스도를 어렴풋이 내다보았다. 그리고 그분이 모든 인류에게 복을 가져다주실 분임을 확실히 믿었다.

유대인들은 예수께서 "내 말을 지키면 영원히 죽음을 보지 아니하리라"(요 8:51)라고 말씀하셨을 때 그가 귀신 들렸다고 주장하며 "너는 이미 죽은 우리 조상 아브라함보다 크냐"(요 8:53)라고 물었다. 이때 예수께서는 "너희 조상 아브라함은 나의 때 볼 것을 즐거워하다가 보고 기뻐하였노라"(요 8:56)라고 대답하셨다. 예수의 이 말씀에는 아브라함이 그의 약속된 후손으로 오실 예수 그리스도를 이미 예견하고 있었다는 의미가 담겨 있다.

하나님은 후손에 대한 약속을 믿은 그를 의롭다 여기셨다(창

15:6). 결과적으로 아브라함의 믿음에 의한 칭의는 영적 후손으로 오실 예수 그리스도에 대한 하나님의 약속을 믿은 결과로 나타났다. 결과적으로 아브라함의 칭의와 예수 그리스도를 믿어 얻는 우리의 칭의는 동일한 대상에 대한 믿음의 칭의다.

그러므로 아브라함의 칭의와 그리스도인들의 믿음에 의한 칭의는 언약의 약속과 그 성취로 인해 과거에서 현재로 그리고 미래로 연결된다. 아브라함에게 전해졌던 복음과 그 복음의 중심에 계신 예수 그리스도에 대한 믿음의 칭의를 바울은 로마서 1장 17절을 통하여 한 문장으로 집약하여 표현하고 있다.

4. 바울의 복음과 칭의

복음은 애초에 이방을 향한 하나님의 구원 계획에 초점이 맞추어져 있었다고 성경은 기록한다. 이방인은 이교도와 정확하게 같은 뜻은 아니지만, 어느 정도 상통하는 말이다. 이는 유대교의 전통적 입장에서 하나님을 알지 못하는 유대 땅 밖에 사는 모든 사람을 지칭한다.

바울은 주로 이들을 상대로 그리스도의 복음을 전했다. 그는 각 지역을 다니면서 유대인 회당이 있는 곳이면 먼저 그곳에 들어가 복음을 전했다. 만약 그곳에서 배척을 받고 내쫓기면, 그 지역에서 사는 비유대인 집단에게로 발길을 돌리곤 했다. 결과적으로 성경은 그가 늘상 각 지역에 흩어져 있는 이방인을 향해 복음을 직접 호소했다는 관점을 분명히 뒷받침한다.

이 모든 상황에서 바울은 유대인과 이방인에 대처하는 자신만의 현명한 방법을 밝힌다. 그는 율법 아래 있는 유대인을 얻기 위해서는 실제 그가 율법 아래 있지 아니하나 율법 아래 있는 자와 같이 되었고, 율법이 없는 이방인을 얻기 위해서는 그리스도의 율법 아래 있지만, 율법 없는 자와 같이 되었다고 말한다(고전 9:20-21). 바울은 그들 중에 몇 사람이라도 구원하고자 상대와 같은 모습으로 그들을 대하였다. 바울이 복음을 위해 헌신한 자세를 엿볼 수 있는 대목이다.

여기에서 바울의 사고가 향했던 대상을 명확히 파악하는 일은 매우 중요하다. 그것은 바울이 가졌던 복음에 대한 그의 확신과 사상을 이해하는 중요한 단서가 되기 때문이다. 그의 율법관을 정확히 이해하고, 그 당시 전통에 비추어 볼 때, 별로 중요시되지 않던 문제에 대하여 왜 그가 그토록 분개하며 반응했는지를 이해하는 데에 도움이 된다.

바울이 세상을 향해 던졌던 메시지의 대상은 이교도와의 대결이었다. 바울은 이방인들을 위한 복음의 기쁜 소식을 계시로 받아 확신하고 있었지만, 정작 그것은 그들의 세계관을 무너뜨리는 소식이었다. 바울이 던졌던 복음의 메시지는 이방인들이 전통적으로 고수해 왔던 그들의 삶과 사상을 완전히 바꾸는 변화를 요구했다. 다신교 사상에 젖어 육체적 향락과 성령의 소욕에 반대되는 일들에 빠져있던 그들에게 복음은 정반대의 삶을 요구했던 것이다.

바울은 선교 여행 중에 그가 세운 교회의 신자들에게 편지로 복음에 대한 확신을 심어주었다. 물론 로마서와 골로새서는 그가 그곳을 방문한 적이 없었기 때문에 예외였지만, 편지의 독자는 대부분 그가 세운 교회에 속한 그리스도인인 이방 사람들이었다. 그들은 비록 바울이 전한 복음을 듣고 기독교인이 되었지만, 아직 버리지 못한 과거의 습관들과 복음에 대한 확신의 부족으로 가끔 교회를 혼란스럽게 하였다. 고린도전서는 고린도 교회를 반(半)이교주의의 위험한 경계선에서 돌이켜 바울의 복음에 충실한 교회로 세우려는 시도로 볼 수 있다.[105)]

바울이 이방 문화와 변론을 벌이며 그들에게 그리스도에 의해 성취된 복음을 담대하게 전한 이유는 간단하다. 그는 자신이 전한 복음을 유대인들이 반대했기 때문에 이에 대한 반작용으로 그의 발길을 이방인들에게 돌렸던 것이 아니다. 그는 유일하신 하나님의 목적이 궁극적으로 전 세계를 포괄할 것이라는 구약의 기대를 깊이 이해했기 때문이었다.

이 기대는 이스라엘이 최종적으로 회복될 때 이방인도 그 축복에 참여할 것이라는 사실이었다. 시온이 회복될 때 이방 사람들이 이스라엘 하나님의 말씀을 듣고 그의 길로 행하기 위해 몰려올 것이다(미 4;2). 바울 당시에 대부분의 유대인들은 이런 기대를 공유하지 못했지만, 바울에게는 이방인에 대한 그 기대가 복음에 대한 신념이었다.

---

105) Wright, 『바울의 복음을 말하다』, 121.

그가 복음에 대한 확고한 신념을 가질 수 있었던 것은 하나님께서 그에게 주신 특별한 은혜의 경륜 때문이었다. 곧 계시로 그리스도의 비밀을 알게 하신 것이었다. 이스라엘의 회복에 관한 약속이 예수 그리스도의 죽음과 부활, 그리고 성령의 오심이라는 사건으로 성취되어 이방 모든 민족에게 기쁜 소식이 되었다는 사실이었다.

세상을 구원하시기 위하여 이스라엘을 창조하신 목적이 십자가 사건을 통해 예수 그리스도 안에서 완성된 것이다. 그는 하나님의 약속을 받은 아브라함의 유일한 후손이며 "이스라엘 집과 유다의 집"을 대표하는 참 이스라엘이시다. 메시아로 오신 그의 죽음과 부활은 하나님께서 오래전부터 계획하셨던 약속된 사건이었고, 하나님의 구원 계획을 마무리하는 절정의 사건이었다.

바울은 하나님께서 이스라엘을 창조하셨던 목적이 예수 그리스도와 성령 안에서 성취되었다는 사실을 말하기 위해 창세기 15장에 기록된 아브라함 언약을 인용하여 상세히 설명한다. 그는 그동안 알려지지 않았던 언약의 이면에 담긴 영적 의미를 밖으로 끄집어내어 사람들에게 알렸다. 그 의미는 곧, 예수 그리스도의 오심과 그분에 의해 성취될 온 세상을 향한 하나님의 약속된 복음에 관한 내용을 담고 있었다.

바울은 로마서 1장에서 세 차례에 걸쳐 복음에 대한 언급을 기록했다(2,16,17절). 특별히 종교개혁자 루터는 로마서 1장 17절에서 오직 믿음으로 의롭다 함을 받는다는 "이신칭의"의 교리를 찾아냈다. 그는 이를 바탕으로 로마 가톨릭으로부터 개신교를 분리하는 종교개혁을 강력히 추진했다. 구원을 위한 믿음에 인간의 행위를 더하는 로마 가톨릭의 주장이 칭의 교리에 전혀 부합되지 않는다는 사실을 발견했기 때문이다.

그러나 슈바이처와 같은 신학자는 이신칭의와 그에 관한 주변적 논의는 바울 사상의 중심이나 핵심이 아니며, 할례를 받지 않은 이방인을 교회로 받아들이는 특수한 논쟁에 따른 견해일 뿐이라고 주장했다.[106] 바울 사상의 중심은 '이신칭의'라기보다는 오히려 '그리스도 안에 있음(being in Christ)'이라는 주장이다. 칭의는 하나님께서 할례와 상관없이 믿음으로 그리스도와 연합한 자들을 자신의 백성으로 받아들여 새 언약 공동체인 교회를 이루시는 방법이었다.

그러므로 칭의는 복음 위에 세워진 교회를 통합시키고 하나가 되게 하는 중심 교리다. 칭의 교리가 교회를 분열시키고 교파 간에 논쟁거리가 되는 원인은 단지 그 교리의 적용과 해석에서 오는 신학적 견해 차이 때문이다. 최근에는 칭의가 하나님의 백성을 창조하는 교회론과 연관되는지, 혹은 교회론 보다는 개인의 구원론과 직결되는지가 논쟁의 대상이 되고 있다.

루터를 비롯한 종교개혁자들은 '이신칭의'의 교리를 직접 개인의 구원과 연결시켰다. 신자들은 오직 믿음으로 구원을 받는다는 주장이다. 이 주장에는 전혀 틀린 점이 없다. 하지만 구원사적 언약의 관점에서 본다면 그 주장은 하나님이 작정하신 구원에 관한 결론을 너

---

106) Wright, 『바울의 복음을 말하다』, 16.

무 성급하게 개인에게 적용한 느낌을 준다.

칭의를 좁은 의미에서 개인적인 구원에만 적용시키는 것은 믿음의 공동체인 교회를 통해 이루어지는 하나님의 구원 통치를 생략하는 모양새를 띤다. 하나님은 믿음으로 자신의 백성을 새롭게 창조하신 후에 믿음의 공동체인 교회에 속하게 하셨다. 그 공동체는 새롭게 창조된 하나님의 백성들로 구성된 지상에 세워진 하나님의 교회다. 하나님의 뜻이 하늘에서 이루어진 것과 같이 똑같이 땅에서도 이루어지게 하는 하나님 백성의 공동체인 것이다.

하나님은 그 공동체에 속한 자신의 백성들을 향하여 "나는 그들에게 하나님이 되고 그들은 나의 백성이 되리라"(히 8:10)고 선포하신다. 자신의 백성들에게 그들의 하나님이 되시겠다는 하나님의 선포는 전능하신 능력으로 그들을 보호, 즉 구원하시겠다는 선언이다. 물론 하나님은 이 선포 전에 새 언약의 내용을 분명하게 그려 주셨다. 그것은 하나님의 법을 그들의 생각에 두고 그들의 마음에 그 법을 기록하신다는 말씀이었다(히 8:10).

물론 여기에는 성령에 대한 언급이 없다. 그렇지만 하나님의 법을 그 백성의 생각에 두고 마음에 기록하는 것은 성령의 사역이다. 성령께서는 이 일을 통해 하나님 백성의 삶을 인도하시고 그들의 잘못을 회개하게 하신다. 믿음으로 그리스도를 주(主)로 고백하여 그분과 연합된 하나님의 백성을 창조하시는 것도 성령의 사역이며, 하나님의 법으로 그 백성의 삶을 인도하시며 그들의 잘못과 죄를 깨닫고 회개하여 돌이키게 하시는 것도 성령의 사역이다.

새 언약에서 성령의 사역은 하나님의 새로운 백성의 창조로부터 시작하여 그 백성의 삶의 전반에 걸친 광범위한 역사(役事)다. 이는 새로운 하나님 백성이 누릴 수 있는 특권이며 은혜다. 그러나 이 특권과 은혜의 사역을 거역하거나 모독하는 자는 이 세상과 오는 세상에도 사하심을 얻지 못한다고 예수님은 직접 말씀하셨다(마 12:32; 눅 12:10). 히브리서 저자도 한 번 성령에 참여하여 하나님의 선한 말씀과 내세의 능력을 맛보고도 타락한 자들은 다시 새롭게 하여 회개할 수 없다고 증언한다(히 6:4-6). 이는 그들이 하나님의 아들을 다시 십자가에 못 박아 드러내 놓고 욕되게 하는 일이기 때문이다(히 6:6).

앞선 말씀들로 미루어 보아, 단 한 번의 믿음에 의한 칭의가 어떠한 경우에도 우리를 끝까지 하나님의 자녀로 남게 한다는 보장은 없다. 그 칭의가 우리의 구원으로 끝까지 연결되려면 우리를 인도하시는 성령의 인도하심에 지속적으로 반응해야만 한다. 그것은 우리가 호흡하는 것과 같은 자연스러운 일이지만, 때로는 우리의 심령이 사탄의 유혹에 빠져 말씀을 거역하고 성령의 사역을 악한 마음으로 거역하는 일이 발생할 수 있는 가능성을 전혀 배제할 수는 없다.

새 언약에서 하나님과 그 백성의 관계는 전능하신 신(神)과 믿음으로 의롭다고 선언된 인간 사이의 관계다. 이 관계에서 의롭게 된 인간이 누릴 수 있는 최고의 혜택은 하나님과 대면하며 그가 베푸시는 구원의 은혜를 받는 것이다. 성령 하나님이 우리 안에 거하시며 역사하실 수 있는 것은 우리가 그리스도를 믿음으로 죄 사함을 얻어 하나님으로부터 의롭다고 인정되었기 때문이다.

하나님은 인간과 소통하시며 그들을 구원하시기 위해 아담이 범죄하였을 때부터 인간의 죄 문제를 해결하시기로 계획하셨다. 하나님은 이 계획안에 이 문제의 근본적인 해결 방법을 언약으로 그의 백성들에게 계시하셨다. 아담에게는 여인의 후손을 약속하셨고, 아브라함에게는 천하 만민에게 복을 가져다줄 그의 후손으로, 그리고 다윗에게는 영원한 왕국을 이어나갈 그의 자손으로 점진적인 계시의 발전이 이루어졌다. 이 약속들을 따라 예수 그리스도가 세상에 오셨고, 그가 십자가에서 죽으심으로 하나님의 모든 구원 계획이 성취되었다.

그러므로 십자가를 지신 예수 그리스도를 주(主)로 고백하는 믿음은 그가 하나님의 모든 구원 약속을 성취하기 위해 육신의 몸으로 세상에 보내심을 받은 분임을 인정하는 확신으로부터 시작된다. 그 확신은 비록 눈으로 보지 못하고 손으로 만질 수 없는 실체로부터 비롯되지만, 우리는 믿음으로 그 확신을 붙들 수 있다. 아브라함을 비롯한 선진들이 하나님의 말씀으로 그 증거를 얻었듯이 우리도 말씀을 통해 역사하시는 성령의 도움으로 그 확신의 자리로 나아갈 수 있다.

그러나 믿음은 자력적인 의지에 따른 것이 아니라 전적인 성령의 도움으로 주어지는 은혜의 선물인 것을 우리는 인정해야 한다. 성령에 의한 믿음은 죄인 되었던 자들을 그리스도와 연합시켜 하나님의 자녀 혹은 그의 백성이 되게 한다. 이 과정에서 하나님은 먼저 죄인들을 그리스도의 믿음으로 말미암아 의롭다고 선언하시는 칭의를 동반한다. 그 과정이 없이는 하나님과 그 백성 사이가 죄로 인하여 단절되기 때문이다.

하나님께서 아브라함과 언약을 맺으신 후, 그에게 "너는 내 앞에서 행하여 완전하라"(창 17:1)고 명령하셨다. 그런 다음 그에게 할례에 대한 명령을 주신다(창 17:10). 하나님께서 그의 백성을 구별하는 수단으로서 할례를 명하신 것이다. 그 후 그 백성들에게는 그들의 죄를 속죄하는 제사 제도가 율법으로 주어졌다. 매일 드리는 번제와 속죄제로 인하여 하나님의 백성으로서 그들은 하나님과의 관계를 유지해 나갈 수 있었다.

그러나 그리스도께서 자신의 십자가 죽음으로 모든 사람의 죄 사함을 위한 속죄제를 단번에 드리심으로 인하여 죄 사함을 위한 제사가 더 이상 필요 없게 되었다. 그동안 율법으로 정해진 제사를 드림으로써 죄 용서를 받던 구약의 제사 제도가 더 이상 필요 없어졌다. 하나님께서 이방을 믿음으로 의롭게 하셔서 그의 언약 백성으로 삼으실 것이라는 복음이 그리스도 안에서 실체화된 것이다.

그러므로 칭의는 개인이 하나님과의 일대일의 관계에서 믿음으로 구원을 획득하는 수단만이 아니다. 칭의는 믿음으로 의롭게 된 자들이 구원받은 하나님의 백성으로 인(印)침을 받고, 그분이 다스리시는 믿음의 공동체인 하나님 나라에 속하는 표지(標誌)다. 개인적인 구원은 하나님 백성 혹은 그분의 자녀가 된 다음에 자연스럽게 따라오는 하나님 은혜의 선물이다.

하나님은 아들의 십자가 사건을 통해 사람들이 죄 사함을 받고 믿음으로 새 언약 백성이 되는 길을 활짝 열어 놓으셨다. 믿음에 의한 칭의는 예수 그리스도를 주(主)로 고백하는 믿음으로 얻는 새로운 하나님 백성으로서의 자격이다. 그 자격의 문을 통과하는 표가 믿음으로 그리스도와 연합하여 얻게 되는 의로움이다. 전에는 하나님을 전혀 알지 못했던 이방 사람들이 그리스도를 믿음으로 긍휼함을 입고 새로운 하나님의 언약 백성으로 다시 태어나는 것이다.

그리스도가 오심으로 새롭게 바뀐 믿음에 의한 구원의 방식이 수천 년 전에 아브라함에게 전해졌던 복음의 원리였다. 바울은 이 원리가 율법이 생기기 400여 년 전에 이미 주어졌던 믿음의 원칙으로서 아무도 하나님 앞에서는 율법으로 의롭게 될 수 없다는 점을 강조한다. 만약 이방인들이 믿음이 아닌 율법의 행위로 의롭게 된다고 가정한다면, 이방인들에게 복음은 더 이상 좋은 소식이 아니었을 것이다.

왜냐하면 유대인들조차도 율법으로는 하나님 앞에서 의로운 자가 하나도 없었다. 그들도 하나님을 인정하고 섬기는 믿음으로 말미암아 자신들에게 부여된 하나님 백성의 지위를 누렸던 것이다. 율법에 따른 행위는 그들이 하나님의 백성으로 살 때 마땅히 지켜야 할 말씀에 따른 규례였을 뿐이다.

바울이 그의 서신서에서 "의인은 믿음으로 말미암아 살리라"(롬 1:17; 갈 3:11)라고 선언한다. 그러나 그는 한편 유대인이나 헬라인이나 모두 죄 아래 있어 의인은 하나도 없다고 선언한다(롬 3:10). 의인에 대한 상반된 바울의 진술로 미루어 볼 때, 앞서 말한 의인의 의미는 복음에 의해 새롭게 탄생한 하나님의 백성을 의미한다고 볼 수 있다.

믿음에 의한 칭의는 하나님 백성과 연관되어 있음을 알 수 있다.

특히 새 언약 시대의 그리스도를 믿는 믿음은 새로운 하나님의 백성의 창조와 직접 연결된다. 새 언약의 구조가 그리스도께서 자신의 피로 세우신 그 언약에 믿음으로 의롭게 된 자들이 참여하는 이중적인 구조를 가지고 있기 때문이다.

믿음에 의한 칭의 교리는 다른 어떤 이론도 끼어들 수 없을 만큼 단순 명확하다. 하나님께서 그리스도를 믿는 믿음으로 죄인들을 의로운 하나님의 자녀 혹은 백성으로 새롭게 창조하셔서 구원을 허락하시는 은혜의 교리다. 분열이 아닌 통합의 교리인 것이다. 그러나 칭의에 관한 이견(異見)들이 자주 생겨나고, 이로 인해 교파 간에 갈등이 발생하는 이유는 이 교리를 지나치게 개인 구원에 한정시키는 연유에서 비롯된다.

물론 하나님이 믿음으로 새롭게 창조된 그분의 백성들에게 구원의 축복을 베푸시는 것은 지극히 당연하다. 그러나 이 과정에서 믿음의 공동체인 교회의 존재를 고려하지 않은 채, 칭의를 단지 개인의 구원에만 한정시키는 것은 하나님의 구원 계획을 너무 좁은 시각에서 보는 잘못일 수 있다. 하나님이 그 아들 예수 그리스도를 세상에 보내신 것은 저로 말미암아 세상(world)이 구원을 받게 하시기 위함이었다(요 3:17).

예수께서도 자신이 세상에 온 목적은 세상을 심판하기 위해서가 아니라 세상을 구원하시기 위함이라고 말씀하신다(요 12:47). 하나님과 그의 아들 예수께서 말씀하시는 구원의 대상은 개인보다는 세상에 대한 언급이 우선시 되었다. 일반적으로 세상의 구원은 개인의 구원을 포함할 수 있지만, 개인의 구원이 세상의 구원을 포함한다고 말하는 것은 이치에 맞지 않아 보인다.

언약에 따른 하나님의 구원 선포도 단수가 아닌 복수의 사람들에게 주어지곤 했다. 새 언약의 예언에서도 하나님은 "나는 그들에게 하나님이 되고 그들은 내게 백성이 되리라"(렘 31:33; 히 8:10)라고 선포하신다. 여기에서 그들은 믿음으로 새롭게 창조된 하나님의 백성들이다. 다시 말하면 하나님의 구원 선포는 새 언약에 속한 개인보다는 그들의 공동체인 교회를 향해 주어졌다.

라이트는 1세기에 언급된 칭의는 개인이 하나님과의 관계를 수립하는 방법에 관한 이야기가 아니라, 현재와 미래에 누가 실제로 하나님 백성의 일원인지를 규정하는 하나님의 종말론적 정의에 관한 이야기라고 말한다. 이를 표준적인 기독교의 전문 용어로 말한다면, 칭의는 구원론보다는 교회론에 관한 이야기이며, 구원보다는 교회에 관한 이야기라는 주장이다.[107] 좀 더 쉽게 말한다면, 칭의는 하나님 공동체에 참여하는 방법에 관한 문제라기보다는, 종말론적 사건에 앞선 지금 이 시기에 하나님의 공동체에 속한 사람이 누구인지를 분별할 수 있는지에 관한 문제라는 주장이다.

물론 칭의를 교회론에 한정시키는 주장에도 문제점이 있다. 교회론의 최종 목표가 결국은 구원론을 향하고 있기 때문이다. 하나님이 이방을 믿음으로 의로 정하시겠다는 복음은 그리스도에 대한 믿음으

107) Wright, 『바울의 복음을 말하다』, 184-185.

로 이방을 하나님의 백성으로 삼으셔서 그들을 구원하시겠다는 하나님의 구원 계획의 선포였다. 결국 칭의는 교회론을 통해 구원론에 이르게 하는 복합적인 신학적 교리인 것이다.

원래 칭의는 교회를 창조하고 그 공동체를 하나 되게 하는 교리였다. 그러나 안타깝게도 그동안 기독교 교회와 교파들은 이 교리에 대한 해석과 적용에 관한 불일치로 인하여 지속적인 분열과 반목을 이어갔다. 처음에는 로마 가톨릭과 개신교가 분리되는 중요한 계기가 되었지만, 그 후에는 개신교 안에서도 서로 간의 분열을 일으키는 원인으로 작용하였다.

이러한 분열을 해결하기 위한 시도가 1963년 핀란드 헬싱키에서 열렸던 루터교 세계 연합 집회를 통해 시작되었다. 이 집회에서 로마 가톨릭과 루터교 대표는 그들 사이에 칭의 교리에 대한 현저한 차이가 더 이상 존재하지 않는다는 결론을 이끌어내었다. 그들 사이에 채택된 공동 선언문의 처음과 마지막에 다음과 같은 확언(affirmation)이 채택되었다.

칭의와 구원에 대한 우리의 전체적인 희망은 그리스도 예수와 그리스도에 의해 하나님의 자비로운 사역으로 알려진 좋은 소식인 복음에 달려있다. 우리는 우리의 궁극적인 신뢰를 하나님의 약속과 그리스도의 구원 사역 이 외의 다른 어떤 것에도 둘 수 없다.[108)]

---

108) Venema, The Gospel of Free Acceptance in Christ, 5.

그들은 이러한 확언이 루터교와 로마 가톨릭 사이의 모든 견해 차이를 해결할 수 없다는 것은 인정하였다. 그렇지만 이러한 차이들이 결코 교회를 분리시킬 정도로 중대한 것이 아니라는 견해를 유지하고 있었다.[109)]

칭의 교리가 교회 분열의 주요한 원인이 된 또 다른 이유 중 하나는 율법과 복음을 해석하는 견해 차이에 기인한다. 율법과 복음의 문제를 다룬 바울의 주장은 때로는 신학자들조차 혼란스럽게 만들었다. 그러나 바울의 서신서에 기록된 진술들을 언약의 관점으로 보면 매우 치밀하고 일관된 논리를 가진다는 사실을 발견할 수 있다. 바울의 복음에 관한 다양한 진술들을 일관되게 하나로 묶어주는 끈이 바로 언약이었기 때문이다.

바울은 로마서와 갈라디아서에서 복음과 칭의를 설명하며 그 근원을 아브라함 언약에서 찾아냈다. 그는 갈라디아서에서 이방을 믿음으로 말미암아 의로 정하실 것을 성경이 미리 알고 먼저 아브라함에게 복음을 전했다고 설명한다(갈 3:8). 그리고 로마서에서는 아브라함이 하나님을 믿으매 그것이 그에게 의로 여겨진 바 되었다고 기록한다(롬 4:3).

바울의 주장에서 볼 수 있듯이 칭의와 복음의 문제는 서로 구별할 수 없을 만큼 밀접한 관계에 놓여있다. 하나님께서 그리스도에 대한 믿음으로 말미암아 이방을 의로 정하신다는 사실이 아브라함에게 전

---

109) Venema, The Gospel of Free Acceptance in Christ, 5.

해졌던 복음의 외형적인 내용이었다. 그리고 그에게 전해졌던 복음은 믿음에 의한 칭의가 수반되어 그 내적인 내용이 완성된다. 그리스도가 세상에 오심으로 성취된 이 복음은 수천 년이 지난 오늘날에도 우리에게 적용되는 그 내용이 전혀 다르지 않다.

그러므로 복음과 칭의의 문제는 하나님이 주신 언약, 특히 아브라함 언약의 약속과 성취에서 그 기원과 함께 결말을 찾아낼 수 있다. 바울은 로마서 1장 17절에서 복음에 대한 세부 사항을 밝힌다. 복음에는 하나님의 의가 나타나서 믿음에서 믿음에 이르게 함으로써 오직 의인은 믿음으로 말미암아 산다고 기록한다.

언약의 관점에서 하나님의 의는 자신이 계시한 언약의 약속을 고통과 희생을 감수하면서까지 이행하시는 하나님의 신실하심이라고 말할 수 있다. 하나님의 고통과 희생은 자기의 아들을 십자가에 내어주셔서 죽게 하심으로 함께 겪으셨던 아버지의 아픔이었다. 아버지 하나님은 그의 아들이 십자가에서 죽음의 고통을 겪으시는 동안 하늘에서 동일한 아픔을 겪으신 것이다.

인간의 구원이 하나님의 계시 안에서 계시자와 성취자의 분리될 수 없는 협력적 사역에 의해 약속과 성취의 단계를 이룬 것이다. 온 세상을 구원하시겠다는 하나님의 약속이 복음의 예고였다면, 그 복음은 희생을 감수하면서까지 자신의 약속을 끝까지 이행하신 하나님의 의에 의해서 완성되었다. 바울이 로마서 1장 17절에서 복음에는 하나님의 의가 나타난다고 기록하는 이유다.

예수 그리스도의 복음이 아브라함에게 약속으로 주어졌고, 그 약속이 그분 안에서 성취되었다. 따라서 로마서 1장 17절에 기록된 "믿음에서 믿음에 이르게 한다"는 구절은 언약의 약속과 성취의 관점에서 서로 칭의를 이루는 연계된 두 믿음임을 알 수 있다. 여호와의 말씀이 아브라함에게 임하여 후손에 대한 약속을 주셨을 때 그는 그 말씀을 믿어 의롭다 함을 얻었다.

그를 의롭게 만든 믿음의 대상이었던 그의 후손에 대한 약속이 예수 그리스도의 오심으로 성취되었다. 아브라함은 장차 그의 후손으로 오실 예수 그리스도를 믿어 하나님께 의롭다 함을 얻었고, 우리는 언약의 약속대로 오신 그리스도를 믿어 의롭다 함을 받는다. 결과적으로 복음에 나타난 칭의는 자신의 구원 약속을 끝까지 이행하시는 하나님의 신실하신 의로 인하여 아브라함의 믿음에서 예수 그리스도를 믿는 믿음에까지 적용된다는 의미다.

하나님은 아브라함에게 약속하신 후손에 대한 언약을 지키시기 위하여 자기의 아들 예수 그리스도를 세상에 보내셨다. 그는 하나님의 약속과 같이 천하 만민에게 복을 가져다줄 분이셨다. 그 복은 세상을 사랑하시는 하나님의 희생과 고통이 전제된 구원의 축복이었다.

하나님은 이 일에 대한 증거로 아브라함에게 가나안 땅을 약속하면서 자신의 죽음을 예고하는 의식을 행하셨다. 가나안 땅에 대한 맹세를 자발적인 자신의 죽음으로 확증하신 것이다. 그 땅은 아브라함과 그의 육신적 자손들에게는 그들의 삶을 이어갈 가시적인 지상의 땅이었다. 하지만 그의 후손으로 오신 예수 그리스도를 믿는 새로운 하나님의 백성들에게는 그들의 영원한 삶을 이어갈 영적 유업의 땅이었다.

예수 그리스도의 십자가 사건은 영적 유업의 땅을 하나님 자신의 죽음으로 확증하신 구원 계시의 성취적 사건이었다. 하나님은 자기의 아들을 십자가에 죽게 하심으로써 언약으로 약속하셨던 가나안 땅의 유업을 그를 믿는 믿음으로 천하 만민에게 은혜로 베푸신 것이다.

아브라함의 믿음에 의한 칭의와 그리스도를 믿는 우리의 칭의는 서로 다르지 않다. 두 믿음이 하나는 미래적 대상에 대한 확신이며, 다른 하나는 현실화 된 대상에 대한 차이일 뿐, 그 궁극적 대상이 예수 그리스도라는 점에서는 다를 바가 없기 때문이다. 따라서 두 믿음에 의한 칭의는 복음에 나타난 하나님의 의로 동일한 대상에 대한 약속과 성취의 형태로 그대로 계승된다. 아브라함의 믿음을 따른 이스라엘 백성들과 같이 그리스도를 믿어 의롭다 함을 받은 우리도 새로운 하나님의 백성으로 간주 되는 것이다.

요즈음 칭의와 구원의 문제는 뜨거운 논쟁거리다. 행위와 관계없이 오직 믿음으로 구원을 받는다는 주장이 종교개혁 이후 전통적으로 내려오는 개신교의 입장이었다. 그러나 바울을 새로운 관점에서 연구하는 '새관점주의자'들은 믿음에 의한 칭의를 개인의 구원에 한정시켜 이야기하는 것은 하나님의 원래 구원 의도를 왜곡시키는 일이라고 주장한다. 그들에게 믿음에 의한 칭의는 개인의 구원과 직결되는 문제라기보다는 새로운 하나님의 백성을 창조하는 일과 관련된다.

하지만 바울의 '새관점주의자'로 분류되는 라이트는 언약의 존재목적이 하나님께서 세상의 죄 문제를 처리하고 세상을 구원하시기 위함이라고 주장한다.[110] 예수 그리스도는 이 문제의 해결을 위해 세상에 보내심을 받았고, 그는 십자가 죽음으로 하나님이 약속하신 모든 언약을 성취하셨다. 하나님의 구원 계획이 그분의 희생으로 말미암아 모두 완성된 것이다.

하나님은 그분 안에서 새로운 창조를 위한 자신의 목적을 달성하신 것이다. 우리는 이 사실을 인정하고 그분이 구원 약속의 성취자이신 하나님이심을 확신하는 믿음으로 의롭게 된다. 그 의로움의 결과는 하나님의 구원받은 백성으로 새롭게 창조된 새 언약 백성이 되는 것이다.

만약 칭의가 믿음의 공동체인 교회와 상관없이 단지 개인적으로 얻어지는 것이라면 지상의 하나님 나라는 우리의 구원과 별 상관이 없을 것이다. 또한 우리가 속한 교회나 지상의 하나님 나라가 우리의 구원과 별 상관이 없는 공동체라면 교회론 또한 의미가 없을 것이다.

그러므로 칭의는 교회론과 함께 구원론에 대한 동시적 언급이다. 어느 한쪽을 도외시한 채 칭의를 구원론이나 교회론에 한정시키는 주장은 그 진의를 왜곡시킬 위험이 있다. 그리스도의 십자가 사건은 이방인과 유대인을 그분 안에서 '한 새 사람'으로 창조하는 화목의 사건이었다.[111] 그 화목의 사건은 믿음으로 새로 지음을 받은 자들을 믿음의 공동체인 교회에 속하게 하고, 그 교회의 머리 되신 그리스도

---

110) N. T. Wright, 『바울의 복음을 말하다』, 196.

111) 이한수, 『언약신학에서 본 복음과 율법』, 94.

의 지체가 되게 함으로써 구원받은 백성으로 다시 태어나게 한다.

구원은 거듭난 새로운 하나님 백성의 삶을 의미한다. 결과적으로 그리스도의 십자가 사건은 개인의 구원을 위한 개별적 칭의의 의미를 넘어선다. 그 사건은 인종과 혈통과 관계없이 그리스도 안에서 새로운 믿음의 백성을 창조하시겠다는 하나님의 구원 계획의 성취를 뜻한다. 그리스도께서 지신 십자가는 개인의 죄를 속죄하는 대속의 의미를 넘어서 모든 사람의 죄 사함을 통해 새로운 세상을 창조하시려는 하나님의 뜻을 성취하는 구체적인 도구였기 때문이다.

아마 이러한 사실을 유대인들은 받아들이기 어려웠을 것이다. 그리스도가 지신 십자가를 인정하려면 그들이 누려 왔던 선택된 하나님 백성의 지위를 내려놓고 그 권리를 이방인들과 서로 나누어야 했기 때문이다. 그것은 수천 년 동안 내려왔던 그들의 종교적 신념과 전통을 벗어나는 일이었기에 그들은 약속대로 오신 메시아를 인정하지 않고 배척할 수밖에 없었다.

결과적으로 그들은 하나님께서 아브라함과 맺으신 언약의 이면에 담긴 영적 구원의 뜻을 제대로 헤아리지 못했다. 그들은 온 세상을 향한 하나님의 구원 약속을 자신들에게만 한정시켰다. 원래 하나님의 구원 계획은 그들을 이방의 빛으로 삼아 하나님의 구원을 땅끝까지 이르게 하는 것이었다(사 49:6). 그러나 그들은 언약의 직접적인 수혜자였지만, 약속의 영적 부분을 이해하지 못하고 문자적으로만 받아들여 온 세상을 향한 하나님의 구원 계획을 자신들에게만 적용하는 잘못에서 벗어나지 못했다.

예수 그리스도에 의해 하나님의 약속이 성취되기 전까지 이스라엘은 구원 약속과 말씀을 맡은 하나님의 백성이었다. 율법은 언약의 약속이 성취되기 전까지 하나님의 말씀을 맡은 그 백성을 인도하는 후견인 역할을 감당하였다. 그러나 때가 이르러 그리스도가 세상에 오셨을 때, 그분은 십자가에서 모든 약속을 성취하심으로써 믿는 자들에게 장성한 아들의 명분을 얻게 하셨다. 더 이상 율법의 후견인 역할이 필요 없어지게 된 것이다.

하나님의 자녀들은 그분의 통치와 주권 아래 있는 하나님의 백성이다. 자녀의 명분을 얻는 일이 더 이상 과거와 같이 율법에 의존하지 않게 되었다. 이제는 언약의 모든 약속을 성취하신 그리스도를 믿는 믿음으로 그 명분을 얻게 되는 것이다. 후손에 대한 약속의 말씀을 믿어 의롭다 함을 받은 아브라함의 칭의가 그 약속의 말씀이 육신이 되어 세상에 오신 그리스도를 믿어 얻게 되는 의로움과 동일하게 구원을 주시는 하나님의 능력으로 작용하게 되었다.

아브라함은 믿음으로 의롭게 되어 이스라엘과 모든 믿는 자들의 조상이 되었다. 그리스도를 믿는 자들은 믿음 안에서 참 아브라함의 자손이 되어 하나님께서 약속하신 구원의 유업을 잇게 된다. 할례와 율법으로 하나님의 백성을 구분하시던 방식이 이제는 예수 그리스도에 대한 믿음으로 바뀌었다. 하나님의 구원 방식이 그리스도로 말미암아 완전히 바뀌게 된 것이다.

바울은 그의 서신서를 통하여 율법의 행위가 아닌 믿음에 의한 칭의를 여러 번 강조한다. 그가 율법의 행위 대신 믿음에 의한 칭의를 강조하는 것은 유대인들에게 하나님의 구원 방식이 과거와는 달리 예수 그리스도로 인하여 완전히 바뀌었음을 인식시키려는 의도였다. 예수 그리스도가 세우신 새 언약으로 인하여 하나님의 백성인 의인의 범위가 유대인뿐만 아니라 이방인을 포함한 모든 민족으로 확대되었다는 것을 나타낸다. 아브라함의 후손을 통하여 천하 만민이 복을 받으리라는 하나님의 약속이 그리스도의 성취를 통해 구원의 축복으로 한층 상세하게 그려진 것이다.

그러므로 바울이 이방에 전파했던 복음의 핵심은 바로 예수 그리스도를 믿는 믿음에 의한 칭의였다. 이것은 하나님의 구원 약속에 숨겨진 그리스도의 신비인 동시에 하나님의 구원 경륜의 비밀이었다. 바울은 계시를 통하여 예수 그리스도께서 성취하신 하나님의 구원 비밀들을 알게 되었다고 고백한다(엡 3:3-6).

복음에 대한 그의 확신은 위로부터 받은 직접적인 계시에 의한 것이었기 때문에 그 어떤 신념보다도 강하였다. 그는 오직 믿음에 의해 새로운 하나님의 백성이 창조된다는 복음의 내용을 정확하게 파악하고 있었기 때문에 이를 벗어나는 행동을 용납할 수 없었다.

그 한 예로 갈라디아서 2장은 바울의 책망을 받은 게바(베드로)의 외식적인 행동을 기록한다. 유대인과 이방인 사이의 막힘 담은 예수 그리스도의 화평 안에서 이미 허물어졌다(엡 2:14). 그들은 믿음으로 하나 된 동등한 하나님의 백성이었다. 그러나 베드로는 그때까지도 유대교의 전통에서 벗어나지 못하고 있었다.

그는 이방인들과 식사 중에 야고보로부터 보냄을 받은 할례자들이

왔을 때 슬며시 식탁에서 물러났다. 그들이 이방인과 함께 식사하는 자신을 비방할까 두려워했던 것이다. 그의 처신은 복음에서 벗어난 외식적인 행동임이 틀림없었다. 그의 잘못된 행동은 바나바를 비롯한 남은 유대인들까지 같은 유혹에 빠지게 하는 결과를 초래하였다.

사실 당시 상황에서 바울은 베드로를 책망할 위치가 아니었다. 예수의 수제자로 부름을 받은 베드로가 그 후에 이방인의 사도가 된 바울에게 일상의 행위에 대해 비난을 받는 일은 전혀 자연스러워 보이지 않는다. 그러나 성경은 이 사건을 통해 바울이 이방인에 대해 가졌던 복음에 대한 신념이 얼마나 확고했는지를 단적으로 보여준다.

바울은 이방인의 사도로 유대 지방을 넘어 사마리아와 땅끝까지 그리스도의 복음을 전할 준비가 된 자였다. 그는 이방 땅인 길리기아 다소 지방에서 출생하였던 디아스포라 유대인으로 가말리엘의 문하에서 구약의 율법의 엄한 교육을 받은 바리새인이었다. 헬라어와 히브리어를 동시에 쓸 수 있는 이중 언어의 구사와 구약에 대한 해박한 지식은 복음을 이방에 전하는 사도로서의 자격을 완전히 구비하고 있었다고 해도 과언이 아니다.

그는 아브라함 언약에 담긴 복음의 내용과 영적 의미를 갈라디아 교인들에게 명백하게 밝혔다. 그 내용들은 그가 회심 전에는 전혀 깨닫지 못하고 있었던 것들이었다. 그는 하나님께서 이방을 믿음으로 말미암아 의로 정하신다는 사실을 아브라함에게 전해진 최초의 복음으로 간주한 최초의 사도였다(갈 3:8). 그리고 이 복음이 하나님께서 약속하신 아브라함의 후손을 통해 이루어질 것을 밝힌다. 그는 이 후손이 바로 오직 한 사람인 예수 그리스도임을 선포한다(갈 3:16).

5. 그리스도의 중보자적 사역과 칭의

성경은 예수 그리스도가 새 언약의 중보자임을 증언한다(히 12:24). 그는 영원하신 성령으로 말미암아 흠 없는 자신을 하나님께 드려 십자가에서 흘리신 피로 우리의 양심을 죽은 행실에서 깨끗하게 하여 하나님을 섬기게 하였기에 새 언약의 중보자가 되시는 것이다(히 9:14). 그가 성부 하나님과 중보자로서 자신의 피로 세운 새 언약은 하나님 사이에 맺어진 영원한 언약이었다.

그는 이스라엘의 혈통으로 세상에 오셔서 율법 가운데 사셨고, 또한 율법에 의해 십자가에 달려 돌아가셨다. 그의 중보자적 사역은 율법과 관계가 있었으며, 믿음에 의한 우리의 칭의 또한 어떤 의미에서 그의 사역에 의존하고 있음이 사실이다. 물론 율법과 칭의의 문제를 서로 연관시켜 합리적인 진술을 얻어내는 것은 그리 쉬운 일이 아니다.

이 일을 위해서는 먼저 성경에 기록된 증거들이 확보되어야 하며, 그 증거들을 바탕으로 서로의 연관성에 대한 통일된 주장이 세워져야 한다. 가장 중요한 증거들을 우리는 바울의 율법관에서 찾아낼 수 있다. 율법에 대한 그의 진술이 그리스도의 복음을 이해하는 중요한 기초가 되기 때문이다.

그렇지만 사람들은 바울의 서신서에 기록된 그의 율법관에 대해 때로는 혼란을 느낀다. 율법에 대한 그의 진술이 일관되지 않고 상황에 따라 다르게 변한다고 생각하기 때문이다. 어떤 때는 율법에 대해 호의적인 태도를 보이다가도 또 어떤 때는 율법에 대해 강한 부정적인 반응을 나타낸다.

호의적인 태도로 그는 율법을 자체적으로 거룩하며 선한 것으로 간주했다(롬 7:12). 율법은 사람들이 적법하게 쓰면 그것은 선한 것임이 틀림없기 때문이다(딤전 1:8). 예수께서도 부활하신 후에 제자들에게 나타나셔서 모세의 율법과 선지자들의 글과 시편이 자신을 가리켜 기록된 글임을 암시하셨다(눅 24:44). 바울도 율법이 우리를 그리스도에게로 인도하는 초등선생이 되어 우리로 하여금 믿음으로 말미암아 의롭다 함을 얻게 한다고 기록한다(갈 3:24). 율법의 역할이 완전하지는 않지만, 그리스도가 오셔서 우리를 믿음으로 의롭게 하시기까지 그 본연의 역할이 있었다는 것이다.

그 율법이 그리스도가 오심으로 완성되었다. 하나님은 구약을 통해 자신이 계시하신 구원 약속을 그리스도께서 완성하신 율법의 마침으로 성취하신 것이다. 더 이상 구원받은 하나님의 백성을 선택하고 구별하는 방법이 할례나 율법에 의존하지 않고, 오직 그리스도에 대한 믿음의 방법으로 바뀌게 되었다.

예수 그리스도는 율법이 지배하던 시대에 태어나셔서, 그 영향 아래 사셨고, 십자가에서 사람들의 죄 사함을 위해 자신을 단번에 속죄 제물로 드렸다. 그리스도께서 흘리신 피로 더 이상의 죄 사함을 위한 제사가 필요 없게 되었으며, 하나님께서 우리의 불의와 죄를 다시 기억하지 않으시는 새 언약이 세워지게 되었다. 그리스도의 중보자적 사역은 율법에서 비롯되었지만, 그가 십자가로 율법을 완성하심으로써 그 자리에 믿음이 대신하게 된 것이다.

그리스도의 중보자적 사역으로 새 언약이 세워졌다. 그 언약은 과거의 언약과는 같지 않게 하나님과 중보자이신 그리스도 사이의 언약이다. 중보자는 한편만을 위한 자가 아니다(갈 3:20). 그리스도는 인간과 하나님을 입장을 모두 대변하신 분이셨다. 그는 육신의 몸으로 십자가에 달려 죽으셨지만, 십자가에서 흘린 그분의 피는 많은 사람의 죄를 사하고 언약을 세우는 하나님만의 고유의 사역을 행하신 피였다.

우리는 그분을 우리의 구세주로 확신하는 믿음을 통하여 의로운 하나님의 백성이 된다. 그리스도 예수 안에 있는 자는 하나님의 심판대 앞에 설 때 결코 정죄함이 없이 의롭다고 선언된다. 하나님께서 이방을 믿음으로 말미암아 의로 정하실 것이라는 복음의 메시지가 후손으로 오신 그리스도의 중보자적 사역을 통해 새 언약으로 성취되었다.

하나님이 율법이 생기기 전 이미 사백삼십 년 전에 믿음으로 의롭다 함을 받은 아브라함의 칭의를 그의 언약 중간에 기록해 놓으셨다. 인간이 어떻게 하나님 앞에서 의롭게 되어 구원받는지를 이미 제시해 놓으셨던 것이다. 사람이 의롭게 되는 것은 율법의 행위나 그 밖의 선한 행실을 통해서가 아니라 오직 믿음에 의한 것이라는 사실을 하나님께서 이미 아브라함에게 제시하셨다.

하지만 유대인들은 아브라함의 칭의가 예수 그리스도의 믿음에 의한 칭의의 원형적 사건이라는 사실을 깨닫지 못했다. 그들은 '믿음에 의한 의'보다는 수백 년 후에 생긴 율법을 행함으로 스스로 의롭게 되려는 인간 중심적 시도에 열중했다. 원래 율법은 그들을 하나님의 백성으로 구분하는 표식이었다. 하지만 점차 변질 되어 선택받은 백성의 특권적 신분의 표시가 되어, 그들이 지키는 율법의 행위가 믿음으로 의롭게 하시는 하나님의 은혜를 대신하는 결과를 초래하였다.

믿음으로 이방을 의로 정하시겠다는 복음이 그들에게 더 이상 자리 잡기 힘들어졌다. 비록 유대인들이 언약의 약속을 직접 받고 하나님 말씀을 맡은 선택된 백성들이었지만, 그들은 세상을 구원하시려는 하나님의 뜻을 제대로 이해하지 못했다. 하나님은 복음을 외면하는 그들의 나뭇가지를 꺾으시고, 그 위에 돌 감람나무인 이방인을 접붙이셨다.

그러나 하나님은 그 나무를 뿌리째 뽑고 새로운 감람나무를 심으신 것은 아니었다. 단지 참 감람나무의 가지를 꺾으시고 그 뿌리의 바탕 위에 돌 감람나무를 접붙이신 것이다. 이스라엘 백성이 하나님께 완전히 외면당한 것은 아니었다. 바울은 엘리야 시대에도 하나님을 위해 바알에게 무릎을 꿇지 않은 사람 칠천 명을 남겨 두심 같이 지금도 은혜로 택하심을 따라 남은 자가 있다고 선언한다(롬 11:4-5). 그들은 비록 우둔하여졌으나 이방인의 충만한 수가 하나님의 백성으로 들어오기까지 이스라엘을 잠시 우둔하게 하신 것이다(롬

11:25).

이방의 모든 민족을 구원하시기 위해 주신 언약의 약속은 이스라엘 백성에게 주신 말씀의 뿌리를 통해 열매를 맺는다. 만약 이 뿌리가 사라진다면 그 나무는 열매를 맺기 힘들어질 것이다. 그러므로 기독교인들은 구원의 근거가 되는 옛 언약의 약속들을 기억하고 상기하여야 한다. 그 약속에는 아브라함의 후손으로 오신 예수 그리스도를 통한 죄 사함과 우리 구원의 근거가 담겨 있기 때문이다. 구약의 계시를 통한 하나님의 약속이 그리스도의 성취를 통해 신약의 새 언약 백성들에게도 그 유효성이 그대로 적용 된다.

구약과 신약은 예수 그리스도를 중심으로 하나님의 구원 약속과 성취에 대한 기록으로 나누어져 있다. 구약에 기록된 하나님의 구원 약속에는 예수 그리스도의 성육신과 그분이 세상에 오신 목적이 지속적으로 제시된다. 그리고 신약은 그리스도의 십자가 사건이 하나님이 의도하신 구원 계시의 최종적 성취라는 증거를 넘치도록 제시한다.

우리는 성경이 제시하는 근거와 자료들을 통해 수천 년 전에 후손에 대한 약속을 믿어 의롭다 함을 얻은 아브라함의 칭의 사건과 그의 후손으로 오신 그리스도를 믿어 의롭다 함을 얻게 되는 현재의 칭의가 서로 연관되어 있음을 발견할 수 있다. 바울이 아브라함에게 전해졌던 복음이 언약의 후손인 그리스도로 인해 이방인들이 믿음으로 하나님 백성에 참여하는 복음으로 실체화되어 나타났다.

복음은 모든 믿는 자에게 구원을 주시는 하나님의 능력이라고 바울은 선언한다(롬 1:16). 그가 말하는 복음은 아브라함에게 전해졌던 내용이나 그리스도 안에서 성취된 복음의 내용이 서로 다르지 않다. 그 복음의 적용은 먼저 유대인에게요 그 다음은 이방인이었던 헬라인이었다. 하지만 시간이 지남에 따라 유대인들은 복음에서 점점 멀어져갔고, 그 복음은 이방 세계에 왕성히 전파되어 나갔다.

이방을 믿음으로 의롭게 하시겠다는 복음의 계획이 그리스도를 거부하는 유대인들로 인하여 자연스럽게 이방인들을 통해 실현된 것이다. 이방인의 사도로 세움을 받은 바울의 선교와 그의 희생을 통해 이 모든 일이 더욱 가속화되어 복음이 온 세상으로 빠르게 퍼져나가게 되었다.

복음이 전파된 곳마다 뿌리를 내리고 구원의 기쁜 소식으로 굳건하게 자리 잡을 수 있었던 이유는, 바울이 이방인 신자들을 위해 기록했던 그의 서신서에서 비롯된다고 말할 수 있다. 그는 하나님의 구원 경륜의 신비의 축인 예수 그리스도의 비밀을 직접 계시로 받은 사실을 에베소서 3장에서 고백한다.

그리스도가 오셔서 사도들과 선지자들에게 성령으로 나타내시기 전까지 다른 세대에게는 하나님이 알리시지 않으셨던 비밀이었다(엡3:5). 그 동안 감추어졌던 그리스도의 비밀이 밝혀지자 곧, 복음의 윤곽이 함께 드러나기 시작했다. 이방인들이 복음으로 말미암아 그리스도 예수 안에서 함께 상속자가 되고, 함께 지체가 되고, 함께 약속에 참여하는 자가 되는 내용이었다(엡 3:6).

그 중심에는 그리스도의 중보자적 사역을 통해 하나님께서 마련하신 약속에 참여하는 새로운 방식이 마련되었다. 할례와 율법에 의해 하나님의 백성을 규정하던 기존의 방식에서 벗어나 이제는 그리스도에 대한 믿음의 방식으로 변경된 것이다. 이 방식의 변경은 이미 오래전에 아브라함의 믿음에 의한 칭의로 하나님께서 예고하신 바가 있다.

하나님의 약속을 믿어 의롭다 함을 받은 아브라함의 믿음이 세상에 오셔서 십자가로 그 약속을 성취하신 그리스도에 대한 믿음으로 그대로 연결된다. 그래서 바울은 로마서 1장 17절에서 "복음에는 하나님의 의가 나타나서 믿음에서 믿음에 이르게 하나니…"라고 기록한다. 두 믿음에 대한 정의가 지금은 여러 가지 의견으로 갈리어 있지만, 바울이 이 글을 쓸 당시에는 부연 설명이 없어도 사람들에게 두 믿음에 대한 명확한 의미가 전달되었다고 추측해 볼 수 있다.

그런데 우리가 만약 구속이라는 아브라함 언약의 영적 의미와 함께 언약과 복음의 관계에 대한 깊은 이해가 전제된다면, 그 두 믿음이 무엇을 의미하는지를 금방 깨달을 수 있다고 본다. 언약의 약속과 성취가 가져온 복음의 입장에서 볼 때, 처음의 믿음은 아브라함의 믿음을 가리키며, 그 다음은 그리스도에 대한 믿음을 가리키고 있음을 알 수 있다.

두 믿음은 복음 안에서 사람이 어떻게 하나님 앞에서 의롭다 함을 받을 수 있는지에 대한 답을 공유하고 있기 때문이다. 비록 수천 년이라는 긴 시간의 간격을 두고 있지만, 하나님은 두 믿음을 통해 사람이 의롭다 함을 받는 공통된 믿음을 언약의 약속과 그리스도에 의한 성취를 통해 보여주시기 때문이다. 즉, 언약의 약속과 성취가 후손인 그리스도에 대한 약속을 받고 믿었던 아브라함 믿음에서 약속대로 그의 후손으로 세상에 오신 그리스도의 성취로 인해 그분에 대한 믿음으로 동일하게 이어지게 된다는 의미이다.

물론 이 같은 주장이 논리에서 벗어난 지나친 성경 해석의 비약이라고 비난할 수 있을 것이다. 그러나 이 사실은 감추어졌던 그리스도의 비밀처럼 우리의 구원과 영광을 위해서 만세 전에 미리 정하셨던 하나님의 지혜에 속한다고 생각한다. 언약의 성취로 인해 그리스도의 비밀은 밝혀졌지만, 시간이 지난 지금까지도 이 두 믿음에 대한 해석은 논란의 대상이 되고 있다.

많은 신학자가 이 두 믿음에 대한 분분한 해석을 내놓고 있는 실정이다. 하지만 바울은 복음의 근원을 하나님께서 아브라함에게 주신 언약의 약속으로부터 추론해 내어 그리스도에 의한 성취로 마무리한다. 그리스도께서 십자가에서 흘리신 피로 세우신 새 언약이 복음의 결실로 맺어졌다.

이제는 누구든지 믿음으로 의로운 하나님의 자녀가 되어 성령의 역사 아래 영원한 죄 사함의 은총을 누리게 되었다. 복음을 언약의 약속과 성취의 관점에서 볼 때, 로마서 1장 17절에 기록된 두 믿음은 자연스럽게 그 모습을 드러낸다. 아마 바울은 이러한 점에서 그 당시 명백히 드러나는 두 믿음에 대한 설명을 생략하였을지 모른다.

아무튼 필자는 모호한 성경 구절의 해석을 그냥 남겨 놓기보다는 구속사적 관점으로 그것에 대한 정의를 내려주는 것이 신앙에 도움이 된다고 생각한다. 하지만 믿음이 사람의 의지와 주관으로 얻어지는 것이 아닌 것 같이, 이러한 해석에도 먼저 각자에게 역사하시는 성령의 사역에 의존함이 우선되어야 할 것이다. 그다음은 하나님께서 각자의 유익을 위해 그분의 뜻대로 역사하실 것이다.

6. 칭의의 본질

믿음은 개인의 행위나 공로로 얻어지는 것이 아니기 때문에 우리는 자신의 믿음을 자랑할 수 없다. 믿음은 오직 하나님께서 우리를 위해 예비하신 성령 사역의 결과이다. 이는 우리가 우리 자신을 스스로 의롭게 할 수 없다는 말과 같다. 신자에게 의로움은 믿음으로부터 오는 결과이기 때문이다.

우리는 오직 그리스도의 믿음으로 의롭게 되어 하나님의 자녀가 된다. 우리를 의롭게 하는 그 믿음은 예수 그리스도가 하나님의 구원 약속을 성취하신 분이며, 동시에 하나님이심을 고백하는 믿음이다. 바울은 이 믿음에 대하여 성령이 함께하시지 않으면 누구든지 예수를 주(主) 곧, 하나님으로 시인할 수 없다고 선언한다(고전 12:3).

하나님은 아브라함에게 복음을 계시하는 언약의 두 약속을 주셨다. 그 약속의 계시에는 하나님께서 주신 약속의 성취를 위해 장차 자신이 행할 사역이 함께 포함되기도 한다. 계시자가 직접 자신이 행할 수 없는 사역을 성취자가 대신하는 것이다. 비록 계시자와 성취자의 사역이 서로 구분되지만 하나님의 계시 안에서 계시자와 그 성취자는 동일한 분이셔야 한다.

성경에 기록된 계시의 유효성이 이 전제 하에 성립된다. 왜냐하면 계시를 주신 분과 이를 성취하시는 분이 서로 다르다면 자신을 나타내시는 하나님의 계시가 진정성을 가질 수 없기 때문이다. 성경의 계시는 보통 "말씀하셨다"로 끝나지만, 하나님은 아브라함에게 창세기 15장 17절에서 직접 자신의 행동으로 보이셨다. 그리고 그날에 아브라함과 더불어 언약을 세우셨다.

땅을 주시겠다는 맹세를 자신의 행동으로 나타내신 하나님은 그 약속의 성취를 위해 직접 세상에 오셨다. 인간을 죄로부터 구원하시기 위해 예수 그리스도의 몸으로 세상에 오신 것이다. 말씀이 육신이 되어 우리 가운데 거하시게 된 것이다(요 1:14).

예수 그리스도가 세상에 오신 것과 그가 십자가 위에서 죽으신 일은 원래 하나님의 구원 계획에 따른 일이었다. 그 당시 유대인들은 로마 통치 아래서 메시아를 대망하고 있었다. 그 메시아는 구약의 선지자들을 통하여 장차 오시리라 예언된 분이셨다. 그러나 그분이 오셔서 십자가에서 죽으실 것이라는 사실은 그 누구도 예측하지 못했다.

그분의 십자가 사건은 사람들에게 감추어졌던 하나님의 구원 비밀이었다. 누구도 메시아로 오신 그분의 죽음을 생각하지 못했지만, 하나님은 아브라함 언약에 인간의 구원 약속을 위해 자신의 죽음을 이미 계시해 놓으셨던 것이다. 하나님의 죽음에 대한 계시는 "그리스도의 비밀"(엡 3:4)을 통해 성취된 태초부터 계획된 인간의 구원을 위한 그분의 비밀스러운 작전 계획이었다.

그리스도의 믿음 안에는 우리가 이 계시적 사실을 자각하든 않든 간에 이에 대한 확신이 내재 되어있다. 그렇기 때문에 이 사실을 근거로 우리는 그리스도를 자신의 구세주로 고백할 수 있는 것이다. 이 믿음의 바탕 위에 하나님은 우리를 의롭다 칭하시며 자신의 자녀로 받아 주신다.

그러므로 칭의는 우리의 행위나 공로와 상관없이 오직 믿음을 근거로 우리를 의롭다고 칭하시는 하나님의 판결 행위이다. 하나님의 이 판결은 단순히 우리를 의롭다 선언하는 것으로 끝나지 않는다. 의롭다 함을 얻은 사람들을 자신의 통치 아래 두셔서 완전한 죄 용서와 함께 영생의 유업을 누리는 은총에 들어가게 하신다.

"나는 그들에게 하나님이 되고 그들은 내게 백성이 되리라"(히 8:10)는 하나님의 선포가 의롭다 함을 받은 자들에게 그대로 적용되는 것이다. 칭의는 곧 하나님 백성의 특권을 의미한다. 왜냐하면 우리는 예수 그리스도를 믿는 믿음으로 하나님과 화평을 누리게 되며, 그분의 영광을 바라고 즐거워하는 은혜에 들어갔기 때문이다(롬 5:1,2).

"경건하지 아니한 자를 의롭다 하시는"(롬 4:15) 하나님의 행위는 우리 자신의 개인적인 성격을 변화시키는 도덕적 변화를 추구하지 않는다. 그것은 하나님과 우리의 관계를 즉각적이면서도 영원히 변화시켜주는 우리 밖에서 오는 외부적인 역사이다. 그것은 마치 재판장이 죄인을 죄가 없다고 선언하는 선고의 결과, 또는 법적인 아들의 특권을 부여하는 양자의 사역(the act of adoption)과도 같은 것이다. 이 사역은 반복적인 행위를 통해 완성되는 것이 아니라 단번에 순간적으로 완성되는 하나님의 판결에 의한 것이다.[112]

그렇다면 한번 내린 이 판결의 유효성은 어떠한 경우에도 끝까지 지속되는 것인가? 일반적으로 믿음으로 한번 의롭게 된 자들의 구원은 영원히 지속된다는 것이 개신교의 교리이다. 그렇지만 성경은 신자들의 칭의의 연속성에 대한 문제를 제기하며, 그들이 새로운 죄에 빠져들어 그 죄의 용서가 요구되는 경우를 종종 기록한다.

그러나 이러한 경우에도 성경은 결코 칭의의 변화 가능성을 이야기하는 것이 아니다. 오히려 그것은 그리스도와 연합으로 시작되어 하나님의 백성으로 머무르는 동안에도 우리가 겪을 수 있는 일시적인 잘못을 밖으로 드러낼 뿐이다. 믿음으로 성령의 인(印)치심을 받고 의롭게 된 우리와 하나님의 관계는 결코 변경될 수 없는 가족적인 관계 속으로 들어가기 때문이다.

그것은 분리될 수 없는 영구불변의 아버지와 자녀로서 연합된 결과로 말미암은 칭의의 상태다. 이는 그리스도께서 지신 십자가 사건이 우리에게 가져다준 중보자적 사역의 결과다. 하나님은 우리를 의롭게 하시기 위해 자기의 아들을 십자가에 내어주는 고통을 감수하셨다. 예수께서는 "영생은 곧 유일하신 참 하나님과 그가 보내신 자

112) James Buchanan, 『칭의 교리의 진수』, 275.

예수 그리스도를 아는 것이니라"(요 17:3)라고 말씀하셨다.

칭의로 말미암은 영생, 즉 구원은 아버지 하나님과 그의 아들 예수 그리스도가 인간을 위해 함께 겪으셨던 십자가 고난의 결과이다. 아들이 십자가에서 죽음의 고난을 겪는 동안 하나님 자신도 고난을 당하신다. 하나님은 이미 아브라함에게 가나안 땅을 약속하시면서 자신의 죽음에 대한 계시를 보이심으로 그와 언약을 세우셨다.

지금 아들은 아버지께서 죽음의 계시로 약속하신 영적 가나안 땅의 유업을 성취하시기 위해 십자가에 달리신 것이다. 그리스도의 죽음 속에서 하나님 자신이 함께 죽음을 겪으셨다. 결과적으로 그리스도는 구원 약속의 성취를 위해 아버지가 계시하셨던 유업의 약속을 대신하신 것이다. 이로써 하나님은 이방을 믿음으로 말미암아 의로 정하실 것이라는 복음의 약속을 아들의 십자가를 통해 성취하신 셈이다.

이방을 구원하시려는 복음의 계획이 십자가 사건으로 성취됨에 따라 그리스도를 믿는 믿음으로 하나님께로 나아가는 길이 모두에게 열리게 되었다. 하나님과 우리 사이에 막혀있던 죄의 담이 믿음에 의한 칭의로 제거되어 우리는 담대하게 하나님 앞으로 나아갈 수 있게 된 것이다. 하나님께서 믿음으로 우리를 의롭다 여겨주시지 않으면, 우리는 죄인으로 하나님과 가까워질 수 없다. 하물며 하나님의 자녀가 되거나 그의 백성이 된다는 것은 더욱 상상할 수 없다.

칭의는 하나님과 관계를 맺는데 예비적이며 필수적인 요건이다. 죄인인 상태에서 사람은 결코 하나님 앞에 설 수 없으며 그분과 교류를 가질 수 없다. 하나님이 이방을 포함한 세상 사람들을 자신의 백성으로 부르시고 그들을 구원하시기 위해 믿음으로 그들을 먼저 의롭다 선언하시는 이유다. 그들이 그리스도에 대한 믿음으로 먼저 의롭게 되어야만 하나님은 그들과 관계를 가질 수 있기 때문이다.

예수께서는 "나는 길이요 진리요 생명이니 나로 말미암지 않고는 아버지께로 올 자가 없느니라"(요 14:6)라고 선언하신다. 자신에 대한 믿음으로 의롭게 되기 전까지 하나님 앞으로 나올 자가 아무도 없기 때문에 이 선언은 칭의의 관점에서 정당성을 가지게 된다. 예수께서는 믿음으로 우리를 의롭게 하시는 하나님의 복음이 성취됨으로써 하나님의 약속은 얼마든지 그리스도 안에서 예(yes)가 된다.

우리가 그리스도와 연합된 믿음 안에 있으면 우리의 칭의는 그 무엇으로도 변경할 수 없는 영구적인 상태를 유지한다. 바울은 이 상태를 "그러므로 이제 예수 그리스도 안에 있는 자에게는 결코 정죄함이 없나니"(롬 8:1)라고 말한다. 예수께서도 "내 말을 듣고 또 나를 보내신 이를 믿는 자는 영생을 얻었고 심판에 이르지 아니하나니, 사망에서 생명으로 옮겼느니라"(요 5;24)라고 말씀하신다.

칭의가 하나님의 진노와 정죄로부터 우리를 자유케 하는 죄의 사면일뿐만 아니라 영생을 확보하게 하는 용인(acceptance)의 특권을 함께 포함하고 있다는 의미다. 복음이 모든 죄인에게 영생의 선물을 포함하는 죄 사함과 하나님 품으로의 즉각적인 용인의 특권을 제시하고 약속한다는 사실은 성경의 증언들로 미루어 볼 때 아주 명백한 사실이다. 이 두 가지는 복음이 진술하는 핵심적인 메시지이다.[113)]

우리는 그리스도의 피로 말미암아 구속 곧 죄 사함을 받고 하나님의 진노와 정죄로부터 해방되는 용서를 받았다. 그러나 그리스도의 은혜는 여기서 그치지 않는다. 하나님이 죄를 알지도 못하는 그를 우리를 대신하여 죄로 삼으신 것은 그를 통하여 우리가 하나님의 의가 되게 하려 하심이었다(고후 5:21).

칭의는 하나님께서 우리를 믿음으로 의롭다고 판정하시는 법정적 용어이다. 하나님의 법정에서 죄인인 우리가 그리스도를 믿음으로 의롭다고 판정을 받았을 때, 우리의 '의'는 법정에 들어갈 때 가지고 있던 도덕적 특징이 아니라, 판결이 끝나고 나올 때 우리가 지니는 법적인 상태를 말한다. 그리고 의롭다고 판정받은 사람이 지니게 되는 '의'는 재판관의 '의'와는 확연히 구분된다.

우리는 그리스도 안에서 믿음으로 의롭게 되어 하나님께 용인된 자들이 되었다. 그리스도를 믿음으로 의롭게 된 우리는 담대함과 확신을 가지고 하나님께 당당하게 나아갈 수 있는 특권을 가지게 된다. 믿음으로 얻은 이 특권으로 인하여 신자들은 하나님과의 교제 안에서 그의 자녀로 혹은 백성으로 영원한 기업을 선물로 받게 되는 것이다. 결과적으로 신자들이 누리는 이러한 특권과 선물이 모두 믿음에 따르는 칭의로부터 오는 축복들이다.

칭의에 있어 죄 사함은 필수 불가결한 요소다. 그러나 그것이 칭의로 얻는 신자들의 특권에 대한 완전한 묘사라고 할 수 없다. 하나님

---

113) James Buchanan, 『칭의 교리의 진수』, 277-278.

께서 인간의 죄를 사면하시는 이유는 죄 사함을 통해 그들을 자신의 백성 혹은 자녀로 부르셔서 그들과의 교제를 이루시기 위함이다. "나는 그들의 하나님이 되고 그들은 나의 백성이 되리라"는 하나님의 주권적 선언은 죄 사함의 은총에 뒤따르는 새로운 하나님 백성의 창조를 의미한다.

그러므로 칭의를 단순히 죄의 용서로만 규정지어 개인의 구원 문제로만 연결시키는 것은, 믿음에 의한 칭의를 통해 이방을 자신의 백성으로 창조해 가시는 하나님의 구원 계획을 너무 좁게 바라보는 것이다. 이러한 오류는 하나님의 백성으로 용인되는 특권의 필요성을 고려하지 않으며, 그리스도 복음의 믿음 공동체인 교회 존재의 중요성을 간과하는 결과일 것이다.

교회는 기독교 신앙과 신자들의 삶에 필요불가결한 실재(realities)이다. 기독교인들은 하나이며 거룩하고 보편적이며 사도적인 교회를 믿는다. 칼빈은 교회를 신자의 어머니라고 부르기도 하였다.

구약은 이스라엘의 역사를 통해 하나님께서 사람들과 언약 관계를 맺으시고 그들을 자신의 동역자로 삼으셨음을 나타낸다. 하나님의 사역이 그 백성의 공동체를 대상으로 한다는 의미이다. 이 세상의 창조와 구속의 목표가 하나님과 피조물 사이의 깊고 지속적인 교제와 동시에 자신의 은혜를 바탕으로 공의로운 공동체를 건설하는 것이기 때문이다.

하나님은 자신이 창조하신 세상에서 믿음의 공동체가 이스라엘에서 온 땅으로 확대되어 나가기를 원하셨다. 그가 아브라함을 부르셔서 복음의 약속을 주시면서 이방을 믿음으로 말미암아 의로 정하실 것이라고 전하신 것은 확대되어 나갈 자신의 나라를 그에게 먼저 예고하신 것이다. 복음이 전파됨에 따라 하나님의 통치는 이스라엘에서 그리스도에 대한 믿음으로 온 땅으로 확대되어 나갈 것이다.

온 땅으로 퍼져 나갈 복음의 메시지가 동력을 갖추게 된 중요한 전환점이 예수 그리스도를 믿는 믿음에 의한 칭의로 마련된 것이다. 아브라함의 후손으로 오신 그분이 하나님의 구원 약속을 자신의 십자가로 모두 성취하신 덕분이다. 하나님은 사람들이 어떻게 의롭게 되어 자신과 화목할 수 있는지를 보여주시기 위해 아브라함의 믿음에 의한 칭의 사건을 그리스도의 믿음에 의한 칭의에 앞서 기록해 놓으신 것이다.

언약의 약속이 그리스도에 의해 실제로 성취되었을 때, 그분에 대한 믿음의 칭의가 하나님 백성을 새롭게 구성하는 중요한 전환점이 될 것이라는 선제적 암시라고 볼 수 있다. 하나님의 약속에 대한 아브라함의 믿음으로 이스라엘 민족이 탄생하였듯이, 그리스도에 대한 믿음으로 새로운 피조물인 하나님의 언약 백성이 창조된다. 그 백성의 공동체가 바로 신약의 교회이다.

교회는 그리스도 오신 후에 새로운 믿음의 공동체로 구약의 이스라엘을 계승하게 되었다. 그리스도의 십자가 사건 후에 그를 믿는 믿음의 공동체가 복음이 전파되는 곳곳에 세워진 것이다. 교회는 예수 그리스도의 사역, 죽음, 부활에 응답하며, 성령의 능력 안에서 하나님을 찬양하고 예배하기 위해 모인 신자들의 새로운 공동체를 의미

한다.[114]

성경에 묘사된 교회는 예수 그리스도 안에 나타난 하나님의 사랑에 중심을 둔다. 이 공동체에 속한 신자들은 섬김의 삶을 향하여 성령의 능력을 받아 하나님과 다른 사람들과의 관계에서 새롭게 변화된 독특한 삶을 살아간다. 교회는 다가오는 하나님 나라와 관련을 맺고 있지만, 결코 동일시되지는 않는다. 교회는 하나님 나라의 징조이며 그 잠정적 표현이다.[115]

교회가 하나님 나라를 보여주는 예비적 표상(image)이 된다는 말은, 그 안에 하나님의 주권과 그의 백성들이 드리는 믿음의 찬양과 경배가 이어지지만, 아직 그곳에는 그 백성에게 주어지는 영원한 삶을 위한 안식처가 실현되지 않았다는 의미다. 믿음으로 그리스도와 연합하여 교회 공동체의 일원이 되었다는 것은 우리가 하늘에 있는 영원한 나라의 시민권을 가지고 우리를 구원하는 자 곧, 예수 그리스도를 기다린다는 뜻이다. 그분이 만물을 다스리시는 자신의 권능으로 우리의 낮은 몸을 자기 영광의 몸의 형체와 같이 변하게 하실 것이다(빌 3:20-21).

믿음에 의한 칭의는 우리를 예비적 하늘나라의 표상인 교회에 소속시켜 그 나라의 시민권을 부여한다. 우리는 그분과 연합된 지체를 가지고 하나님의 주권적 통치 아래 들어감으로써, 하나님과 소통할

---

114) Daniel L. Migliore, 『기독교 조직신학개론』, 장경철 역 (서울: 한국장로교출판사, 2011), 272.

115) Migliore, 『기독교 조직신학개론』, 272.

수 있는 관계인 그분의 자녀와 백성이 된다. 이로써 하나님이 아브라함에게 언약으로 약속하신 영적 가나안 땅인 영원한 하늘나라가 우리에게 유업으로 주어지게 되는 것이다.

우리가 그리스도의 영광스러운 몸과 같이 변화되어 유업으로 주어진 영원한 안식의 땅에 들어가면, 그 땅에는 하나님의 통치가 온전히 이루어지는 완전한 하나님 나라가 구현될 것이다. 믿음에 의한 칭의로 시작된 우리의 구원은 생의 마지막에 완성하게 될 이 날을 향하여 끊임없는 성화의 과정을 거치며 인내로 나아갈 것을 요구한다.

그리스도인의 최후 승리를 위한 예비적 하나님 나라의 삶이 지상의 교회를 터전으로 이루어지는 것이다. 시간과 장소를 불문하고 이 교회는 그리스도의 몸이며, 또한 그는 교회의 머리가 되신다. 우리는 오직 믿음에 의한 칭의를 통해 성령으로 그리스도와 연합하여 그분의 지체로서 교회의 구성원으로 참여하게 된다. 믿음에 의한 칭의가 예비적 하나님 나라인 교회 공동체의 일원으로 참여하게 되는 열쇠가 되는 것이다.

라이트는 칭의는 개인이 하나님과의 관계를 수립하는 방법에 관한 이야기가 아니라, 미래와 현재 모두에 누가 실제로 하나님 백성의 일원인지를 규정하는 종말론적 정의에 관한 이야기라고 말한다. 즉, 그것은 구원론보다는 교회론에 관한 이야기며, 구원보다는 교회에 관한 이야기라는 것이다.[116] 좀 더 자세히 말한다면, 칭의는 개인이 하

116) N. T. Wright, 『바울의 복음을 말하다』, 184-185.

나님의 공동체에 속하는 방법에 관한 문제가 아니라, 그 공동체에 속한 사람이 누구인지를 어떻게 분별할 수 있는지에 관한 문제라는 것이다.

이러한 주장은 여러 가지 면에서 문제를 제기한다. 먼저 칭의의 문제가 구원론보다는 교회론에 관한 이야기라는 주장은 종교개혁자들의 칭의에 대한 개념을 뒤엎는다. 칭의의 시제와 함께 우리가 믿음으로 얻는 의가 그리스도의 전가된 의가 아니라는 주장은 그동안 전통적으로 내려왔던 개신교의 신념을 부정하는 결과를 가져왔다.

그러나 소위 바울의 새 관점(New Perspective on Paul)주의가 바울의 이신칭의에 대한 전통적 이해를 완전히 뒤집어 놓은 이면을 살펴볼 필요가 있다. 새 관점에 의하면 바울의 이신칭의의 가르침은 개인의 구원 문제를 다루는 가르침이 아니라, 이방인의 구원 문제를 다루는 사회적 이슈였다. 이러한 주장은 바울이 갈라디아서에 기록한 아브라함 언약과 그에게 전해졌던 복음에 근거하고 있다.

현재 개신교의 복음주의적 구원론은 '이신칭의' 곧 믿음으로 말미암은 구원이 그 핵심이며 이는 루터와 칼빈으로 이어진 종교개혁에 뿌리를 두고 있다. 이 구원론은 1세기 당시 율법을 지킴으로 구원을 얻는다는 유대인들의 율법주의를 배격하고 조건 없는 하나님의 은혜와 사랑을 강조했다. 이러한 관점은 유대인들이 은혜가 아닌 행위를 구원의 수단으로 삼았다는 사실에 근거하고 있다.

그러나 바울의 새 관점주의자들은 1세기 당시 유대인들에게는 사실상 율법주의가 없었다고 주장한다. 유대인들 역시 언약을 바탕으로 하나님의 은혜를 받아들이며, 율법은 단지 하나님의 백성으로서 당연히 지켜야 할 일종의 의무 사항으로 여겼다는 것이다. 그들에게 율법은 구원의 수단이 아니라 단지 언약 백성의 신분을 유지하기 위한 수단이었을 뿐이다.

바울도 궁극적으로는 그들의 율법주의를 비판했던 것이 아니었다. 그리스도로 인하여 새롭게 변화된 구원 방식을 사람들에게 깨닫게 하려는 목적에서 율법의 부정적인 면을 강조했다는 사실이다. 그는 하나님의 백성을 규정하고 유대인 고유의 민족적 특성을 드러내는 율법의 기능적인 면을 부정한 것이지, 율법이 가지는 고유의 도덕적인 기능까지 부정한 것은 결코 아니었다. 바울이 구원의 방편으로서는 율법을 강하게 비판하지만, 또 다른 한편으로는 율법을 옹호하는 이유다.

바울의 율법에 대한 비판은 예수 그리스도가 오심으로 하나님의 구원 받은 백성을 선택하는 방법이 할례와 율법에서 믿음의 방식으로 바뀌었음을 알리는 복음에 근거한다. 즉, 그리스도의 십자가 사건으로 인하여 유대인을 포함한 이방인들이 할례나 율법에 의하지 않고 오직 믿음으로 의롭게 되어 하나님의 백성이 된다는 말이다. 이것이 바로 아브라함에게 전해졌던 복음의 핵심적 내용이다.

그리스도에 대한 믿음이 만인의 구원을 위한 유일한 길임이 드러났을 때, 율법에 대한 순종은 더 이상 언약 공동체의 소속에 관한 요건으로 간주되지 않는다. 바울은 칭의 교리를 위해 율법이 단지 인간의 죄에 대한 문제를 책망하고 악화시킬 뿐이라는 신념에서 그의 주장을 펼치지 않았다는 것은 사실이다. 그것은 율법주의를 반대하거나, 혹은 율법에 대한 순종이 하나님 은혜에 반대되는 길임을 증명하기 위해 형성된 것이 아니었다.

샌더스(E. P. Sanders)는 그의 저서『바울, 율법, 그리고 유대인』에서 유대교에 대한 잘못을 다음과 같이 지적한다.

> *유대교에 대한 바울의 비판은 율법에 대한 그의 진술에서 전통적으로 그리고 정확히 발견되듯이 두 가지 점에 달려있다. 하나는 기독론이고 또 다른 하나는 하나님의 선택에 관한 것이다. 먼저 비기독교인인 유대인들은 그리스도에 대한 믿음을 갖는 데 실패함으로 로마서 9장 30절에서 10장 13절과 같은 잘못을 범했다. 그리고 로마서 3장 27절과 같은 구절에서 보듯이 유대인들이 가지고 있었던 언약 백성으로서의 호의적인 그들의 신분이 공격의 대상이 되고 있다는 것과 그리고 누가 참 아브라함의 자손인지에 대한 논란은(갈 3:29; 롬 9:6) 하나님 선택에 관한 그들의 견해에 대한 배제를 암시한다.*[117)]

여기에서 유대교에 대한 바울의 비판은 그들의 민족적인 종교에 대한 비판이었음을 알 수 있다. 유대인들은 하나님께서 세우신 언약

---

117) E. P. Sanders, Paul, The law and the Jewish People (Minneapolis: Fortress Press, 1983), 154.

의 약속과 성취에 대한 종교적 이해를 자신들이 누렸던 선민의식의 범위 안에 한정시킴으로써 구원을 위한 하나님의 선택에 제한을 가했다.[118)]

바울 서신에 나타나는 유대인들은 스스로 심판을 면제받은 특권 의식을 나타낸다. 그들은 이러한 특권 의식 속에서 율법을 의지하고 자랑하였다. 그들의 자랑은 불트만의 주장과 같이 율법 준수를 자신의 공적으로 내세우려는 자랑이 아니라 율법 백성이라는 유대인들의 자의식에 기초한 자랑이었다.[119)]

"우리는 본래 유대인이요 이방 죄인이 아니로되"(갈 2:15)라는 바울의 진술은 그 당시 유대인들의 전형적인 자의식을 분명하게 드러낸다. 바울이 이방인을 죄인으로 칭하였다는 사실은 유대인들은 그들에 비하여 의로운 사람들이었다는 의미를 가진다. 그렇다면 유대인들이 이방인들보다 자신들이 낫다고 여긴 근거는 무엇일까?

1) 율법의 행위

유대인들이 가진 자의식의 근거는 '율법의 행위(*ἔργον νόμος*)'였다. 그러나 바울은 "사람이 의롭게 되는 것은 율법의 행위로 말미암음이 아니요 오직 예수 그리스도를 믿음으로 말미암는 줄 알므로… 율법의 행위로서는 의롭다 함을 얻을 육체가 없느니라"(갈 2:16)라고

118) 문덕수, 『언약과 삼위일체』, 196.

119) 이한수, 『언약신학에서 본 복음과 율법』, 97.

선언한다. 그는 사람이 의롭게 되는 것이 율법의 행위가 아닌 예수 그리스도를 믿는 믿음이라고 말함으로써 유대인의 잘못된 선민의식을 지적한다.

그렇다면 이 '율법의 행위'는 무엇을 말하는가? 그리고 바울이 칭의의 문제를 '율법의 행위'와 그리스도에 대한 믿음과 대조시키는 이유는 무엇인가? 먼저 '율법의 행위'를 해석하는 신학자들의 견해는 대체로 둘로 나누어진다.

첫째는 '율법의 행위'를 유대인들의 의와 구원의 확보를 위한 인간 중심적 시도로 간주하는 전통적 견해와 둘째는 '율법의 행위'에서 행위(ἔργον)라는 단어의 해석을 계명이나 규례로 간주하는 새로운 견해이다. 결과적으로 전통적 견해는 1세기 유대교를 행위 구원의 종교로 규정한 반면 새로운 견해는 이에 대한 반론을 제기한다.

WBC 로마서 주석을 쓴 던(James D. G. Dunn)은 '율법의 행위'를 율법 자체와 구분된 유대인들의 정체성을 표시하는 구분된 경계표(boundary markers)로 규정하였다. 이 경계표에는 할례, 음식법 그리고 그들의 절기에 대한 규례들이 포함된다고 한다. 그러나 바울이 율법이나 율법의 행위를 믿음과 서로 대조시켜 이야기할 때, 믿음 이외에는 하나님의 법정에서 아무도 의롭다고 인정받을 수 없다는 점을 강조하는 것이다.

바울은 "율법의 행위로 그의 앞에 의롭다하심을 얻을 육체가 없나니 율법으로는 죄를 깨달음이니라"(롬 3:20)고 단언한다. 그리고 율법 외에 하나님의 한 의가 나타났는데, 그 의는 그리스도를 믿음으로 말미암아 모든 믿는 자들을 위한 차별 없는 하나님의 의라고 선언한다(롬 3:21-22). 그분의 의는 자기의 아들을 우리 죄를 속량하시기 위해 화목제물로 세우시고 그 피를 믿는 우리의 모든 죄를 간과하시는 하나님의 의로우심이다. 하나님은 자신의 심판 법정에서 예수 믿는 자를 믿음으로 의롭다 하심으로써 또한 자신의 의를 나타내시는 것이다(롬 3:25-26).

그러므로 '율법의 행위'를 굳이 율법 자체와 구분 짓는 일은 믿음의 관점에서 별 의미 없는 일이라 할 수 있다. 복음의 입장에서, 율법이나 그 행위는 그리스도의 십자가 사건으로 인해 이미 그 효능을 잃어버린 구원의 수단이었다. 바울이 그의 서신서를 통해 전심으로 강조한 사실은 그리스도의 복음으로 인해 하나님의 백성이 되고 구원을 받는 일이 더 이상 율법이나 그 행위에 의존하지 않는다는 것이었다. 그것은 오직 그리스도께서 흘리신 구속의 피를 믿는 믿음이라는 사실이었다.

그러므로 유대교를 행위 구원의 종교로 파악하는 전통적인 시각은 하나님의 약속과 성취의 맥락에서 볼 때, 바울의 율법 이해 등과 같은 문제들을 제대로 이해할 수 없게 만든다. 누구든지 자신의 행위로 하나님 앞에서 구원을 받을 수 있다고 생각하는 사람은 아무도 없다. 심지어 율법에 흠이 없는 유대인들조차도 하나님의 심판대 앞에서 자신의 행위로 구원을 받을 수 있다고 자신하는 사람은 없을 것이다.

요한복음 8장에는 음행 중에 현장에서 잡혀 온 여인의 이야기가 기록되어 있다. 서기관과 바리새인들이 이 여인을 끌고 와서 예수께 물었다. “모세는 율법에 이러한 여자를 돌로 치라 명하였는데 선생은 어떻게 말하겠나이까”(5절)라고 물었다. 이때 예수께서는 너희 중에 죄 없는 자가 먼저 돌로 치라 하셨다. 그때 그들은 하나둘씩 모두 현장을 떠났다. 그들 역시 자신들도 그 여인과 다를 바가 없는 죄인들이라는 자의식을 공유하고 있었다는 증거다.

간음한 여인을 벌하려고 모였던 사람들이 예수의 말씀에 자신들을 돌이켜보고 그 자리를 떠났던 사건은 그 당시 유대인들의 내면적 자의식을 알 수 있는 중요한 단서가 된다. 그들은 모두 하나님 앞에서 자신들이 깨끗지 못하다는 양심을 갖고 있었다. 적어도 자신의 행위만으로 하나님께 구원을 받을 수 있다고 자신할 수 있는 사람은 없었다는 의미다.

따라서 ‘율법의 행위’를 의와 구원을 스스로 확보해 보려는 유대인들의 인간 중심적 시도라고 보는 견해와, 이를 바탕으로 1세기 유대교를 단순히 행위 구원의 종교라고 간주하는 시각에는 분명한 한계가 따른다. 죄 가운데 있는 인간은 그 누구도 하나님의 은혜와 상관없이 구원을 위한 자의적 행위를 구현할 수 없기 때문이다. 바울도 율법을 행하는 일 자체를 부정적으로 간주하지 않았다. 그는 하나님 앞에서 율법을 행하는 자라야 의롭다 함을 얻는다고 말한다(롬 2:13). 바울은 단지 율법을 완벽하게 행함으로써 구원을 받을 수 있다고 자신할 수 있는 사람은 아무도 없다고 간주하였을 뿐이다.

결론적으로 바울의 서신서에 나타난 ‘율법의 행위’란, 율법이 대상의 속격이 되어 사람이 율법을 따르는 행위가 아니다. 오히려 주어로서의 속격으로 율법이 주체가 되어 유대인들이 율법 아래에 있음을 드러내는 종교적 표지로 해석된다. 라이트는 사해사본인 4QMMT[120]를 바탕으로 '율법의 행위'란 오랫동안 기다려온 '하나님의 의'가 마침내 실행에 옮겨져 미래에 옳다고 인정받게 될 하나님의 언약 백성의 일원임을 현시점에서 드러나게 해주는 증표라고 말한다.[121]

그렇다면 왜 바울은 그의 서신서에서 '율법의 행위'를 믿음과 대비하여 부정적으로 기록하는가? 다시 한번 강조하지만, 바울은 사람이 의롭게 되는 칭의가 예수 그리스도의 십자가 성취로 인하여 과거와 달라졌음을 사람들에게 복음으로 전파하는 것이다. 바울은 과거의 율법 시대가 끝나고, 그리스도의 언약 성취로 말미암아 믿음으로 새로운 하나님의 백성을 창조하는 복음의 시대가 열렸음을 세상에 전파하였다. 이 모든 결과는 하나님께서 아브라함에게 언약으로 약속하셨던 후손과 그로 인하여 천하 만민이 복을 얻을 것이라는 약속의 계시가 성취됨으로써 이루어졌다.

바울 신학을 언약의 관점에서 보게 되면 그동안 이질적으로 보였던 바울 사상의 요소들이 하나로 연결되고, 특별히 그리스도에 대한 기독론적 이해와 십자가가 최소한 그 전보다 분명한 의미를 드러내게 된다.[122] 유대교를 행위 구원의 종교로 간주하는 전통적 관점으로

---

120) 4QMMT는 쿰란사본 4Q394-399의 여섯 단편으로 구성된 문서로서 토라 행위 모음집을 말한다. 이 문서는 2세기 중반에 쿨란 종파의 지도자가 더 큰 집단의 수장에게 쓴 편지로 보인다.

121) N. T. Wright, 『NIB주석 로마서』, 장요란 &최현만 역 (경기: 에클레시아북스, 2014), 31.

는 바울의 율법에 관한 이해가 힘들어진다. 또한, 율법 무용론과 같은 잘못된 오해에 빠질 수도 있다.

율법과 복음에 관한 바울 사상을 바로 이해하기 위해서는 하나님의 구원 역사를 언약적 관점에서 전체적으로 살펴보는 일이 우선시 되어야 할 것이다. 율법과 복음에 속한 믿음이나 칭의는 구속사적으로 하나님의 백성을 선택하고 구분하는 상반된 개념으로 성경에 소개된다. 하지만 이 두 개념은 일단 하나님의 백성에 속한 자들에게는 하나님의 뜻을 이루는 도구로 하나의 목표를 향해 서로 연결되어 있다.

예수께서도 자신이 율법이나 선지자를 폐하러 온 것이 아니라 완성하러 오셨다고 선언하셨다(마 5:17). 율법은 그리스도가 오심으로 폐하여지는 것이 아니라 오히려 완성되는 것이다. 사도 바울도 "우리가 믿음으로 말미암아 율법을 폐하느뇨 그럴 수 없느니라. 도리어 율법을 굳게 세우느니라"(롬 4:14)라고 선언한다.

율법을 굳게 세운다는 것은 하나님께서 그의 거룩한 뜻을 율법 안에 은혜롭게 계시해 주셨다는 것을 뜻한다. 따라서 그리스도인들은 그것을 기쁘게 받아들여 삶의 지침으로 삼아야 한다는 의미이다.[123] 성경의 말씀은 본질적으로 하나이기 때문에 율법과 복음은 하나님께서 시대에 따라 순차적으로 쓰신 구원의 도구였다. 결과적으로 율법은 그리스도로 인하여 폐지된 것이 아니라 오히려 굳게 세워진 것이다.

---

122) Wright, What Saint Paul Really said?, 132.

123) 이한수, 『복음과 율법』, 193.

2) N. T. 라이트의 칭의 사상

사람들은 톰 라이트를 E. P. 샌더스, 제임스 던 함께 바울의 '새관점주의자'로 분류한다. 하지만 정작 그 자신은 그렇게 불리는 것을 별로 달가워하지 않았다. 그는 자신이 복음주의 신학자라고 굳게 믿고 있었기 때문이었다. 그는 실제로 현존하는 신학자들 가운데 가장 영향력 있고 논란의 중심이 되어있는 복음주의적 신학자 가운데 한 사람이었다. 그는 2003년부터 2010년까지 영국 성공회 주교를 지냈던 신약성경 학자이며 세인트 앤드류스 대학의 신약학 교수이다.

그는 많은 사람이 바울의 '이신칭의'의 교리를 그의 중심 사상이라고 생각한다고 말한다. 그렇지만 그는 예수 자신과 그의 주권적 왕권에 대한 복음 선포가 바울 사상의 중심을 차지하고 있기 때문에 '칭의'가 바울 사상의 중심이 될 수 없다고 이야기한다. 그러나 '칭의'가 복음의 부차적인 문제로 격하되거나 비본질적인 문제가 되는 것은 결코 아니라고 말한다. 바울이 말했던 '칭의'의 내용을 정확하게 이해한다면, 그 내용은 바울이 말했던 복음의 내용과 원래부터 완벽하게 연결되어 있다는 사실을 알게 된다고 한다.[124)]

사람이 어떻게 살아계신 하나님과 구원 관계를 맺을 수 있는지에 관한 질문을 바울에게 던진다면, 바울의 대답은 아마 칭의가 아닐 것이라고 그는 말한다. 하나님의 행위가 그리스도를 믿는 사람들에게 효력을 발휘하는 방법에는 분명히 반복되는 사고의 흐름이 있다. 그

---

124) N. T. Wright, 『바울의 복음을 말하다』, 177.

것은 복음이 그들에게 선포되면, 하나님은 그들의 마음에 부으신 성령을 통해 일하시고, 그 결과 그들은 복음의 메시지를 믿고 세례를 통해 그리스도와 연합하여 기독교 공동체에 참여하여, 살아계신 하나님과의 관계에 들어오게 된다.

그는 바울이 칭의라는 용어를 다음과 같은 세 가지 측면에서 사용했다고 제시했다.[125]

첫째, 칭의는 언약의 언어이다. 여기에서 언약은 16, 17세기에 논의를 통해 알려졌던 언약이 아니라, 1세기 유대교의 의미에서의 언약이다. 바울이 칭의를 이야기할 때는 제2성전 유대교라는 전체적인 사상의 체계 안에서 이야기한다. 당시 제2성전 유대교는 갈수록 어려워지는 정치적 환경에 직면하여 그 언약의 약속에 매달려 있었던 때였다.

둘째, 칭의는 법정의 언어이다. 법정은 바울이 표현하려는 의미를 보여주는 강력한 은유로서 언약적 맥락에서 작용한다. 여기에는 두 가지 사실이 언급된다. 하나는 이 은유가 언약의 참모습을 이해하는 데 필수적이라는 사실이다. 법정적 관점에서 언약을 설명하면, 그것은 세상을 바로잡고 악의 문제를 처리하며, 하나님의 정의와 질서를 우주에 회복시키기 위해 존재했다. 그리고 다른 하나는, 하나님의 법정은 결코 언약적인 맥락과 분리되지 않다는 점이다. 만약 하나님의 법정을 독립적으로 존재하는 절대적인 개념으로 만들어버린다면, 그

125) N. T. Wright, 『바울의 복음을 말하다』, 182.

것은 법정 은유 자체와 언약이 지닌 근본적인 의미 모두를 왜곡시키는 결과를 가져온다.

셋째, 바울에게 있어 칭의는 종말론과 분리되어 이해될 수 없다는 점이다. 칭의를 통한 구원은 역사와 관련되어 있는 것이지 추상적이거나 무시간적인 시스템에 의한 것이 아니다. 바울의 세계관에 의하면, 칭의는 이 세상의 창조자가 온 세상을 구원하기 위해서 그리스도 안에서 비할 데 없는 결정적인 방식으로 행동하셨고, 이제는 성령으로 만물을 예수께 복종시킨다는 것이다.

라이트는 칭의를 유대교와 기독교 신학의 관점에서 각각 다른 두 가지 칭의를 이야기한다. 그는 먼저 유대교 입장에서 말한 칭의를 언약의 관점에서 살폈다. 그 당시 유대인들의 관심 사항은 죽은 후 자신의 영혼의 상태뿐만 아니라 유일하신 언약의 하나님이 그의 백성인 이스라엘에게 약속하셨다고 믿었던 구원에 관한 사항이 더 절실하게 다가왔다. 그러나 언약을 주신 하나님의 목적은 단순히 이스라엘 민족만을 위한 것이 아니라, 세상의 죄 문제를 처리하고 세상을 구원하시기 위함이었다.

이러한 관점에서 칭의가 죄로 인한 세상 악의 문제를 정기적으로 처리하는 법정이란 상황에서 유래한 용어로 묘사되는 것은 당연한 이야기다. 하나님 자신은 죄인을 심판하는 재판관으로 나타나며, 죄인들은 마침내 판결을 받고 처벌을 받게 된다. 그러나 하나님의 신실한 백성들은 그들의 믿음으로 인하여 의롭다고 인정을 받게 된다.

또한, 칭의는 종말론적인 용어다. 이스라엘에게 있어 그들이 오랫동안 간직해온 소망이 최종적으로 종말에 성취될 것이다. 조상들의 언약 헌장인 토라를 적절한 방법으로 신봉하고 따르는 사람들은 자신들이 미래에 하나님으로부터 옳다고 인정받을 자들이라는 확신을 현재의 시점에서 가질 수 있다는 것이다.

최근 신학자들이 말하는 유대인들의 율법주의는 펠라기우스주의자들의 주장과는 무관하다. 유대인들의 행위에 의한 칭의는 자신의 노력으로 구원을 얻으려는 펠라기우스주의 자들의 주장과는 거리가 멀다. 오히려 그들에게 칭의는 최종적인 종말론적 대결에 앞서 참된 이스라엘이 누구인지 정의를 내리는 것에 대한 문제였다.

바꾸어 말하면 1세기 유대인에게 있어 칭의는 개인이 하나님과의 관계를 맺는 방법의 문제가 아니라, 누가 실제로 하나님 백성의 일원인지에 대한 종말론적 정의라는 것이다. 라이트도 이러한 점에서 믿음에 의한 칭의가 개인의 구원에 대한 문제라기보다는 하나님 백성에 속한 사람이 누구인지 어떻게 말할 수 있는가에 대한 문제라고 보았다.

복음은 예수의 주되심에 대한 선언이다. 복음은 사람들을 믿음으로 아브라함의 참 자손으로 만들어 그 가족이 되게 한다. 이 가족은 예수 그리스도를 중심으로 새롭게 정의되며, 예수 그리스도에 대한 믿음으로만 그 특징을 설명할 수 있다. 칭의는 이런 믿음을 가진 사람은 누구나 다 이 가족의 완전한 일원이 된다고 주장하는 교리라고 라이트는 결론을 내린다.

바빙크(Herman Barvinck)도 칭의를 사람이 의롭기 때문에 하나님이 의롭게 여기는 것이 아니라, 하나님이 의롭게 여기시기 때문에 그 사람이 의롭다는 것이라고 말한다. 그는 하나님의 의가 예수 그리스도를 믿는 믿음으로 말미암은 의라고 말한다. 하나님의 의를 부분적으로나 전체적으로 인간에게서 찾는 주장에 대해 바빙크는 다음과 같은 반론을 제기한다.

첫째, 자신의 의를 따라 사면하시는 하나님의 의는, 하나님이 그리스도 안에서 자신과 세상 사이에 초래한 화목과 마찬가지로 율법의 행위와 상관없이 그리고 믿음보다 앞서 복음 가운데 계시 되었다.

둘째, 믿음은 결코 칭의의 근거로 제시된 적이 없다. 의와 칭의는 믿음으로 말미암아 존재하는 것이지만, 결코 믿음 때문에 존재하는 것이 아니다. 믿음 자체가 의이기 때문에 믿음의 본질 혹은 행위로 의롭게 되는 것이 아니다. 만일 이 믿음의 본질 때문에 의롭게 된다면, 이 믿음의 대상인 그리스도는 전적으로 자신의 가치를 상실하게 된다.

셋째, 믿음은 행위가 아니라 그리스도 안에서 하나님에 대한 무제한적인 신뢰이다. '믿음이 의로 여겨졌다'는 표현은 하나님이 그리스도 안에서 주어진 자신의 의를 믿음 안에서 한 사람에게 전가하고, 이 근거 위에서 그 사람을 용서한다는 축약된 표현이다. 믿음은 사실상 생명의 원리와 근거가 아니다. 믿는 자가 생명을 지니는 것은, 그가 그리스도에게서 생명을 받았기 때문이다. 따라서 믿는 자마다 하나님이 그리스도 안에서 자신에게 준 하나님의 의를 지니게 되는 것이다.[126)]

라이트와 바빙크의 칭의론은 서로 일맥상통하는 공통점을 가지고 있다. 라이트는 칭의라는 용어가 가지는 의미는 "어떻게 우리가 그리스도인이 되는가?"에 대한 것이 아니라 "누가 하나님 백성의 일원인지 말할 수 있는가?"라고 주장했다. 바빙크 역시 믿음은 결코 칭의의 근거로 제시된 적이 없다고 주장한다.

'이신칭의'의 교리는 믿음으로 구원을 얻는다는 교리이다. 하지만 바빙크의 "믿음은 결코 칭의의 근거로 제시된 적이 없다"라는 주장에서 칭의를 구원론과 성급하게 연결시키는 것은 무리가 있어 보인다. 그렇지만 우리는 이신칭의의 교리가 먼저는 하나님의 백성에 관한 교회론을 언급하지만, 결국에는 교회를 통한 하나님의 구원 문제를 다루고 있음을 다시 한번 확인할 수 있다.

7. 믿음과 행위

루이스(C. S. Lewis)는 그의 저서 『순전한 기독교』에서 도덕적 선택에는 두 가지 요소가 관련되어 있다고 보았다. 하나는 선택하는 행위이며, 다른 하나는 선택하는 사람의 심리적 소양에서 비롯되는 다양한 감정과 충동 같은 선택의 원재료들이라고 한다. 따라서 선택하

126) Herman Barvinck, 『개혁교의학 4』, 244-246.

는 행위의 동기를 정상적이고 보편적인 감정의 원재료를 사용하는 경우와 그렇지 않은 경우로 나눌 수 있다고 보았다. 후자는 자신의 잠재의식 속에 숨어 있는 잘못되고 자연스럽지 못한 감정의 원재료를 사용하는 경우이다.[127)]

기독교인의 도덕적 행위는 복음의 진리를 믿는 믿음에서 자연스럽게 흘러나온다. 그 행위가 규례를 따른 것이든 혹은 자신의 선택에서 비롯된 것이든 그 주변이나 본인이 속한 공동체의 성격과 분위기를 좌우하게 된다. 특히 믿음의 공동체인 교회에서는 사랑을 통한 선행이 중요시된다. 그것은 하나님이 그의 백성을 다스리는 원리인 동시에 그분의 공의가 이 땅에 실현되는 도구가 되기 때문이다.

사랑에 의한 선행은 순간적으로 생겨나는 의지나 감정에 따른 즉흥적인 결정에 좌우되지 않는다. 그 행위는 각 개인의 심리적 소양에 잠재되어 있는 바른 믿음에 의존하는 경우가 대부분이다. 참믿음을 소유한 사람에게 가난한 이웃이나 불행한 주위 사람들은 그가 도움의 손길을 주지 않고는 그냥 지나칠 수 없는 이웃들이다.

한 율법교사가 예수께 무엇을 하여야 영생을 얻을 수 있는지 물었다. 그때 예수께서는 율법에 무엇이라고 기록되어 있는지 그에게 되물으셨다. 그는 "전심을 다하여 하나님을 사랑하고 또한 네 이웃을 자신과 같이 사랑하라"(눅 10:27)라고 대답하였다. 예수께서는 그에게 "네 대답이 옳도다 이를 행하라 그리하면 살리라"(눅 10:28)라고

---

127) C. S. Lewis, 『순전한 기독교』, 장경철 & 이종태 역 (서울: 홍성사, 2012), 148.

대답하셨다.

예수께서는 율법 정신인 하나님 사랑과 이웃 사랑에 대하여 말씀하셨다. 그리고 "이를 행하라"고 말씀하신다. 물론 하나님을 사랑하는 일은 그분에 대한 믿음에 바탕을 두고 있지만, 예수님의 말씀은 '믿어라'가 아니라 '행하라'였다. 행함은 믿음에서 나오는 자연스러운 열매이기 때문이다.

C. S. 루이스는 믿음과 행위는 가위의 양날과 같은 것이라고 말한다. 가위가 그 기능을 제대로 발휘하려면 양날이 함께 움직여야만 한다. 우리의 구원도 마찬가지로 믿음과 행위라는 두 개의 양날이 함께 작용하여야만 그 효과를 발휘한다는 뜻이다.

그렇지만 믿음에 의한 칭의를 개인의 구원에 직접 연관시켜 믿음에 따른 행위를 도외시하고 있는 현 개신교의 실정에 비추어 볼 때, 행함의 문제는 한번 깊게 되돌아봐야 할 문제라고 생각한다. 야고보 사도도 "영혼 없는 몸이 죽은 것같이 행함이 없는 믿음은 죽은 것이니라"(약2:26)라고 선언하였다.

성경의 이 말씀은 하나님의 의도된 목적이 없이 기록되지 않았을 것이다. 자칫 '이신칭의'의 교리에 반하는 이 말씀은 우리의 믿음이 나아갈 바른 방향을 제시하고 있다. 주변 사회에 무책임한 교회와, 행함 없는 믿음만으로도 자신의 구원을 확신하는 이기적인 신자들에게 성경이 주는 교훈일 것이다.

그러나 아쉽게도 '이신칭의'를 종교개혁의 중심 구호(slogan)로 삼았던 루터는 행함을 강조하는 야고보서를 지푸라기 복음으로 간주했었다. 야고보서를 신약성경의 마지막 뒷부분에 배치한 이유다. 그의 생각에는 행함이 칭의를 유발하는 믿음과 비교할 만큼 중요하지 않다고 생각했을 것이다. 오히려 행위를 중시했던 로마 가톨릭과 대항하여 싸우는 그에게 행함의 문제는 아마 떨쳐버리고 싶은 주제였을 것이다.

필자는 루터가 행위를 다루는 그의 태도나 사고방식 자체가 잘못되었다고 지적하는 것이 아니다. 단지 그가 하나님의 말씀을 대하는 사고방식의 문제를 지적하고 싶은 것이다. 누구나 성경의 말씀을 대하는 자세는 그 말씀 앞에 아멘으로 순종하거나 겸손해야 한다. 그 말씀이 자신의 주장에 부합되지 않는다고 해서 하나님의 말씀을 폄하하는 자세는 인간의 교만한 마음에서 비롯되기 때문이다.

기독교인의 교만은 본인도 잘 인식하지 못하는 잘 드러나지 않는 죄이다. 하지만 이 교만한 악이 자신의 내부에서 발동하게 되면 그 여파는 거기서 끝나지 않는다. 교만은 반드시 온갖 다른 종류의 악으로 이어져, 자신뿐 아니라 주변에 해를 끼치게 된다. 그래서 C. S. 루이스는 기독교인들에게 그 어떤 죄보다도 가장 크고 핵심적인 죄가 바로 교만이라고 말한다.[128)]

이런 점에서 루터가 야고보서의 말씀을 대했던 그의 태도는 분명한 문제점을 드러낸다. 그가 로마 가톨릭에 대항하여 오직 믿음에 의한 칭의를 주장하며 종교개혁을 이루어 낸 사실은 그 누구도 부인할

---

128) C. S. Lewis, 『순전한 기독교』, 193.

수 없는 역사적 사건이었다. 그러나 그가 종교개혁을 위해 내세웠던 그의 교리적 주장들이 전혀 오류가 없는 진리라고 여기며, 무조건 따라야 한다는 사고방식에는 분명한 무리가 있다고 생각한다.

그의 교리적 주장들을 충실히 따랐던 개신교 교회들이 현재 맺고 있는 잘못된 열매들이 이를 증명한다. '이신칭의'가 교회를 하나 되게 하는 교리임에도 불구하고 이 교리로 인하여 수많은 교회가 분열하고 많은 종파가 생겨났다. 율법의 무용성을 주장하며 행함 없는 믿음만을 강조한 나머지, 이곳저곳에 편향된 믿음을 강조하는 이단들이 생겨나 주변을 어지럽게 하고 있다. 정통주의 교회 안에서도 행함과 관계없이 믿음만이 강조되는 바람에 교회가 빛과 소금의 역할을 잃고 주변 사회로부터 지탄의 대상이 되어가는 안타까운 실정이다.

신자들에게 믿음에 따른 행함은 분명 자신의 신앙생활에 부담이 될 것이다. 아무도 자신의 행위로부터 자유로울 사람이 없기 때문이다. 그래서 사람들은 "행함이 없는 믿음은 죽은 믿음이라"는 하나님의 말씀을 사유화하여 자신의 입맛에 맞게 해석하거나, 혹은 양심에 꺼려져 자신의 호주머니 속에 슬며시 넣어버린다. 그리고는 믿음 하나면 구원의 문제가 완전히 해결된다는 안이한 생각으로 멋대로 행동하는 사역자나 그리스도인들이 많아졌다. 교회는 이러한 교인과 사역자들로 인하여 순수한 신앙이 빛을 잃어가고 원치 않는 분쟁이 끊이지 않게 되었다.

그러나 심각한 사태에도 불구하고 교회의 목회자들과 기독교인들은 믿음에 따른 행위에 대체적으로 무감각하다. 자신은 이미 믿음으로 구원을 받았기 때문에 교회에서나 주변에 일어나는 일들에 별로 신경을 쓸 필요가 없다는 태도다. 신자들은 교회 안에서 도움이 필요한 이웃들의 어려움을 못 본채 외면하면서도 전혀 양심에 거리낌을 느끼지 못한다.

교회는 그리스도 안에서 믿음으로 새롭게 창조된 하나님의 백성들이 모인 믿음의 공동체이다. 모든 교회는 지역에 상관없이 하나님 백성의 공동체를 이루는 각 지체로서 서로 연결되어 지상의 하나님 나라를 예비하고 실현하는 협력체들이다. 그러나 행함이 없는 믿음의 결과로 현대의 기독교는 개인적이든, 집단적이든 모두가 개인주의에 흠뻑 빠져있다. 그들은 행함과 상관없이 믿음만으로 얻은 자신들의 값싼 구원에서 헤어나지 못하고 있는 실정이다.

이것이 과연 하나님께서 자기의 아들을 십자가에 내어주시기까지 세상을 사랑하신 결과일까? 하나님께서 아들의 희생으로 세상에 주신 구원의 은혜가 단지 믿는 자들에게 개인적 구원을 허락하시는 것에 한정된 것일까? 만약 그렇지 않다면 오늘날 기독교를 이렇게 잘못된 길로 들어서게 만든 것은 무엇일까?

인간은 결코 완전한 존재가 아니다. 그 누구도 하나님 앞에서 완전하다고 자신할 수 있는 사람은 없다. 이 말은 또한 하나님의 말씀을 해석하거나, 그 말씀을 바탕으로 기독교의 교리를 주장할 때 완벽하다고 자신할 사람이 아무도 없다는 뜻과 마찬가지다. 말씀에 비추어 교회의 신학적 교리나 그 적용이 올바르지 않은 것이 판명된다면, 루터가 로마 가톨릭에 대항하여 종교개혁을 이루었듯이 우리에게도 그 잘못들을 바로잡아 나갈 사명이 있다.

그러나 새로운 신학적 주장은 그것의 옳고 그름을 당장에 판단할 수 없는 경우가 많다. 그 판단은 오랜 시간이 지난 후에 그 주장이나 교리에 의해 맺혀지는 열매로 판별될 것이다. 그 맺어진 열매는 하나님께서 사람들에게 옳고 그름에 대한 분별력을 갖게 하시는 수단이 된다.

성경에 기록된 말씀은 수 천 년의 시간이 지나도 여전히 변함없는 진리로 남는다. 그것은 하나님의 말씀이기 때문이다. 행위를 강조하는 야고보서의 말씀은 믿음이 자연스럽게 믿음의 행위로 이어지는 사람에게는 큰 의미가 없을 것이다. 행함을 강조하는 말씀이 오히려 그들에게 어색하게 들릴 수도 있다. 하지만 성경은 진리에 굳건하게 선 그리스도인뿐만 아니라 믿음의 초보자들까지도 아우르는 모두를 위한 말씀이라는 점을 기억해야 한다.

따라서 말씀에 대한 해석이나 그에 따른 교리는 기독교인 모두에게 동일하게 적용되어야 한다. 만약 그들의 주장이 믿음의 공동체에 속한 어떤 사람에게 시험이 되거나, 그를 넘어뜨려 믿음에서 실족하게 만든다면 그 잘못은 작지 않을 것이다. 예수께서도 "누구든지 나를 믿는 이 소자 중에 하나를 실족케 하면 차라리 연자 맷돌을 그 목에 매고 바다에 빠짐이 나으리라"고 말씀하셨다(마 18:6; 막 9:42).

말씀을 따른 행함은 자신이 가진 믿음의 분량에 따라 각기 다를 수 있다. 그러나 행함 자체가 없는 믿음은 거짓 믿음이거나 헛된 믿음임에 틀림없다. 만일 형제나 자매가 헐벗고 일용할 양식이 없는데 그 몸에 필요한 쓸 것은 주지 않고 말로만 때우면 그것은 헛것이라고 야고보 사도는 분명히 말한다. "이와 같이 행함이 없는 믿음은 그 자체가 죽은 것이라"(약 2:17)라는 단호하게 선언하는 이유다.

예수께서도 영광으로 오셔서 자신의 보좌에 앉으실 때, 모든 민족을 그 앞에 모으고 양과 염소를 구분하듯 그들을 구분할 것이라 말씀하신다(마 25: 31-46). 의인과 죄인의 행위를 심판하시겠다는 말씀이다. 오른편에 있는 의인들에게 "내가 주릴 때에 너희가 먹을 것을 주었고, 목마를 때에 마시게 하였고, 나그네 되었을 때 영접하였고, 헐벗었을 때 옷을 입혔고, 병들었을 때 돌보았고, 옥에 갇혔을 때 와서 보았느니라"(마 25:35-36절)라고 말씀하시며, 창세로부터 너희를 위하여 예비 된 나라를 상속받으라고 축복하신다.

이때 의인들은 "주여 우리가 어느 때에 주께 하였나이까"라며 오히려 반문한다. 주님은 "너희가 여기 내 형제 중에 지극히 작은 자에게 한 것이 곧 나에게 한 것이라"고 결론을 내려주신다. 한편 왼편에 앉아 있던 죄인의 무리들은 의인들과는 반대되는 그들의 행동에 대해 꾸짖음을 받았다. 그들의 잘못은 지극히 작은 자 하나에게 하지 아니한 것이 곧 주께 하지 않은 것이 되었다. 그리고 마지막 판결은 의인들은 영생에 들어가고 염소의 무리인 죄인들은 마귀와 그 사자들을 위하여 예비 된 영원한 불에 들어가는 것이었다.

그러나 현대의 기독교인들은 예수께서 직접 말씀하신 이러한 예화에도 불구하고 오직 믿음으로만 구원을 얻는다는 종교개혁자들의 칭의 교리에 너무 심취되어 있는 실정이다. 믿음에 따른 행함의 중요성을 일깨우는 예수의 말씀조차도 일부 신학자들이 주장하는 교리에 묻혀 버렸다. 그 결과 신자들은 허울뿐인 신앙을 갖게 되었고, 그들이 모인 교회는 주변 사회와 이웃들에게 영향력을 제대로 행사할 수 없는 무력한 기관이 되어가고 있는 실정이다.

결과적으로 행함이 없는 그리스도인들의 믿음은 복음이 세상으로 퍼져나가는 일에 방해 요소가 된다. 그뿐 아니라 하나님의 영광이 주변에 가려지는 주요 원인이 된다. 복음을 전파하는 신자들에게서 불신자들이 본받을만한 행동이 발견되지 않는다면, 그들은 복음을 받아들이기를 꺼려 할 것이다.

믿는 사람도 별 수 없다는 사고가 주변 사회에 퍼져있는 한, 복음은 더 이상 좋은 소식으로 주변 사회에 다가갈 수 없을 것이다. 행함이 없이도 믿음만을 소유하였기에 자신은 구원을 받았다고 자만하는 염소 신자의 무리가 교회에 가득 차 있는 이상 기독교에 대한 사회의 냉소는 결코 낯선 일이 아닐 것이다.

그렇지만 결코 행위가 믿음에 앞선 구원의 선제 조건은 아니다. 행위는 단지 믿는 자들에게 그들의 믿음이 구원에 속한 참믿음임을 증명하는 역할을 감당할 뿐이다. 행함은 우리의 믿음에 균형을 유지하여, 최종적인 구원에 이르게 하는 성령의 인도하심을 따르는 잠재적 의지의 표현일 뿐이다.

하나님 보좌의 오른편에 있던 의인들은 자신들의 선행을 전혀 의식하지 못하고 행동하였다. 그들은 주위의 가난한 자와 병든 자를 보았을 때, 거의 무의식적으로 그들을 도운 것이다. 예수께서는 사회에서 소외받은 지극히 작은 자들에게 무심코 베푼 선행이 결과적으로 자신을 대접한 일이라 말씀하신다. 그 결과 그들에게 영생이 주어지게 되었다.

바울은 믿음으로 의롭게 되어 하나님 백성이 되는 칭의 교리로 복음을 전파하였다. 그러나 예수께서는 바울과는 달리 믿음으로 하나님께 속한 백성들이 자신의 삶을 살아가는 방법을 직접 가르치고 보여주셨다. 그리고 그 삶의 지침이 되는 새로운 계명을 주신다. "새 계명을 너희에게 주노니 서로 사랑하라 내가 너희를 사랑한 것 같이 너희도 서로 사랑하라"(요 13:34).

새 계명은 그리스도께서 세우신 새 언약 시대에 하나님의 자녀들이 지켜야 할 하나님의 규례이다. 이는 하나님께서 옛 이스라엘 백성들에게 주신 율법과 동일한 효력을 지닌다. 이스라엘 백성들이 율법을 지키지 않고 죄를 범하였을 때, 그들은 율법에 따라 정죄를 받았다. 그래서 그들은 자신들이 저지른 죄를 용서받기 위하여 날마다 성전에서 하나님께 번제와 속죄제를 끊임없이 드렸다.

새 언약 시대를 사는 우리도 예수께서 주신 사랑의 새 계명을 어길 때가 수없이 많다. 말씀에 따르면 우리도 계명을 어긴 죄를 정죄 받아야 마땅할 것이다. 그러나 예수께서는 우리를 위하여 십자가에서 희생제물로서 단번에 자신을 드려 우리의 죄를 사하여 주셨다. 이제는 더 이상 우리의 죄를 위하여 성전에서 속죄의 제사를 드릴 필요가 없어졌다.

그렇다면 우리는 그리스도의 희생으로 인하여 이제부터는 마음대로 계명과 상관없이 죄를 지어도 되는 것인가? 대답은 결코 아니다. 바울은 "우리는 살아계신 하나님의 성전이라… 내가 그들 가운데 거하며 두루 행하여 나는 그들의 하나님이 되고 그들은 나의 백성이 되리라"(고후 6:16)고 말한다.

바울의 이 선언은 새 언약의 예언과 맞물려 있다.

> *내가 나의 법을 그들의 속에 두며 그들의 마음에 이것을 기록하리라 나는 그들에게 하나님이 되고 그들은 나의 백성이 되리라 (렘 31:33; 히 8:10).*

우리의 몸이 하나님의 성전이라는 말과 하나님께서 자신의 법을 우리 속에 기록해 두시겠다는 것은 성령께서 우리 안에 내주해 계신다는 의미다. 우리는 더 이상 자신의 죄를 위하여 성전에 나가 속죄의 제사를 드릴 필요가 없어졌다. 그 대신에 우리 안에 내주하시는 성령에 의지하여 스스로 회개함으로써 모든 잘못을 용서 받을 수 있게 되었다.

세례 요한과 예수께서 세상에 전파하신 첫 메시지는 "회개하라 천국이 가까웠느니라"라는 동일한 외침이었다. 왜 세례 요한뿐만 아니라 예수님까지도 회개를 자신들의 첫 메시지로 삼았던 것일까?

회개는 구약시대가 끝나고 복음의 시대가 왔음을 알리는 시대 전환의 메시지다. 죄 사함을 위해 성전에서 드리는 모든 제사의 종식을 알리는 메시지인 것이다. 그리스도가 오셔서 자신을 십자가에서 단번에 희생 제물로 드리심으로써 과거의 성전 제사를 폐하신 것이다.

그 대신 하나님은 우리를 성령의 전으로 삼으시고 자신의 법을 우리의 마음속에 기록하신다. 성령은 우리에게 하나님의 법을 생각나게 하심으로 그분의 계명을 지키고 행하게 하신다. 만약 우리가 계명을 어기고 죄를 지었을 때는 돌이키는 마음을 주심으로써 우리를 회개하게 하신다.

성도의 행함과 회개가 모두 우리 안에 내주하시는 성령의 사역에서 비롯된다. 그러므로 성령의 사역을 고의로 방해하거나 거부하는 행위는 아들을 십자가에 내어주심으로 각 개인을 자신의 성전으로 삼으신 하나님을 거역하는 행위와 마찬가지이다. 예수께서도 "사람의 모든 죄와 훼방은 사하심을 얻되 성령을 훼방하는 것은 사하심을 얻지 못하겠고"(마 12:31)라고 말씀하신다. 그러므로 다른 모든 죄는 용서 받을 수 있지만, 성령을 거역하거나 모독하는 자는 이 세상과 오는 세상에서도 결코 사하심을 얻지 못하게 된다.

믿음 후에 오는 선행과 회개는 우리 안에 성령의 열매를 맺게 한다. 믿음으로부터 시작하여 그에 따른 모든 선한 행위와 회개가 성령의 도움에서 비롯되기 때문이다. 행위 자체는 우리를 구원으로 이끌지 못한다. 하지만 내면에서 일어나는 성령의 속삭임을 거부하고 선행과 회개가 없는 믿음을 계속 유지한다면 우리의 구원은 장담할 수 없을 것이다.

회개는 믿는 자들에게 주시는 하나님의 특권이다. 우리는 이 특권을 통해 영원한 생명을 얻게 된다. 회개는 성령의 특별한 사역이기 때문이다.

베드로는 로마 군대의 백부장이었던 고넬료의 집에서 말씀 듣는 이방인들에게도 성령이 부어짐을 보고 놀랐다. 그는 이방인들도 자신들과 같이 성령을 받았으니 그들에게 세례를 베푸는 것이 마땅하다 생각했다. 그리고 그들에게 예수 그리스도의 이름으로 세례를 베풀었다.

이 일로 인하여 베드로가 예루살렘에 올라갔을 때, 할례자들은 그가 무할례자의 집에 들어가 함께 식사를 하였다고 비난하였다. 베드로는 이 모든 일을 해명하며 자신들에게 하신 것과 같이 성령이 이방인인 그들에게도 임하였다고 말하였다. 그때 할례자들은 이 말을 듣고 잠잠하여 하나님께 영광을 돌리고 "하나님께서 이방인에게도 영생을 얻는 회개를 주셨도다"(행 11:18)라고 말한다.

회개는 성령의 사역이다. 그리고 사람들에게 영생을 얻게 하는 원동력임을 성경은 증언한다. 자신의 잘못을 회개하는 사람들은 자신을 끊임없이 돌아보고 남을 위한 선행을 마다하지 않는다.

성령은 개인의 마음에 두신 하나님의 법을 기억나게 하심으로써 우리의 잘못된 행동을 돌이켜 옳은 길로 인도하신다. 믿음에 따른 선한 행위는 성령을 따르는 신자들의 삶 속에 자연스럽게 나타나는 일상의 모습이다. 야고보 사도가 행함이 없는 믿음은 죽은 믿음이라고 선언하는 중요한 근거가 여기에 있다.

8

새로운 하나님 백성

제8장 새로운 하나님 백성

복음은 지상의 하나님 나라가 이스라엘 땅에서 온 세상으로 확대되어 나갈 것을 예언했다. 그리스도의 복음은 하나님 밖에 있었던 이방인들을 믿음으로 하나님의 백성이 되도록 불러들였다. 하나님의 통치는 율법을 따르던 이스라엘에서 새로운 하나님 백성들로 구성된 믿음의 공동체인 교회로 확장되어 나갔다. 복음이 전파되는 세상 곳곳에 그리스도의 몸 된 교회가 세워지게 되었다.

신약의 교회는 하나님의 뜻이 하늘에서 이루어진 것과 같이 땅에서도 이루어질 지상의 예비적 하나님 나라이다. 과거 하나님은 이스라엘 백성을 가나안 땅에 정착시켜 그분의 통치를 이루어가셨듯이, 믿음으로 새롭게 창조된 그의 백성들을 교회에 정착시키시고 자신의 뜻을 이루어 나가신다. 비록 교회는 복음이 전파된 온 지역에 걸쳐 부분적으로 산재 되어있지만, 각 교회들은 모두 그리스도의 한 지체를 이룬다.

하나님 나라를 이루는 세 가지 필수적 요소는 하나님의 주권과 그의 백성, 그리고 그 백성들이 하나님의 통치 아래 살아갈 영토이다. 하지만 교회는 하나님의 주권과 새롭게 창조된 그의 백성들이 모인 믿음의 공동체이지만, 아직 그 백성들이 자신들의 삶을 이어갈 터전이 완성되지 않은 지상의 하나님 나라이다.

하나님은 이스라엘의 조상 아브라함에게 그들의 후손이 살아갈 가나안 땅을 언약으로 약속하셨다. 약속대로 하나님은 종살이하던 애굽에서 그들을 불러내어 그 땅에 정착시키셨다. 그리고 그들을 이방의 빛으로 삼아 하나님의 구원을 베풀어서 땅끝까지 이르게 하실 계획을 갖고 계셨다. 그러나 그들은 이 사명에 충실하지 못하고 하나님의 언약을 배반하는 민족이 되고 말았다.

앞에서 언급했던 윌리스 비쳐(Willis J. Beecher)의 주장과 같이 가나안 땅의 약속은 이스라엘의 불순종으로 인해 조건적인 약속이 되고 말았다. 그러나 복음에 약속된 구원 받은 사람들을 위해 하나님은 영적인 의미를 그 땅의 약속에 함께 심어 놓으셨다. 이스라엘 백성에게 가나안 땅은 순종을 조건으로 주어진 땅이었지만, 하나님의 새로운 백성들에게는 믿음으로 받을 영원한 유업의 땅이다.

하나님은 이스라엘 백성들에게 그들이 살아갈 가나안 땅을 약속으로 주시고 그 땅에서 그들을 다스리셨다. 하나님은 그가 다스리는 나라가 이스라엘로 말미암아 세상으로 퍼져나가 모든 민족에게 구원이 이르기를 기대하셨던 것이다. 그러나 하나님의 기대는 이스라엘이 하나님의 언약을 배반하는 일로 깨어지게 되었다.

세상의 모든 민족을 구원하시겠다는 그분의 의도는 아담의 범죄를 돌이켜 세상을 구원하시겠다는 하나님의 변함없는 구원 계획이었다. 그 계획을 실현할 이스라엘의 불순종으로 인하여 하나님은 세상에 예수 그리스도를 보내시고, 그의 피로 새 언약을 세우셨다. 그리고 그를 믿는 믿음으로 이스라엘을 대신할 새 언약 백성인 하나님의 백성을 만들어 가신다.

새 언약 백성은 그리스도의 복음으로 새롭게 창조된 하나님의 백성을 의미한다. 요한계시록 21장은 상징적 방식을 통해 하나님의 새 백성에 대한 풍부한 표현을 제시하고 있다. 이 백성에 대한 표현은 "새 이스라엘"을 연상시켜준다. 이러한 연관성은 지파와 사도의 이미지가 결합 되는 이후의 환상에서 확증된다.[129)]

언약의 관점에서 볼 때, 이스라엘은 온 세상에 하나님 왕권의 모델이 되었다. 이스라엘은 하나님 왕권 하에 있는 공동체로서 온 세상을 끌어들일 이상적 정치 형태를 보여주기 때문이다. 그러나 이스라엘 민족은 시내산 언약이 단지 이상적인 것에 불과했음을 확증하는 죄를 범했다.[130)]

그들은 광야 생활 중에 금송아지 사건을 통해 여호와의 통치를 거절하는 결정적인 잘못을 범했다. 이후에도 그들은 자신들의 정치체제 하에서 지속적인 혼란을 초래하였다. 세워진 왕들과 백성들은 하나님의 법을 무시하고 지역 우상 신들을 숭배하였고, 하나님의 자리에 그들을 대신 모셔 놓았다.

이러한 상황에서 하나님의 신실한 백성의 기대는 엘리야처럼 발전

---

129) William J. Dumbrell, 『새 언약과 새 창조』, 장세훈 역 (서울: 기독교문서선교회, 2003), 151.

130) Dumbrell, 『새 언약과 새 창조』, 151.

된 예언자들의 남은 자 사상 속에 나타난다. 혼란한 이스라엘 백성 가운데서도 하나님은 소수의 참 이스라엘 백성을 남겨 두셨다는 것이다. 이사야 40장부터 66장까지의 구도는 하나님의 새로운 백성이 남은 자의 대표인 그 종, 즉 메시아로 오실 예수 그리스도로부터 생겨난다고 보고 있다.[131)]

사도 바울도 로마서 11장 4절을 통해, 하나님께서 자신을 위하여 바알에게 무릎을 꿇지 아니한 사람 칠천 명을 이스라엘 중에 남겨 놓으셨다고 기록하고 있다. 하나님의 선택이 이스라엘에게서 영원히 떠난 것이 아님을 나타내는 말이다. 구약의 예레미야 선지자도 새 언약을 통해 다윗의 자손이 출현하고, 그가 공의로 통치한다는 것을 말함으로써, 유다와 이스라엘의 회복을 강조한다.

여호와의 말씀이니라 보라 내가 이스라엘 집과 유다의 집에 대하여 일러준 선한 말을 성취할 날이 이르리라 그날 그 때에 내가 다윗에게서 한 공의로운 가지가 나게하리니 그가 이 땅에 정의와 공의를 실행할 것이라 그날에 유다가 구원을 받겠고 예루살렘이 안전하게 살 것이며 이 성은 여호와는 우리의 의라는 이름을 얻으리라 여호와께서 이와 같이 말씀하시니라 이스라엘 집의 왕위에 앉을 사람이 다윗에게 영원히 끊어지지 아니할 것이며 내 앞에서 번제를 드리며 소제를 사르며 다른 제사를 항상 드릴 레위 사람 제사

---

131) Dumbrell, 『새 언약과 새 창조』, 152.

장들도 끊어지지 아니하니라 하시니라……내가 주야와 맺은 언약이 없다든지 천지의 법칙을 내가 정하지 않았다면 야곱과 내 종 다윗을 버리고 다시는 다윗의 자손 중에서 아브라함과 이삭과 야곱의 자손을 다스릴 자를 택하지 아니하리라 내가 그 포로된 자를 돌아오게 하고 그르 불쌍히 여기리라(렘 33:14-26).

위의 본문을 통해 유추할 수 있는 사실이 있다. 그것은 예레미야가 전하려고 하는 궁극적인 뜻이, 새 언약이 성취될 때 하나님의 백성이 회복될 것이라는 사실에 초점이 맞춰져 있다는 점이다. 그렇다면 새 언약이 하나님의 백성을 회복시킨다는 의미는 과연 무엇일까?

김창대 교수는 위 본문의 의미를 해석하고 그 의도를 찾기 위해 텍스트 언어학 방법론을 사용한다.[132] 그는 구문론적 특성과 단락의 수사학적 구조, 그리고 의미의 일관성에 집중하여 위 본문이 제시하는 새 언약의 의미가 백성이 변형된다는 관점에서 해석된다고 보았다. 그것은 미래에 회복된 다윗의 자손과 레위인 제사장들이 단순히 문

132) "텍스트 언어학은 기본적으로 본분의 최종 완성된 형태에서 본문의 의도를 찾는 일에 주안점을 둔다. 주로 유럽에서는 텍스트 언어학(text linguistics)이라는 명칭을 사용하는 반면, 미국에서는 담화 분석(discourse analysis)이라는 명칭을 선호한다. 이런 점에서 텍스트 언어학 방법론은 공시적인 접근 방법이다. 그렇다고 텍스트 언어학이 본분의 역사적 상황과 사회적 상황에 관심이 없다는 없다는 말은 아니다. 택스트 언어학 분야에서도 다양한 주류가 있기 때문에 어떤 것이 주류라고 말하기는 어렵다. 하지만 기본적인 텍스트 언어학은 최종적인 본문을 매개로 저자가 본문에 심어놓은 의도를 찾는데 주력한다." 참조, 김창대, "새 언약 안에서 백성의 변형(예레미야 33:14-26의 분석)", 107-108.

자적으로 언급된 사람들만을 지칭하는 것인지, 아니면 백성 전체를 아우르는 표현인지에 대한 분석이다.

그에 따르면, 위 본문의 의미는 다윗의 자손과 레위 제사장의 회복에 있으며, 이 회복이 새로운 하나님 백성을 왕 같은 제사장으로 만든다는 것을 함의하고 있다. 따라서 본문의 의도는 새 언약의 도래로 하나님 백성이 왕 같은 제사장으로 변형된다는 것을 독자들에게 설득시켜서 그와 같은 이상에 부합하는 삶을 살도록 도전을 주는 데 목적이 있다는 주장이다.[133)]

하지만 새 언약에 대한 예레미야의 예언으로 볼 때, 새 언약 시대가 도래하면 하나님은 그의 법을 우리의 생각에 두고 또한 마음에 기록하신다. 이러한 사실로 미루어, 더 이상 전통적 레위 제사장에 대한 언급이 필요치 않은 것으로 보인다. 더구나 예레미야는 초반부에 번제나 희생 제사에 관한 제도를 비판하고(렘 7:22) 있기에 레위 제사장의 회복에 대한 예언은 잘 이해되지 않는 부분이다.

그러나 이와 관련해서 주목할 것은 예레미야 30-33장이 자체적으로 전통적인 제사장 역할에 변화가 있음을 시사하고 있다는 점이다. 예레미야 31장 38-40절은 이미 새 언약으로 회복될 예루살렘은 이전의 예루살렘으로 돌아가는 것이 아니라 지형적으로 더욱 확대될 것을 내비친다.[134)] 이렇게 확대된 예루살렘 전체가 여호와의 거룩한 곳

---

133) 김창대, "새 언약 안에서 백성의 변형(예레미야 33:14-26의 분석)", 109-114.

134) 김창대, "새 언약 안에서 백성의 변형(예레미야 33:14-26의 분석)", 117.

이라는 선언으로(40절) 예루살렘 전체가 하나님의 거룩한 성전이 되고 그 성읍의 이름이 '여호와 삼마'(겔 48:35)가[135] 될 것이라는 암시를 내포하고 있다.

하나님이 '여기 계신다'는 '여호와 삼마'가 미래에 확대된 예루살렘 전체에 적용된다는 의미는 임마누엘로 오신 예수 그리스도의 성육신을 통해 성취된 하나님의 의-언약을 실행하시는 하나님의 신실하심-가 그분을 통해 예루살렘 전체의 성읍, 즉 하나님의 모든 백성에게 적용됨을 나타낸다.

여호와의 말씀이니라 보라 때가 이르리니 내가 다윗에게서 한 의로운 가지를 일으킬 것이라 그가 왕이 되어 지혜롭게 다스리며 세상에 정의와 공의를 행할 것이며 그의 날에 유다는 구원을 받겠고 이스라엘은 평안히 살 것이며 그의 이름은 여호와 우리의 공의라 일컬음을 받으리라(렘 23:5-6).

그날 그때에 내가 다윗에게서 한 공의로운 가지가 나게 하리니 그가 이땅에 정의와 공의를 실행할 것이라 그날에 유다가 구원을 받

135) '여호와 삼마'는 '여호와가 여기 계시다(The Lord is here)'란 뜻이다. 에스겔은 에스겔서 49장 35절에서 이스라엘의 죄로 인하여 여호와의 영광이 예루살렘을 떠난 것으로 보았으나, 이제 새 언약을 통해 하나님의 영광이 영원토록 자기 백성 가운데 거하심을 보았을 때 이렇게 외쳤다. 곧 이 약속은 임마누엘이신 예수 그리스도의 성육신으로 온전히 성취되었다. (요 1:14). 개혁개정 NIV 한영스터디 성경 1230 참조.

겠고 예루살렘이 안전하게 살 것이며 이 성은 여호와는 우리의 의라는 이름을 얻으리라(렘 33:15-16).

위의 두 본문은 예레미야서에 기록된 비슷한 내용의 구절들이다. 하지만 자세히 살펴보면 두 가지 차이점을 발견할 수 있다. 첫 번째는 첫 본문의 이스라엘이 두 번째 본문에서는 예루살렘으로 바뀐다는 점이다. 두 번째는 '여호와 우리의 의'라는 말이 첫 번째 본문에서는 미래의 왕이신 메시아에게 적용된 반면, 다음 본문에서는 여호와의 성읍이 '여호와 우리의 의'라는 이름을 얻게 됨을 알 수 있다.

예루살렘은 곧 이스라엘을 지칭한다는 것이 일반적 견해이다. 하지만 예레미야서에 기록된 새 언약을 통해 나타나는 예루살렘은 거기에 거하는 백성과 동일시된다.[136] 복음서에서는 '이스라엘'이라는 말과 '주의 백성'이라는 말이 별다른 구별 없이 언급된다.[137] 예루살렘과 거기에 사는 사람이 동일시된다는 생각은 예루살렘 백성들을 씨를 뿌려 자라게 한 나무에 비유한 구절(렘 31:27)과 예루살렘 성읍을 씨를 뿌려 나온 것에 비유하는 구절(렘 31:40)에서 찾을 수 있다.

따라서 두 번째 본문에 나타나는 예루살렘은 새 언약으로 형성된 하나님 백성을 지칭한다고 볼 수 있다. 그리하여 여호와의 의가 미래의 왕이신 메시아에게, 한편으론 확대된 예루살렘, 즉 새 언약 아래

---

136) '김창대, "새 언약 안에서 백성의 변형(예레미야 33:14-26의 분석)", 116.

137) 'Hermann Ridderbos, 『하나님 나라』, 오관만 역 (서울: 솔로몬, 2012), 116.

있는 하나님 백성에게 적용된다는 점이다.

여기서 메시아는 예수 그리스도 한 분에게 적용될 수밖에 없다. 왜냐하면 본문 하반 절에 언급된 '다윗의 자손'인 이상적인 왕이 유다 역사에서 출현한 일이 없기 때문이다. 즉 예수 그리스도의 이름에 부여된 '여호와의 의'가 확대된 새로운 하나님의 백성들에게도 적용됨을 두 본문은 암묵적으로 제시하고 있다.

미래의 왕이신 메시아와 확대된 예루살렘과 연관된 모습은 언약의 주권자이신 하나님과 그의 백성이 최종적으로 성취된 언약 아래 긴밀한 언약 파트너가 되는 모습을 지닌다. 미래의 왕이신 메시아의 죽음으로 새롭게 창조된 백성은 언약을 세우신 그분의 '의'로 말미암아 자신의 신분과 관계없이 의로운 하나님 백성이 되고, 이 언약 백성의 지위는 그 누구도 흔들거나 빼앗을 수 없는 확대된 하나님의 주권적 통치 아래 놓이게 된다.

그러므로 새 언약이 성취될 때 다윗에게서 한 의로운 가지를 나게 하실 것을 선언한 말씀(렘 33:15)은, 새 언약이 다윗의 왕권으로 대변되는 하나님 나라를 성취하는 언약이기 때문이다. 특별히 다윗 왕권은 하나님의 주권을 대변하는 것이기에, 그때가 도래하면 하나님의 주권이 온전히 회복될 것을 일깨워 준다.[138]

더욱이 앞서 인용된 본문 예레미야 33장 19-22절은 새 언약이 도래할 때 하나님 나라의 영역인 새로운 질서가 출현할 것을 내다본다.

---

138) 김창대, "새 언약 안에서 백성의 변형(예레미야 33:14-26의 분석)", 117.

따라서 새 언약을 통해 완성된 하나님 나라에 거하는 백성들은 새로운 창조 질서 속에서 영원한 왕 같은 제사장이 되어 살게 될 것이라는 암시를 더욱 발전시켜 나간다.[139)]

이와 같이 구약의 예레미야 선지자는 새 언약을 예언하였고, 또한 새 언약이 도래하게 될 때 그 안에 있는 하나님 백성의 변형을 확실하게 내다보았다. 신약의 베드로 사도는 예레미야 선지자가 예언한 하나님 백성의 변형을 다음과 같이 증언한다.

너희는 택하신 족속이요 왕 같은 제사장들이요 거룩한 나라요 그의 소유가 된 백성이니 이는 너희를 어두운 데서 불러내어 그의 기이한 빛에 들어가게 하신 이의 아름다운 덕을 선포하게 하려 하심이라(벧전 2:9).

또한, 요한계시록 22장 3-5절에 묘사되는 새롭게 형성된 믿음의 공동체는 구약의 이스라엘이 수행했던 그 역할과 동등한 역할을 하고 있음을 나타낸다.

다시 저주가 없으며 하나님과 그 어린 양의 보좌가 그 가운데 있으리니 그의 종들이 그를 섬기며(3절) 그의 얼굴을 볼 터이요 그의 이름도 그의 이마에 있으리라(4절) 다시 밤이 없겠고 등불과 햇빛

---

139) 김창대, "새 언약 안에서 백성의 변형(예레미야 33:14-26의 분석)", 120.

이 쓸 데 없으니 이는 주 하나님이 그들에게 비치심이라 그들이 세세토록 왕 노릇하리로다(5절) (계 22:3-5).

4절은 제사장으로서 하나님과의 대면을 두드러지게 부각하는 것이며, 5절은 새 공동체의 왕적 특성을 보여준다. 따라서 하나님의 제사장이요 왕으로서의 새 공동체는 민족 이스라엘에게 주어진 모든 약속의 수령자가 된다. 이 그룹 속에는 인간의 구조 속에 존재하는 모든 구별이 제거되며, 역사적 이스라엘이 결코 이루지 못한 그 이상을 보여주게 된다.[140)]

새 언약의 도래에 따른 백성의 변화를 복음서에서 찾아보면 예수께서는 좀 더 구체적으로 그리고 급진적으로 말씀하신다. 그분은 포도원 농부의 비유(마 21:33-41)를 들어 유산을 차지하려고 포도원 주인의 아들을 죽인 농부들을 진멸하고 제 때에 열매를 바칠 다른 농부들에게 세를 주신다고 말씀하신다. 그리고 유대인 지도자들인 대제사장들과 바리새인들을 향해 최종적인 선언을 하신다.

내가 너희에게 이르노니 하나님 나라를 너희는 빼앗기고 그 나라의 열매를 맺는 백성이 받으리라(마 22:43).

예수의 이 말씀은 최종적인 하나님 나라의 백성이 이스라엘에서

---

140) Dumbrell, 『새 언약과 새 창조』, 204.

다른 백성으로 변환될 것을 예언하신 것이다. 그렇다면 누가 하나님 나라의 열매를 맺는 백성이 될 것인가? 전반적으로 복음서는 이스라엘의 버림받음에 초점을 두는 반면, 사도행전과 바울 서신들은 새로운 신앙 공동체의 출현을 강조한다.

그 공동체는 복음으로 세워진 신약의 교회들이었다. 복음은 예수의 제자들과 새 언약의 일꾼임을 자처하는 바울과 그 일행의 전파로 말미암아 점차 세상에 널리 퍼져나갔다. 안디옥에서 비로소 그리스도인이라 일컬음을 받는 무리들이(행 26:28) 생겨났고, 유대 땅을 벗어난 이방 지역에 그리스도의 교회들이 세워지게 되었다.

새로운 신앙 공동체에 속한 자들은 그리스도 안에서 믿음으로 탄생한 새로운 하나님의 백성이었다. 이 공동체 이전에는 하나님께 선택받은 유대인과 그 외의 이방인인 두 민족으로 구분되었다. 하지만 그리스도의 십자가 사건 이후에는 이 구분이 사라지고 그리스도인이라는 새로운 백성이 탄생하게 되었다. 두 민족 사이에 막혔던 담을 그리스도께서 자신의 육체로 허시고, 이 둘로 자기 안에서 한 새 사람을 지어 화평하게 만드셨다(엡 2:14-15).

그리스도는 새롭게 지음을 받은 이들을 한(same) 성령 안에서 아버지 하나님께 나아가게 하신다. 그들은 동일한 성령 안에서 지음을 받은 하나님 나라의 시민이며 또한 하나님의 권속(family)들로서 믿음으로 그리스도와 합한 자들이다. 그들은 모두가 주(主) 안에서 서로 연결되어 성령으로 하나님이 거하실 처소로 지어져 간다(엡 2:21-22).

사도 바울은 이들을 믿음으로 말미암아 그리스도 안에서 하나님의 아들이 된 아브라함의 자손이라 부른다. 바울이 이들을 아브라함과 연관시켜 그의 자손이라 부른 데에는 이유가 있다. 가나안 땅에 대한 하나님의 약속이 유업으로 아브라함과 그의 자손에게 주어졌기 때문이다.

이 문제는 복음에 대한 매우 중요한 사실을 담고 있다. 아브라함 언약에는 후손과 가나안 땅에 대한 두 가지 약속이 주어졌다. 이 약속들은 일차적으로 아브라함에게 주신 현실의 문제에 대한 문자적 의미를 가리키고 있었다. 그러나 하나님은 그 약속의 이면에 이방을 포함한 온 세상을 구원하시겠다는 영적 복음의 신비를 동시에 담아 놓으셨다.

후손의 약속은 일차적으로 이삭과 야곱을 포함한 이스라엘의 혈통적 자손들을 의미하였지만, 바울은 갈라디아서 3장 16절에서 그 약속의 영적 의미는 오직 한 사람인 예수 그리스도를 가리킨 것임을 밝혔다. 그리고 하나님은 자신이 주신 이 약속을 믿은 아브라함을 그의 의로 여기셨다. 믿음에 의한 칭의의 첫 표본이 아브라함 언약 가운데서 주어진 것이다.

그리고 여호와 하나님은 아브라함에게 가나안 땅의 약속을 주신다. 이 약속도 후손의 약속과 마찬가지로 문자적 의미로는 그의 후손인 이스라엘 백성들이 앞으로 삶을 이어갈 지상의 땅에 대한 약속이었다. 그러나 하나님은 그 안에 믿음으로 참 아브라함의 자손이 될 그의 새로운 백성들에게 주어질 유업인 영원한 하늘나라에 대한 영적 약속을 이면에 담아 놓으셨다.

이 약속의 확증을 위해 하나님은 아브라함에게 자신의 죽음을 예표하는 계시적 사건을 직접 행하여 보여주셨다. 이 계시적 사건으로 인하여 가나안 땅에 대한 하나님의 약속은 장차 믿는 자들에게 주어질 유업이 되어 언약으로 확정된 것이다. 그 유업은 하나님께서 믿는 자들을 위하여 하늘에 간직하신 것이다(벧전 1:4).

언약의 약속대로 아브라함의 후손인 예수 그리스도가 육신의 몸으로 세상에 오셨다. 그는 사람들의 죄를 대속하시기 위해 희생 제물로서 십자가에서 돌아가셨다. 사람들의 죄 사함을 위해 십자가 성취를 이루신 그분에 대한 믿음은 성령으로 우리를 그분과 연합하여 의로운 하나님의 새로운 백성이 되게 한다.

아브라함 언약에 계시 된 후손과 가나안 땅에 대한 약속이 예수 그리스도의 오심과 그의 십자가 사건으로 모두 성취되었다. 약속된 후손으로 오신 예수 그리스도가 아버지께서 약속하신 영적 유업을 위해 스스로 행하셨던 죽음의 계시를 자신의 십자가로 성취하신 것이다. 그리스도께서 지셨던 십자가의 죽음은 아버지께서 보여주셨던 죽음의 계시를 성취하는 사건이었다. 가나안 땅에 대한 하나님의 약속이 그리스도의 십자가 죽음으로 성취되어 그를 믿는 자들에게 영적 유업이 된 것이다.

사도 바울이 갈라디아서 3장 29절에서 **"너희가 그리스도의 것이면 곧 아브라함의 자손이요 약속대로 유업을 이을 자니라"**고 선언하는 이유가 바로 여기에 있다

맺음말

복음은 단 두 글자로 이루어진 단어이지만, 그 속에는 수 천 년에 걸친 하나님의 구원 역사가 담긴 함축적인 말이다. 이 말은 기독교와 관련된 모든 진리를 구성하는 기본 요소이기 때문에, 신앙에 연관된 일에는 어디든지 복음이라는 말을 함께 사용하여도 어색하지 않다. 하지만 너무도 쉽게 사용되는 복음이라는 말 속에 담긴 실체적 내용이 무엇인지를 밝혀내는 일은 그리 쉽지가 않다.

복음이 하나님을 경배하는 신앙과 깊은 연관성을 가지고 있지만, 실제로 이 말은 구약성경에는 전혀 기록되어 있지 않다. 하나님의 선택된 이스라엘 신앙 공동체에게 복음은 그들의 필요에 전혀 부합하지 않는 단어처럼 보였다. 복음의 의미 안에는 하나님을 경배하는 신앙 공동체에 획기적인 변혁을 가져온 자전적인 신적(神的) 구원 계획이 포함되어 있었기 때문이다. 즉, 하나님의 백성을 규정하는 방식이 과거 이스라엘에게 주신 할례나 율법을 통한 것이 아니라 그리스도에 대한 믿음의 방식으로 완전히 바꾸신다는 하나님의 계획이다.

그러나 사도 바울은 갈라디아서 3장 8절에서 이 복음의 내용이 이미 수천 년 전에 아브라함에게 전해졌다고 선언한다. 그것은 하나님께서 이방을 믿음으로 말미암아 의로 정하신다는 내용이었다. 여기에서 이방인들이 받을 믿음의 보상(reward)은 영혼의 구원이었다. 즉, 이방인들이 그리스도를 믿는 믿음으로 의롭게 되어 구원받은 하나님의 백성이 된다는 것이 그 내용이었다.

이를 위해 하나님은 창세기 15장에서 아브라함과 언약을 맺으시며 후손과 가나안 땅의 두 약속을 주신다. 바울은 이 후손에 대한 약속이 여럿을 가리킨 것이 아니라 오직 한 사람인 예수 그리스도를 가리킨다고 갈라디아서에서 선언하였다. 이방인들이 믿음으로 구원에 참여하게 되는 복음을 위해 하나님은 예수 그리스도를 아브라함의 후손으로 약속하셨던 것이다.

하나님이 인간을 구원하시겠다는 그분의 계획은 곧 언약에 약속된 구원 이야기이다. 그 이야기의 중심에는 언제나 예수 그리스도가 자리 잡고 계신다. 아담에게는 사탄의 세력을 정복할 '여인의 후손'으로 약속되었고, 아브라함에게는 만인에게 구원의 축복을 가져다 줄 그의 후손으로 약속되었다. 그 약속의 계시가 점차 발전되어 다윗에게는 그의 왕조를 영원히 이어갈 그의 자손으로 구체화 되었다.

이러한 후손에 대한 점진적 약속들이 예수 그리스도의 성육신으로 모두 성취되었다. 하나님은 언약을 통해 인간을 구원하시려는 자신의 약속을 구약을 통해 계시하셨고, 그의 아들 예수 그리스도를 세상에 보내심으로 그 약속을 신실하게 이행하셨다. 그러므로 구약에 기록된 옛 언약에 대한 이해는 예수 그리스도께서 성취하신 하나님의 구원 역사를 근본적으로 파악하는 첫걸음이 된다.

옛 언약에 대해 이해하는 과정에서 필수적으로 지녀야 할 한 가지 사항이 있다. 그것은 구약에 기록된 옛 언약의 이면에 담긴 영적 의미를 파헤치는 통찰력이다. 바울은 아브라함 언약에 이면적으로 담겨 있던 하나님의 구원 경륜의 비밀인 예수 그리스도에 대한 약속과 그 신비를 갈라디아서와 에베소서에서 자세히 밝힌다. 바울의 소개와 같이 구원 언약에 대한 영적 통찰력은 그리스도께서 성취한 복음에 대한 근원적 이해와 함께 그 내용을 파악하는데 소중한 도구가 되는 것이다.

이방의 모든 민족을 믿음으로 구원하시겠다는 복음을 위해 하나님은 그의 아들 예수 그리스도를 언약의 약속대로 세상에 보내셨다. 그분은 하나님의 약속을 성취하시기 위해 육신의 몸으로 세상에 오신 태초부터 말씀으로 계셨던 하나님이셨다. 그분은 육신의 몸으로 오신 하나님으로서 언약의 성취를 위해 십자가를 지셨다.

그는 잡히시기 전날 밤, 유월절 만찬에서 잔을 주시면서 제자들에게 의미심장한 말을 남기신다. “이 잔은 많은 사람들의 죄 사함을 위하여 흘리는 바, 새 언약의 피니라”라는 말씀이셨다. 이는 그분 자신이 하나님이심을 계시하는 말씀이셨다. 사람들의 죄를 사하고 언약을 세우는 일은 인간이 아닌 하나님만의 고유한 사역이다. 그는 언약의 중보자로서 십자가에서 피를 흘리고 돌아가셨지만, 그분은 자신의 피로 하나님의 일을 성취하신 것이다.

예수 그리스도는 인간인 동시에 하나님으로서 자신의 피로 새 언약을 세우신 것이다. 그러므로 새 언약은 구약의 옛 언약들과는 달리 성부와 성자 하나님 사이에 맺어진 신적(神的) 언약이라 말할 수 있다. 이방인을 포함한 신약의 모든 신자는 성부와 성자 하나님 사이에 세워진 이 언약에 믿음으로 성자 하나님인 그리스도와 연합하여 새로운 하나님의 백성으로 다시 태어나는 것이다.

그렇지만 그리스도에 대한 믿음은 우리의 의지나 노력으로 얻어지는 것이 아니다. 예수 그리스도를 믿는 믿음은 오직 성령 사역에서 비롯된 결과이다. 바울의 말씀과 같이 성령으로 아니하고는 누구든지 예수 그리스도를 주(主)시라 고백할 수 없기 때문이다.

하나님의 약속을 성취한 예수 그리스도를 주로 시인하는 믿음은 곧 그분을 하나님으로 인정하는 믿음이다. 그 믿음을 통해 하나님은 우리를 의롭다고 선언하신다. 아브라함에게 전해졌던 복음의 약속대로 이방인이었던 우리들을 하나님은 믿음으로 의롭게 하신다. 예수 그리스도를 통해 믿음으로 하나님께 나아가는 길이 모든 사람에게 활짝 열린 것이다.

하나님의 존재와 그분의 뜻은 성경에 기록된 계시를 통하지 않고는 인간이 알지 못한다. 그러나 주어진 계시들조차도 그 범위가 제한적이기 때문에 인간은 하나님을 완전히 알 수 없고 그분의 계획도 계시 된 일부만 알아차릴 수 있다. 따라서 우리는 성경 전체에 퍼즐처럼 전개 되어있는 말씀과 구원 계시들을 서로 연결하고 종합할 수 있는 능력을 갖추어야 한다. 그래야 하나님의 구원 역사를 전체적으로 이해할 수 있는 안목이 생긴다. 이것이 성경을 통전적(holistic)으로 보는 방법이다.

이렇게 성경을 읽고 해석할 때, 우리는 그리스도가 오시기 수천 년 전에 이미 아브라함에게 전해졌던 복음의 내용과 그 과정을 이해할 수 있게 된다. 그리고 하나님의 구원 사역을 통해 자신을 유일신으로 계시하신 구약의 하나님이 어떻게 신약에서 삼위일체 하나님으로 계시 되는지를 이해할 수 있게 된다. 원래 복음에 나타난 하나님의 구원 사역은 인간의 구원을 위해 한 하나님 안에 계신 세 위격의 관계적 협력 사역을 통해 완성되었기 때문이다.

복음은 아들이 지신 십자가의 희생 없이 이루어진 아버지만의 사역이 아니다. 또한, 십자가의 죽음에서 아들을 일으키신 아버지의 능력 없이 아들만의 희생으로 이루어진 것도 아니다. 더 나아가 약속의 계시와 성취를 이루신 성부와 성자만의 사건으로 복음이 완성되었다고 말할 수 없다. 이를 하나님께서 예정하신 자들에게 믿음으로 받아들이게 하는 성령의 사역이 동반될 때 비로소 구원의 복음이 완성된다.

그러므로 인간의 구원은 삼위 하나님께서 서로의 관계적인 협력으로 완성하시는 은혜의 산물이다. 그 은혜의 중심에는 인간의 후손으로 세상에 오셔서 사람들의 죄 사함을 위해 자신의 피를 흘리신 예수 그리스도가 자리 잡고 계신다. 하나님은 성령의 도움으로 그분을 주(主)로 고백하는 믿는 사람들을 의롭다고 선언하신다.

그 믿음에 의한 칭의는 믿는 자들을 자신의 언약 백성으로 삼으시겠다는 하나님의 징표이다. 수천 년 전에 후손에 대한 약속을 믿었던 아브라함을 의롭게 여기신 것과 같이 그 후손으로 오신 예수 그리스도를 믿는 자들을 하나님은 동일하게 의롭다 여기심으로써 그들을 자신의 백성과 자녀로 삼으신다.

하나님은 이미 죄인인 인간이 그분 앞에서 어떻게 의롭다 여김을 받는지를 아브라함의 칭의를 통해 보여주셨다. 후손의 약속을 믿었던 아브라함의 믿음에 의한 칭의가 그의 후손으로 오셔서 언약의 약속을 성취하신 그리스도에게 동일하게 적용되는 것이다. 기독교의 믿음은 합리성과 진리가 바탕이 되어야 한다. 결국 아브라함은 후손으로 오실 예수 그리스도를 믿어 의롭다 함을 받았고, 현재의 우리는 이미 오신 그분을 믿는 믿음으로 의롭다 함을 얻게 되는 것이다.

하나님은 믿음에 의한 칭의를 아브라함으로부터 그의 후손으로 오신 예수 그리스도에 이르기까지 동일하게 적용하심으로써 자신의 구원의 범위를 유대인에게서 이방인에게로 확대하신 것이다. 이것이 아브라함에게 전해진 복음의 내용이었으며, 또한 유대 땅과 이방에 전해진 동일한 그리스도의 복음이다.

그 복음은 구원 약속의 계시자인 성부 하나님과 그 약속을 십자가의 죽음으로 성취하신 성자 하나님 사이의 희생적인 사건에서 출발한다. 그리스도의 십자가 사건은 하나님이 아브라함과 맺으신 언약의 약속에 이미 계시 되어있던 바였다. 후손에 대한 약속과 가나안 땅의 약속은 장차 오실 예수 그리스도와 그를 믿는 믿음으로 얻게 될 하늘나라의 유업에 대한 영적 의미를 가지고 있었다.

성경은 아브라함 언약의 두 약속 사이에 믿음에 의한 칭의 사건을 기록한다. 이 사건은 후손으로 오실 예수 그리스도와 그를 믿는 믿음으로 얻게 될 영적 가나안의 유업을 서로 이어주는 연결고리 역할을 감당한다. 아브라함 언약에 담긴 영적 의미들이 후손으로 오실 그리스도에 의해 성취되었을 때, 그것은 바로 복음이 된다.

하나님께서 자신의 죽음에 대한 계시로 아브라함에게 확증하신 가나안 땅은 히브리서 11장의 증언과 같이 하나님이 준비하신 영원한 하늘나라의 성이었다. 그 죽음에 대한 계시를 말씀이 육신이 되어 세상에 오신 예수께서 십자가의 죽음으로 성취하심으로써, 그 땅의 약속이 믿는 자들을 위한 하늘에 간직된 유업이 되었다.

결과적으로 그리스도의 십자가 죽음은 가나안 땅의 약속을 확증하시기 위해 하나님께서 스스로 행하셨던 죽음의 계시를 성취한 사건이었다. 삼위 하나님이 구별되지 않는 동일성에서 본질상 한 하나님이시기 때문에, 죽음에 대한 아버지의 계시를 아들이 자신의 십자가 죽음으로 성취할 수 있었다. 예수 그리스도가 언약의 성취자로서 하나님의 약속이 그분 안에서 얼마든지 "예(yes)"가 되는 이유이다.

성령 하나님은 성부와 성자 사이에 일어난 이 성취적 사건을 사람들에게 믿음으로 받아들이게 하신다. 성령의 사역은 믿음 후에도 믿는 자들을 하나님께로 인도하며, 그들의 삶을 하나님의 법으로 끝까지 견인하신다. 믿음으로 거듭난 신자들이 성령의 도움으로 영혼 구원의 열매인 하늘나라의 유업을 끝내 차지하게 되는 것이다.

복음은 흔히 "우리의 죄 사함을 위해 예수 그리스도가 십자가에서 돌아가셨고, 그분이 주(主)이시다"라는 정의로 대신할 수 있다. 그러나 여기에는 한 가지 빠진 것이 있다는 아쉬운 생각을 금할 수 없다. 바로 믿는 자들을 보존하시는 성령의 사역이다.

하나님은 구약에서 자신을 유일신으로 계시하시며 이스라엘 민족을 이방 세계로부터 순수하게 보전하셨다. 그들에게 주어진 소명은 이방의 빛이 되어 하나님의 구원을 땅끝까지 이르게 하는 것이었다. 하지만 그들은 그 소명을 제대로 이행하지 못했다.

참 이스라엘의 빛으로 예수 그리스도가 세상에 오셨다. 하나님이 계획하셨던 복음의 성취를 위해 말씀(Logos)으로 계셨던 그분이 이스라엘의 혈통을 따라 성육신하신 것이다. 그리고 십자가에 돌아가심으로써 성부와 성자 하나님 사이에 믿음으로 죄 사함의 은총이 주어지는 새 언약이 맺어지게 되었다.

하나님은 십자가를 지심으로 구약의 모든 언약을 성취하신 그리스도를 믿는 자들을 그의 언약 백성으로 받아들이신다. 그리고 그들의 생각과 마음에 자신의 법을 기록하시고 기억나게 하심으로써 그들의 삶을 보전해 가신다. 이는 믿는 자들을 위해 하나님이 보내신 보혜사 성령의 사역이다.

그 결과 "나는 그들에게 하나님이 되고 그들은 내게 백성이 되리라"는 하나님의 선포가 믿는 자들에게 은혜로 주어진다. 이 선포는 "내가 그들의 불의를 긍휼히 여기고 그들의 죄를 다시 기억하지 아니하리라"는 새 언약의 완전한 사죄의 은총으로 마무리된다. 이로써 그리스도를 믿는 자들은 민족과 혈통, 그리고 남녀노소와 관계없이 누구든지 하나님의 의로운 백성이 되어 그분의 구원에 참여하는 복음의 은총을 누리게 되는 것이다.

언약과 복음은 뿌려진 씨앗과 그 열매의 관계와 같다. 하나님의 약속이 계시 된 언약과 성취 속에 나타난 관계적인 삼위 하나님의 구원 사역과 같다고 말할 수 있다. 유일신으로 계시 되었던 하나님이 세상 구원의 복음을 위해 자신 안에 내재 되어있던 삼위일체의 인격적인 모습을 세상에 모두 드러내어 계시하신 것이다.

결국 복음은 세상과 인류를 위한 삼위일체 하나님의 구원 사역이라 결론 지을 수 있다.

참고문헌

참고문헌

1. 국내문헌

김세윤.『복음이란 무엇인가』. 서울: 두란노서원, 2013.

______.『바울신학과 새 관점』. 서울: 두란노아카데미, 2002.

김창대. "새 언약 안에서 백성의 변형(예레미야 33:14-26의 분석".『성경 원문연구』 37(2015): 107-131.

문덕수.『언약과 삼위일체』. 서울: 마루출판사, 2020.

박동근.『칭의와 복음』. 경기:합동신학대학원출판부, 2014.

박영돈.『톰 라이트 칭의론 다시 읽기』. 서울:한국기독학생회출판부, 2016.

안상혁.『언약신학 쟁점으로 읽는다』. 경기: 도서출판 영음사, 2016.

웨슬리신학연구소 편.『관계 속에 계신 삼위일체 하나님』. 서울: 아바서원, 2015.

이강택. "이스라엘 언약이야기의 관점에서 본 마태복음의 율법."『성서학 학술 세미나』10 (2011):1-26.

이한수.『언약신학에서 본 율법과 복음』. 서울: 생명의말씀사, 2006.

홍인규.『바울의 율법과 복음』. 서울: 생명의말씀사, 2005.

2. 번역 및 외국문헌

Barvinck, Herman.『개혁교의학 Vol. 4』. 박태현 역. 서울: 부흥과 개혁사, 2014.

Buchanan, James.『칭의 교리의 진수』. 신호섭 역. 서울: 지평서원, 2014.

Baker, Wayne J, Heinrich Bullinger and the Covenant. Athens: Ohio University Press, 1980.

Calvin, John.『기독교 강요(상)』. 원광연 역. 고양: 크리스챤다이제스트, 2003

__________ New Testament Commentaries: Galatians, Ephesians, Philippians and Colossians, eds David W. Torrance and Thomas F. Torrance. Grand Rapids: Eerdmans, 1965.

Dunn, James D. G.『로마서 1-8; World Biblical Commentary 38(상)』. 김철 & 채천석 역. 서울: Solomon Christian Press, 2003.

__________『바울 신학』박문재 역. 서울: 크리스챤다이제스트, 2003.

Dumbrell, William J.『새 언약과 새 창조』, 장세훈 역. 서울: 기독교문서선교회. 2003.

Gorman, Michael.『속죄와 새 언약』. 최현만 역. 경기: 에클레시아북스, 2007.

Golding, Peter.『현대인을 위한 언약신학』. 박동근 역. 경기: 그나라출판사, 2015.

Ha, John. Genesis 15. Berlin: Walter de Gruyer, 1989.

Hoekema, Anthony A.『개혁주의 구원론』. 류호준 역. 서울: 기독교문서선교회, 1995.

Horton, Michael.『언약신학』. 백금산 역. 서울: 부흥과개혁사, 1998

House, H Wayne. Isareal, the Land and the People: An Evangelical Affirmation of God's Promises. Grand Rapids: Kregel Publications, 1997.

Kaiser Jr., Walter C. The Land of Israel and the Future Return: An Evangelical Affirmation of God's Promises. Grand Rapids: Kregel Publication, 1997.

Kline, Meredith.『언약과 성경』. 이용중 역. 서울: 부흥과개혁사, 1998.

Leupold, H. C.『신구약성경주석, 창세기(上)』. 최종태 역. 서울: 크리스챤서적, 1993.

Lewis, C. S.『순전한 기독교』. 장경철 & 이종태 역. 서울: 홍성사, 2012.

Lillback, Peter A.『칼빈의 언약사상』. 원종천 역. 서울: 기독교문서선교회, 2009.

Luther, Martin. Luther's Works Volume 3, Lectures on Genesis Chapter 15-20, Edited by Jaroslav Pelikan. St. Louis: Concordia Publishing House, 1961.

McCoy, Charles S. and Baker, J. Wayne.

Fountainhead of Federalism: Heinrich Bullingner and the Covenantal Tradition, with a translation of De Testamento seu foedere, Dei unico et aeterno (1953) by Heinrich Bullinger. Louiville: Westminster/John Knox Press, 1991.

Migliore, Daniel L.『기독교 조직신학개론』. 장경철 역. 서울: 한국장로교출판사, 2011.

Moltman, Jürgen.『십자가에 달리신 하나님』. 김균진 역. 서울: 한국신학연구소, 2011.

Murray, John. The COVENANT of GRACE. Phillipsburg, NJ : P & R Publishing Co., 1987.

Resinger, John G. Abraham's Four Seeds. Frederick: New Covenant Media, 1998.

Ridderbos, Hermann.『하나님 나라』. 오관만 역. 서울: 솔로몬, 2012.

Robertson, O. Palmer.『계약신학과 그리스도』. 김의원 역. 서울: CLC, 2004.

Sanders, E. P. Paul, The law and the Jewish People. Minneapolis: Fortress Press, 1983.

Sanders, Fred.『삼위일체 하나님이 복음이다』. 임원주 역. 서울: 부흥과개혁사, 2016.

Stott, John.『그리스도의 십자가』. 황여철 & 정옥배 역. 서울: 한국기독학생회출판부, 2016.

_________.『기독교의 기본 진리』. 황을호 역. 서울: 생명의말씀사, 2013.

Torrance, Thomas F. Atonement: The Person and Work of Christ. Edited by Robert T. Walker. Milton Keynes, UK: Paternoster.

Venema, Cornelis P. The Gospel of Free Acceptance in Christ. Carlisle, PA: The Banner of Truth Trust, 2006.

_________. The Gospel of Free Acceptance in Christ. Carlisle, PA: The Banner of Truth Trust, 2006.

Wenham, Gordon J. Genesis 1-15: World Biblicl Commentary. Grand Rapids: Thomas Nelson. 1987.

White, Blake A. What is the New Covenant Theology? Frederick: New Covenant Media, 2015.

Wright, N. T. What Saint Paul Really Said. Grand Rapids: Eerdmans Publishing, 1997.

_________.『바울의 복음을 말하다』. 최현만 역. 경기: 에클레시아북스, 2012.

마루는 ①꼭대기 ②가족이 생활하는 방과 방 사이를 연결하는 공간을 뜻하는 순우리말로서 가장 높은 하늘의 것을 책에 소중히 담아 우리네 삶의 작은 구석까지 풍성하게 채우고자 합니다.